Economic Affairs ——— 10　日本政策投資銀行設備投資研究所

格差社会を越えて

宇沢弘文・橘木俊詔・内山勝久［編］

東京大学出版会

Overcoming the Problems of an Unequal Society
Economic Affairs, Vol.10
Hirofumi UZAWA, Toshiaki TACHIBANAKI and Katsuhisa UCHIYAMA, Editors
University of Tokyo Press, 2012
ISBN978-4-13-040255-2

はしがき

　わが国で格差社会を巡る議論が注目されるようになったのは，橘木俊詔著『日本の経済格差——所得と資産から考える』（岩波新書，1998 年）が出版されてからであろう．そこでは，所得格差を示す指標であるジニ係数が 1980 年代以降上昇しはじめ，格差が拡大していることが述べられている．この出版を契機に格差拡大が事実か否かにかんする大きな論争が引き起こされた．

　わが国は貧富の差が少ない平等な社会であると長らく言われてきた．ほとんどの国民が中流意識をもっており，それは「一億総中流」という言葉に象徴されていた．そうした時代は，じつは 1980 年代には終わっていたのであり，社会では格差が拡大しはじめていたのである．

　格差問題がわが国で議論されるようになって，すでに 10 年以上が経過するが，問題は改善するどころか，むしろ悪化の一途をたどっている．各種の世論調査を見ても，わが国でも格差が拡大していると国民は実感しているという結果が得られており，格差社会の存在は，もはや否定しがたい事実となっている．

　2011 年の秋には全米各都市で，格差拡大に抗議し生活水準のさらなる低下を阻止するためのデモが若者を中心に頻繁に行われたことは記憶に新しい．同様のデモはヨーロッパや韓国でも行われた．直接的には高止まりしている失業率の問題や経済状況の悪化が引き金になっているが，底流には拡大しつづける所得格差や増加する貧困層の存在があり，格差問題が解決の困難な根深い問題であることが明らかになった．

　社会的共通資本は，1 つの国ないし特定の地域が，ゆたかな経済生活を営み，すぐれた文化を展開し，人間的に魅力ある社会を持続的，安定的に維持することを可能にするような自然環境や社会的装置である．自然環境，社会的インフラストラクチャー，制度資本をその範疇として含む社会的共通資本

は，適切に管理運営されるとき，社会は安定化し，持続的な発展が可能となる．格差問題の存在は，社会的共通資本が適切に機能していないことを示すものであり，そのまま格差が固定化すると社会の安定が脅かされることになる．

　従来の格差論では，主としてジニ係数による所得格差を巡る議論が多かったが，本書では，*Economic Affairs* シリーズの1冊として，社会的共通資本の視点を重視している点に特徴がある．すなわち，格差社会と制度資本（財政，金融，教育，社会保障等），環境問題，都市と地方にかんする論点をとりあげ，さらに制度資本の考え方に基づく格差克服のための議論を展開するなど，格差問題に対して新しい視点を提供するものである．

　本書は，このような格差社会というわが国が直面する重要な課題について，いまだに改善を見ないことから再度考察する必要があるとの認識のもとに，社会的共通資本の視点に立った研究者やジャーナリストの論考を集めたものである．わが国社会の格差はいかにして発生したのか，その現実や原因などにふれ，それを乗り越えるための諸条件やヴィジョンを模索することで，社会全体の持続的，調和的発展を現実のものとすることを願う気持ちが込められていることを強調したい．

　本書は，日本政策投資銀行設備投資研究所における研究活動をベースとして企画・編集される論文集 *Economic Affairs* シリーズの第10巻として刊行される．作成の過程で，花崎正晴（現一橋大学），神藤浩明のお二人をはじめ，研究所のスタッフの方々の全面的なご協力をいただくことができた．

　また，企画から編集，出版にいたるまでの過程において，東京大学出版会の黒田拓也，大矢宗樹のお二人にはたいへんお世話になった．とくに大矢氏には原稿を丁寧にお読みいただき，目次構成の変更など重要な改善案を示していただいたほか，本書作成の各段階で厳しくも暖かさにあふれたご配慮をいただくなど，すべての面でご尽力いただいた．ここに記して感謝の意を表したい．さらに，現在日本経済のおかれている危機的状況の中で，本書のようなアカデミックな色彩のつよい書物を出版していただいた東京大学出版会に心から感謝したい．

　なお，本書に掲載した論文における意見，見解は，いずれも個々の執筆者

のものであって，その属する機関や，日本政策投資銀行の考えを反映したものではないことをお断りしておきたい．

2012 年 4 月

宇沢弘文
橘木俊詔
内山勝久

目 次

はしがき　i

プロローグ　　　　　　　　　　　　　　　宇沢弘文・内山勝久　1

序　章　格差社会　何が進みつつあるのか　　　　橘木俊詔　15

1. はじめに ……………………………………………………………………… 15
2. 機会の格差・平等 …………………………………………………………… 16
3. 結果の格差・不平等 ………………………………………………………… 19
4. 格差社会はなぜ好ましくないのか ………………………………………… 27
5. おわりに ……………………………………………………………………… 30

第 I 部　貧富の格差

第 1 章　税・社会保障と格差社会　　　　　　　　小塩隆士　35

1. はじめに ……………………………………………………………………… 35
2. 現行制度による格差縮小・貧困軽減：概観 ……………………………… 36
   - 2.1 「所得再分配調査」による分析　36
   - 2.2 年齢階層別にみた再分配　37
   - 2.3 所得階層間における所得再分配　40
3. 年間所得ベースにおける再分配政策の評価 ……………………………… 42
   - 3.1 問題意識と試算の方針　42
   - 3.2 格差是正効果の要因分解　43
   - 3.3 貧困軽減効果の要因分解　45

4. 生涯所得ベースにおける再分配政策の評価 …………………… 47
　4.1　問題意識と試算の方針　47
　4.2　再分配政策の効果　49
5. 追加的な再分配政策とその効果 …………………………………… 52
　5.1　生涯所得ベースの所得再分配　52
　5.2　追加的な再分配政策の可能性　54
6. おわりに ……………………………………………………………… 57

第2章　財政と格差問題　　　　　　　　　　菊池英博　61

1. はじめに ……………………………………………………………… 61
2. 日本の財政支出と格差の関係 ……………………………………… 62
　2.1　2008年所得再分配調査結果から見た問題点　62
　2.2　マクロ経済と財政支出の推移　65
3. 主要各国の財政支出と格差の関係 ………………………………… 72
　3.1　国際比較で見た「格差と財政支出」の推移　72
　3.2　国際比較で見た日本の特徴と教訓　76
　3.3　ジニ係数と貧困率の関係　77
4. 経済財政政策と格差問題 …………………………………………… 78
　4.1　経済成長と格差の関係　78
　4.2　財政問題を混乱させた新自由主義・市場原理主義　80
　4.3　レーガン・モデルを模倣した税制改革によって日本の税収は激減　83
　4.4　新自由主義とレーガン・モデルでアメリカは破綻，日本は経済敗戦を迎えた　84
5. 平成ニューディール政策が急務 …………………………………… 85
　5.1　財政政策はどうあるべきか　85
　5.2　「格差」を左右する経済財政要因　86
　5.3　日本の財政危機は壮大な虚構――政府債務の実態は発表の半分　88
　5.4　平成ニューディール政策が急務　90
6. おわりに ……………………………………………………………… 91

6.1　ニューヨークで発生した格差反対デモ　91
　6.2　共存共栄・社会大国への道　94

第3章　格差問題と金融　　　　　　　　　　　　　花崎正晴　97
　　　――マイクロファイナンスの可能性――

1. はじめに …………………………………………………………… 97
2. マイクロファイナンスとは何か ………………………………… 98
3. グラミン銀行 ……………………………………………………… 99
　3.1　社史　99
　3.2　業務概況　100
　3.3　グラミン銀行と一般的な銀行との違い　101
4. 各種のマイクロファイナンスモデル …………………………… 104
5. マイクロファイナンス機関の新たな展開 ……………………… 106
6. 社会的収益の計測 ………………………………………………… 107
7. おわりに――東日本大震災とマイクロファイナンス ………… 110

第Ⅱ部　階層の固定化

第4章　教育と格差社会　　　　　　　　　　　　　　八木　匡　117

1. はじめに …………………………………………………………… 117
2. 既存研究が示す教育と格差の関係 ……………………………… 118
3. 階層間移動性の状況 ……………………………………………… 122
　3.1　記述統計　122
　3.2　移動性の状況　124
4. 相対的ポジションと移動性決定要因 …………………………… 127
　4.1　高校での相対的ポジションの決定と高大移動性（高校昇順）の
　　　 回帰分析　127
5. 学歴形成と幸福感 ………………………………………………… 132
6. おわりに …………………………………………………………… 138

第5章　中央・地方と格差社会　　　　　　　　　　林　宜嗣　143

1. はじめに …………………………………………………………… 143
2. 地域経済と格差 …………………………………………………… 144
   - 2.1 地域の経済活動を決定づけるもの　144
   - 2.2 地域間格差は収束するという考え　145
   - 2.3 地域間格差は収束しないという考え　147
3. 日本の地域間格差 ………………………………………………… 148
   - 3.1 長期的趨勢　148
   - 3.2 財政活動と地域格差　150
   - 3.3 地域格差の変動要因　152
4. 地域における「負の連鎖」……………………………………… 155
   - 4.1 容れものとしての地域　155
   - 4.2 累積的衰退モデル　156
   - 4.3 負の連鎖──3つの側面　156
5. 地域間格差是正のために ………………………………………… 159
   - 5.1 東京一極集中の是正　159
   - 5.2 中央集権の限界　160
6. おわりに──地域間格差と地域連携 …………………………… 163

第6章　環境と格差社会　　　　　　　　　内山勝久・細田裕子　165

1. はじめに …………………………………………………………… 165
2. 経済活動と環境問題 ……………………………………………… 167
   - 2.1 途上国の貧困と環境に関する従来の視点　167
   - 2.2 環境クズネッツ曲線　170
   - 2.3 市場経済化・グローバル化と環境問題　171
3. 環境問題と被害 …………………………………………………… 173
   - 3.1 環境問題の性格と被害　173
   - 3.2 被害の特徴　174

    3.3 国際的な環境問題と被害構造 175
  4. 被害と経済格差の形成 ……………………………………………… 176
    4.1 健康被害と経済的影響 176
    4.2 居住環境と経済格差 178
    4.3 途上国の環境政策と格差形成 181
    4.4 情報格差と経済格差 182
  5. 環境と格差がもたらす影響 ………………………………………… 183
    5.1 世代間の格差 183
    5.2 世代内の格差 184
    5.3 環境正義 186
  6. おわりに ……………………………………………………………… 187

第Ⅲ部　格差社会を越えて

第7章　格差社会の政治経済学　　　　　　　　金子　勝 193

  1. はじめに ……………………………………………………………… 193
  2. 非線形的な変化 ……………………………………………………… 194
    2.1 格差論争と政治経済学アプローチ 194
    2.2 経済学には病理学的アプローチがない 198
    2.3 制度は非線形的に変化する 199
  3. 社会的包摂かインセンティブか …………………………………… 201
    3.1 家族や地域の崩壊が貧困の多様化をもたらす 201
    3.2 インセンティブと格差 203
    3.3 インセンティブと医療崩壊 204
  4. 制度の多様性 ………………………………………………………… 207
    4.1 労働市場と社会保障制度の補完性 207
    4.2 誰が社会保障費を負担するのか 210
  5. おわりに ……………………………………………………………… 214

第8章 「格差社会」を越えるヴィジョン　　　　　神野直彦 219
　　　──「三つの政府体系」のシナリオ──
　1. はじめに ………………………………………………………………… 219
　2. 特殊歴史社会としての「格差社会」 ………………………………… 221
　　2.1　暴力的に踊り出た新自由主義が創出した「格差社会」 221
　　2.2　市場社会の3つのサブシステム 224
　　2.3　「規制緩和」と「民営化」の熱狂 227
　3. 福祉国家体制の行き詰まり …………………………………………… 230
　　3.1　所得再分配国家としての「福祉国家」 230
　　3.2　「社会統合」の失敗としての「格差社会」 232
　4. ポスト「福祉国家」モデルの模索 …………………………………… 234
　　4.1　「予言の自己成就」 234
　　4.2　3つのポスト「福祉国家」モデル 236
　　4.3　産業構造の転換と生活保障 240
　　4.4　再分配のパラドックス 243
　5. 「三つの政府体系」のヴィジョン ……………………………………… 247
　　5.1　社会的セーフティネットの張り替え 247
　　5.2　「三つの政府体系」への再編 248
　6. おわりに──民主主義の再創造 ……………………………………… 253

補　論　市場原理主義とネオリベラリズムと
　　　　　格差社会　　　　　　　　　　　　　　　　　斎藤貴男 259

エピローグ　　　　　　　　　　　　　　　　　　　　　橘木俊詔 293

執筆者紹介　296

プロローグ

宇沢弘文
内山勝久

　わが国が格差社会になったという認識は定着しつつある．格差社会はより深刻になりつつあるという見方も多い．たとえば，わが国では生活保護世帯やワーキングプアと呼ばれる低所得層が近年増加している．所得格差の拡大に伴い，貧困者も多い社会に移行しつつあるかのように思われる．しかしながら，格差社会ではないという反論も存在する．2006年1月には内閣府が，格差の拡大は人口高齢化の進展と世帯規模縮小の要因が大きいとの見解を発表した[1]．そこでは，格差は見かけ上の問題に過ぎないと主張し，わが国は格差社会ではないということを示唆している．さらに，格差問題を一蹴する議論も存在する．2006年1月下旬から2月初めにかけて国会でも格差を巡って様々な観点から議論がなされたが，当時の小泉首相の「格差が出ることが悪いとは思わない」「今までが悪平等だった」などの発言がその代表とされている[2]．

　わが国で所得格差拡大の議論が本格的に始まったのが1990年代末であるから，以来十数年が経過している．この間，小泉政権によって構造改革が推進されたこともあり，その結果として格差が拡大したのではないかという議論が盛んに行われ，前述の通り国会でも論争が繰り広げられたほどである．

　海外でも格差拡大を巡る議論や行動が最近増加している．2011年9月にニューヨークの金融街で始まった所得格差拡大に抗議するデモは全米各都市に拡がりを見せ，その後数ヶ月にわたって続いた．改善しない経済状況や高止まりする失業率，所得格差の拡大に対する低所得者層の不満は，多くの富

---

1) 内閣府「月例経済報告等に関する関係閣僚会議資料」
  (http://www5.cao.go.jp/keizai3/getsurei-s/0601.pdf)．
2) 『日本経済新聞』，2006年2月2日付朝刊．

を有するごく少数の富裕層に向けられていた．所得分配が適切に行われないとこのような形で社会の不安定を招くことが特徴的であった．韓国でも反格差の気運が高まり集会活動が頻発していた．

これとほぼ同じ時期に，ギリシャの財政危機に端を発するユーロ圏の信用不安問題が発生したほか，2008年9月にはリーマン・ショックを我々は経験した．こうした経験から示唆されるのは，経済危機は低所得者などの社会的弱者に大きな影響を及ぼし，世代内格差を拡大させた可能性がある点である．世代内の格差拡大は，世代間の伝播を通じてさらなる格差拡大をもたらすなど，将来世代にも影響を及ぼす可能性があるため，放置することは決して望ましいことではない．

「はしがき」でも述べたように，本論文集は *Economic Affairs* の1冊として社会的共通資本の視点を重視している．社会的共通資本は，分権的市場機構が円滑に機能し，実質的所得分配が安定的になるような制度的諸条件を意味し，社会の安定化装置として機能する役割をもつ．各経済主体は社会的共通資本の枠組みの中で自由に活動することになるが，その結果として所得格差が拡大しているということは，社会的共通資本が適切に機能していない可能性があることを示している．

格差の拡大は，所得分配の不平等・不公正が大きな問題となっていたにもかかわらず，その点を看過してきたことに一因がある．市場メカニズムのもとでは，効率的な資源配分の実現が可能であっても，所得分配の公正性についてはあまり考慮されていない．格差を縮小して社会的安定と持続的発展を実現するためには，効率性の追求のみならず，公正性の視点も重要であること，公正な所得分配のためには，社会的共通資本の果たす役割を認識し，適切に機能させることが重要であることを，改めて確認する必要がある．

本論文集では，わが国が格差社会の中にいるという認識を執筆者間で共有し，格差はわが国社会の安定や持続的発展にとって望ましいものではないという議論を展開することを意図している．各章のテーマには社会的共通資本としての制度資本（財政，金融，教育，社会保障等）を中心に，都市や環境をとりあげ，格差社会との関連について論じる．さらに，格差の小さい安定的な社会を構築し，持続的発展を遂げるために必要となるヴィジョンや社会的

共通資本の役割について展望している．以下では各章の内容をごく簡単に紹介しよう．

序章「格差社会　何が進みつつあるのか」（橘木俊詔）は，日本が格差社会に入ったということを前提にして，なぜ格差社会が好ましくないかを論じている．わが国は貧富の差が拡大中であることや階層の固定化が生じているとの主張が 1990 年代後半頃からされはじめ，大きな議論となった．本章ではこれまでの批判や議論の内容ではなく，現時点でこうした論点がどのように進展しているかについて焦点を当てている．

まず，格差や不平等を論じるに際しては，機会の格差と結果の格差を区別する必要性を述べ，それぞれをどのような基準で評価したらよいかについて論点を提示する．さらに，結果の格差を考えるとき，高所得者と低所得者の相対的格差が主たる関心となるが，最近のわが国で深刻な問題は貧困者の激増であると主張している．すなわち，相対格差を是正することは重要であるが，喫緊の課題として貧困者の数を減少させることが重要性を増していると問題提起している．

この点を踏まえ，筆者はわが国の貧困の現状を検証している．絶対的貧困に関しては，厚生労働省の「所得再分配調査」を利用して分析したところ，1996 年から 2002 年にかけて日本の絶対的貧困率は高まっていること，相対的貧困に関しても，OECD 諸国の貧困率について国際比較を行ったところ，日本は第 4 位の高さ，先進国の中ではアメリカに次いで第 2 位の高さとなっており，わが国は貧困率が高いことを見出している．

日本において貧困者が増加した理由についても考察を加えており，(1) 不景気による失業者の増加と賃金の低下，(2) 非意図的な非正規労働者の増加，(3) 社会保障制度の変革，(4) 高齢単身者，母子家庭などの増加が考えられる点を指摘している．さらに，なぜ格差社会が望ましくないのかについて，8 つの視点を提示しながら議論を展開している．

最後に，2011 年に生じた東日本大震災と世界各地における反格差運動について触れ，前者については，震災被害者は国民全体の負担により補償され，機会の平等が確保されるべきであること，後者については，格差是正が世界中で重要課題となったことの意義は大きいと述べている．

第Ⅰ部「貧富の格差」(第1章～第3章)では，経済構造における格差の問題を扱う．税・社会保障，財政といった所得格差の議論では不可欠な分野のほか，従来あまり採り上げられることのなかった金融面からの議論を加えている．

第1章「税・社会保障と格差社会」(小塩隆士)は，所得格差や貧困を改善するために必須となる所得再分配政策が，わが国でどのように機能しているのか，制度改善の余地はないのかという問題に正面から取り組み，最新の統計データに基づいた多様な分析結果を報告している．

厚生労働省「所得再分配調査」の分析によると，税・社会保障による再分配効果については，所得格差の是正に対して大きく貢献しているという見方が一般的とされている．しかし，年間所得ベースで見た再分配政策によるジニ係数の改善度の高まりは，所得が相対的に高い現役層から低い高齢層への年齢階層間の所得移転が強まっていることを反映したものであり，政府が格差縮小への取り組みを強めたとは言い難いと指摘する．

本章で筆者は，税・社会保障の再分配政策の効果を厚労省「所得再分配調査」「国民生活基礎調査」に基づき，年間所得ベース，生涯所得ベースでそれぞれ分析・評価を行った．その結果，次のような結論を導いている．

第1に，年間所得ベースで見ると，再分配政策による格差縮小・貧困軽減効果のかなりの部分は高齢層の内部で発生しており，その効果の大半は若年・中年層からの所得移転による平均所得の引き上げによって説明できること，また，若年・中年の低所得層に対する所得面での支援は高齢の低所得層に比べて小規模にとどまっていること．

第2に，一定の想定を置いて推定した生涯所得ベースで見ると，再分配政策の効果は生涯を通じて相殺される部分が大きいために，年間所得ベースで見るよりかなり限定的となっていること．さらに，生涯所得ベースで税・社会保障負担の状況を見ると，低所得層ほど社会保障負担の当初所得比が高まるという逆進的な構造になっていること．

第3に，生涯所得ベースで，社会保障負担を所得比例，社会保障給付を定額にした場合の再分配効果について大まかな試算を行ったところ，高所得者層に大きな追加的負担を求めなくても低所得者層に対する所得面の支援を充

実できることが示唆されたこと．

わが国の再分配政策は年齢階層間の所得再分配の色彩が強く，高齢化の進展によって年々強まりつつある．また，すべての階層において貧困状態に置かれている世帯が少なからずある．これは現行の再分配政策が公平性，効率性の面で改善の余地が大きいことを示している．このように現状の税・社会保障制度は疲労していると言える．今後少子高齢化が進み，経済成長が鈍化すると格差是正や貧困軽減が次第に難しくなるため，本章では適切な再分配政策を再構築する必要性を指摘している．

第2章「財政と格差問題」(菊池英博)は，財政支出との関係において様々な角度から格差問題を考察している．まず，厚生労働省「所得再分配調査」を利用して，ジニ係数の時系列的推移と最近年の年齢階層別ジニ係数の特徴を分析して，わが国における格差の広がりを指摘している．続いてジニ係数の推移とマクロ経済や財政支出の関係を分析している．ジニ係数が最小だった1981年を境に，その前後でわが国の財政支出がどのように変化したかを比較し，格差との関連を議論する．

OECD統計を利用した国際比較にも取り組んでおり，わが国と欧米の主要8ヶ国について目的別財政支出のGDP比率を比較し，格差の小さい国の特徴を分析している．格差の小さい国は総じて財政規模が大きく，社会保障が充実していて，教育や文化振興に熱心であり，公共投資も大きい傾向があることを見出している．

また，ジニ係数が低い国は貧困率が低い傾向にも言及している．わが国はジニ係数が相対的に高く，貧困率も高い部類に位置していると指摘している．

さらに，名目GDP成長率と格差の関係に注目し，経済成長率が高ければ格差が縮小するとは必ずしも言えないという点を指摘している．むしろ財政支出による再分配機能が社会の安定にとって必要であると論じている．

筆者は，このように所得格差が高まっている国で財政問題を混乱させた要因の1つとして，新自由主義に基づく経済財政政策の導入と実施を挙げており，米国とわが国について1980年代から現在までの政策的問題点を論じている．そして最後に，格差問題を左右するのは財政的要因であるとの本章で

の分析結果を踏まえて，財政政策はいかにあるべきかを検討している．筆者はわが国の財政状態は必ずしも危機的な状況ではないと主張し，「平成ニューディール政策」と名付ける積極的財政支出によりわが国経済の再構築と所得格差の縮小を唱えている．

最後に筆者は，2011年秋にニューヨーク・ウォール街で行われた反格差デモについて言及している．上記の筆者の分析を踏まえながら，デモの現実やその背景について考察している．

格差問題に対して金融が果たせる役割を論じるのは容易ではなく，実際，格差と金融に関する議論はこれまでにほとんど存在しなかったと思われる．第3章「格差問題と金融――マイクロファイナンスの可能性」（花崎正晴）は，格差問題の克服と金融機関の役割について，発展途上国で広がりを見せるマイクロファイナンスに着目し考察している．

格差社会のなかで苦しむ低所得者層，とりわけ貧困層は信用力も物的担保も乏しいことから，銀行に代表される金融機関はローンの提供が困難になる．このような問題への対応策として期待されるマイクロファイナンスとは，貧困層あるいは低所得地域共同体に対する各種金融サービス提供業務である．収入条件や物的担保の有無に依存せず，貧しい個人に事業に取り組む機会を提供することで，その潜在的能力を開花させることを企図する．

本章ではマイクロファイナンスの代表的な例である，バングラデシュのグラミン銀行の活動を紹介し，続いて世界の様々なマイクロファイナンスモデルを整理する．さらに，マイクロファイナンスはグローバルな展開を見せており，途上国のみならず先進国でも地域開発の手法の1つとして定着しつつあること，それに伴いマイクロファイナンス機関（MFI）の数も近年大きく増加していることを述べる．MFIについては社会性や公益性を求められる反面，収益性も求められるという課題があるが，筆者は，MFIに求められる貧困問題への対応という本来の役割と長期的な採算性確保は十分両立可能であると論じている．また，MFIは社会的収益性，とりわけ顧客の貧困度をどのように測定するかという重要な問題に直面しており，代表的な指標として「貧困からの脱却指数（PPI）」を紹介している．

最後に，マイクロファイナンスは東日本大震災からの復興において，有効

な金融手段となりうることを提示する．被災者の生活再建には様々な支援が不可欠だが，自立に向けた行動を後押しするための金融面からの支援もその1つである．しかし被災者の多くは物的担保に乏しく，将来設計も不確実性が高い．このような点を踏まえ，マイクロファイナンスの理念に基づいた金融の仕組みの導入および活用が有効であると本章では提案する．

第Ⅱ部「階層の固定化」(第4章～第6章)では，教育，中央と地方，環境と格差社会の関係を議論する．これらの分野は第Ⅰ部のテーマにも増して長期的な世代間格差の問題と深く関わっていると考えられる．すなわち，世代内格差への対応を誤ると格差が固定化し，世代間の伝播を通じて将来世代の格差が拡大しかねないため，適切な対応が求められる分野である．教育と格差については教育学や社会学の立場から様々な議論がなされてきたが，ここでは経済学の枠組みで議論している点に特徴がある．地域間の格差もその存在が認識されながらも分析的な議論が少なかった分野である．環境問題も従来の格差論議には含まれていなかった視点である．

第4章「教育と格差社会」(八木匡)は，人々が抱く格差感に影響を与える要因の1つとしての教育機会の平等性と教育が格差形成に与える影響について分析している．教育と所得の関係については，享受した教育水準に生涯所得が強く依存していると多くの研究が示している．このため高い教育費を負担できる裕福な家庭に生まれなければ社会での成功は難しいといった通説が形成されており，これは教育が所得格差の不平等を抑制するのではなく，むしろ教育機会の不平等が所得分配の不平等を拡大させていることを示している．

橘木・八木 (2009) の分析によると，わが国では教育と格差の関係はそれほど決定的なものではなく，通説を支持するものとなっていない．親の経済的状況がよくなくても高い学歴を得て社会的成功を収める人も多くいれば，恵まれた家庭に育ち高いランクの高校を卒業しても，高い偏差値の大学に入学できない人も多い．また，高い偏差値の大学を卒業しても社会での稼得能力が低い者も多い．こうした点は，階層間移動がある程度流動性をもっていることを示唆している．

そこで，本章では橘木・八木 (2009) では十分に捉えきれなかった，階層

間の移動性という側面に焦点を当て，教育が格差形成に与える影響について，より広い視点での分析を試みている．インターネットによるアンケート調査に基づく独自のデータセットを構築し，学歴が及ぼす格差および幸福感への影響を階層間移動性に着目して実証分析を行った結果，これまでは学歴効果を通じて家庭環境は就業に対して影響を与えると考えられてきたが，この分析では，学歴効果以外にも家庭環境におけるコネクションとかネットワークといった要因を通じて，就業に直接影響を与える効果が存在していることが示唆されている．また，幸福感形成に与える影響においても，ステータスとしての学歴ではなく，文化享受能力等の能力形成を通じて幸福感への影響が存在していることが示唆されている．

第5章「中央・地方と格差社会」（林宜嗣）は，個人間の所得格差に比べて十分な検証が行われているとは言い難い地域間格差について，その実態を明らかにした上で，格差是正のための条件を議論している．

新古典派の地域成長理論の基本的な考え方によれば，労働，資本といった生産要素が地域間で速やかに調整されれば地域間格差は収束すると考えられるが，現実には生産要素の移動はそれほど速やかではなく，地域間格差が存在すると考えられる．

本章では，まず，わが国の地域間格差を長期的趨勢の点から捉え，バブル経済が崩壊した90年代以降では財政におけるソフトの活動（政府最終消費支出）が格差是正に対して大きな役割を果たしたことを見出している．この点をさらに詳細に見るため，人口1人あたり県内総生産の変動要因を分析することにより，財政活動が格差是正に与えた影響を検証している．その結果，様々な要因により地域格差は拡大する傾向にあったが，その格差拡大を財政活動が是正する構造にあったと論じている．

また，わが国では地域活性化策がこれまで十分な効果を発揮したとは言えず，その原因は意志決定と財源措置を国が行い，地方は地方の財源を追加して事業を執行するという中央集権システムにあると筆者は捉えている．そして，地域間格差を是正するためには，地域再生努力に加えて，東京一極集中の是正が必要であり，その方法の1つが地方分権の推進であると述べている．また，道州制のような地方分権改革とともに，複数の地域が消費者や企

業のニーズに応えるべく，相互に補完しながら地域のニーズを満たしていく地域連携を同時に進めていく必要があることを主張している．

　第6章「環境と格差社会」（内山勝久・細田裕子）では，経済格差をもたらす要因の1つとして環境問題に着目し，従来あまり焦点が当てられず，必ずしも十分に捉え切れていなかった環境と経済格差の問題を採り上げている．そして，環境破壊による被害者は多くの場合社会的弱者であるという視点に基づき，環境問題と経済活動の関係や格差の形成，および環境と格差がもたらす影響について，既存研究を基に多面的に展望している．

　経済的に恵まれない状態を原因として環境破壊を招くプロセスとして，第1に，貧困層に人口爆発が生じると，その人口を養うために自然資源を過剰に利用するなど地域の共有資源が崩壊するもの，第2には，共有資源に依存した非市場的経済制度の下で活動を行ってきたコミュニティが，市場経済に接することによって，その活動に巻き込まれ，結果として共有資源が荒廃していくというものを紹介している．

　逆に，環境破壊は汚染源近隣の恵まれない住環境にある居住者に，健康被害による医療費など被害に伴うコストの負担を長期にわたって強いることとなり，被害者は必要な補償も得にくいため，それが所得格差を招くというプロセスも指摘している．こうして生じた現在世代の所得格差は後世代にまで残る可能性がある点，問題はより深刻であるとしている．

　格差問題の観点から環境破壊が望ましくない理由の1つは，このように外部不経済のコスト負担を被害者が余儀なくされる場合があることである．医療費の重い負担等により家計が圧迫され，被害者の子弟が高等教育を受ける機会を制約されることになると，人的資本の蓄積が乏しくなり，生産性の低下を通じて将来の所得稼得能力が低く抑えられ，格差が将来世代に伝播することになりかねない．同様に，地球環境問題でも被害を受けやすいのが貧しい途上国である傾向があるとすると，そのコスト負担の影響は途上国の将来世代に波及しかねない．本章では，環境変化に対応できるようなセーフティネットの構築や脆弱性の改善，適応能力の向上を進めていく必要性を指摘している．

　第Ⅲ部「格差社会を越えて」（第7章，第8章）では，これまでの個別分野

の議論や政策提言を踏まえ，政治学や政治経済学，歴史，経済思想などに学びながら，格差社会を克服し，安定的な社会と持続的な発展を実現するための指針や展望を与えようとするものである．

第7章「格差社会の政治経済学」（金子勝）では，新しい政治経済学的アプローチに基づいて格差や貧困問題の特徴を明らかにする．このアプローチによる分析は4つの特徴を有しており，これを格差や貧困問題に適用することで，次のような考察を行っている．

第1に，社会に生じる非線形的な変化を重視し，歴史のパターンとの比較による分析を行う．筆者は均衡論的枠組みを前提とした経済学には病理学的アプローチが存在しないという方法論上の欠陥があり，これは格差論争において大きな問題となると述べる．つまり，社会病理現象が広がるとき，あるいは社会構造が大きく変わろうとするときには，通常時なら統計的に棄却されるであろう異常事例にこそ萌芽の段階にある重要な変化が含まれると考え，変化の本質は歴史のパターンに注目することで見えてくると主張する．

第2に，方法論的個人主義を前提に，個人の効用に還元していけば全体がわかるという考え方を批判的に検討する．現実に起きている貧困や格差問題を解決するには，方法論的個人主義を前提にすると必ずしも有効な処方箋は得られず，家族や地域社会といった「共同性」の重要性を指摘する．

第3に，格差や貧困問題にインセンティブによる制度設計を導入することに慎重になるべきだとしている．現に行われている医療改革では，健康保険料の未納・滞納者は診療抑制を行ってしまうほか，医師不足と診療報酬改定により地域の中核病院の経営悪化が急速に進み，救急医療も維持できない地域も数多くなるなど，医療崩壊が問題となっている．このように，インセンティブは格差や貧困に負の影響を強く与える．

第4に，政治経済学的アプローチでは制度の多様性を積極的に認める．表面的な国際比較によって，うまく機能している他国の制度の部分的な移植をしようとしても，必ずしも成功するとは限らない．筆者は，市場は「制度の束」であり，その多重な調節制御の仕組みそれ自体を分析の対象として理解し，制度のあり方を考えるべきであると述べる．

このように，非線形的な変化に直面したときに，新自由主義の考え方に基

づいた規制緩和によりセーフティネットを解体しても，かえって副作用がひどくなり市場システムは麻痺する．筆者は，新しく生じている社会病理に対処すべく，抜本的なセーフティネットの張り替えが必要だと主張する．たとえば年金一元化とミニマム年金，資産所得課税の強化と給付付き税額控除の導入，医療，介護，育児の現物給付を充実させるための地方分権化などの抜本的改革が有効であると提言する．

　第8章「「格差社会」を越えるヴィジョン──「三つの政府体系」のシナリオ」(神野直彦)は，新自由主義を批判的に検討し，ドイツ財政学が有する政治思想や歴史の教訓に学びながら，格差社会を乗り越えるヴィジョンを提示するものである．

　筆者はまず，トータル・システムとしての市場社会を，市場原理に基づく経済システムと，支配・被支配関係に基づく政治システムと，家族やコミュニティという共同原理に基づく社会システムという3つのサブシステムから構成されると位置付ける．

　ドイツ財政学の主張する社会国家は，第二次大戦後に「福祉国家」として定着する．福祉国家とは市場経済の所得分配を修正する制度資本を社会的共通資本として埋め込んだ「所得再分配国家」である．そして，福祉国家の下では，重化学工業を基軸として拡大した経済システムと，経済システムが拡大していくことによって縮小していく社会システムのバランスを保つように，政治システムが機能を拡大させて，3つのサブシステムの安定的な相補関係を形成していた．

　こうした考察を踏まえ，格差社会とは，新自由主義により規制緩和や民営化によって政治システムを縮小し，市場原理に基づく経済システムを拡大させた結果，経済システムが政治システムや社会システムとの相補関係のバランスを崩すまでに拡大した社会であると捉える．

　筆者は格差社会という危機を越えるためには適切なヴィジョンを構想する必要があると説く．まず，社会システムが縮小していくことに対応して社会的セーフティネットを張り替えなければならないとする．

　さらに，福祉国家の行き詰まりと格差社会を克服するためには政治システムを「三つの政府体系」，すなわち，地方政府，社会保障基金政府，中央政

府に再編・権限委譲する必要があると主張する．このように，三つの政府の役割を明確にすれば，行き詰まっている福祉国家を克服し，格差社会を越えるヴィジョンを描けると論じている．

最後に補論「市場原理主義とネオリベラリズムと格差社会」（斎藤貴男）を掲載している．これはジャーナリストとしての立場から，研究者による学術論文とは異なるスタイルで，実際の取材活動や公表資料の引用を通じて得られた格差社会の現実を報告してもらうことを企図したものである．

まず，格差社会の象徴とも言える，2009年末から2010年初めにかけて設置された公設派遣村に関するルポルタージュを引用し，公設派遣村に関する事実が正確に報道されていないことや，利用者や支援者への偏見や批判が必ずしも少なくないことを報告している．そして，公設派遣村の現状から，格差社会の現実が，失業やワーキングプアといった雇用問題のみならず，それ以上の根深い問題をはらんでいることを示唆する．また，30歳代のホームレスが急増している現実を報道したテレビ番組とその関連書籍に基づいて，この世代は新卒時に就職氷河期にあり，数多くが正社員ではなくフリーターや派遣社員となった世代であること，最近の経済環境の悪化で職を失っていること，そして何よりも深刻なのは，こうした現実を「自己責任」と感じ，社会ではなく自分自身を責めていることだと指摘している．

筆者はこうした現実の背景として，企業が人件費を抑制して国際競争力を維持するために，過剰な人員を抱えず人材を有効活用する「雇用ポートフォリオ」の導入があるのではないかと問題提起している．必要な人材を必要なときに必要なだけ採用する管理手法が部品のみならず生身の人間にまでも広がってきていることを危惧し，そうした結果の1つが公設派遣村であったと述べている．換言すると，格差社会は，終身雇用や年功序列を中心とした日本的経営がもはや成立しなくなったことを背景に，労働形態が，熟練労働か，非熟練労働か，さもなければ失業といった形になり，非熟練労働者は企業の必要労働量に柔軟に対応するための雇用の調整弁として非正規雇用の形態をとることが多くなったことから生じていると指摘している．ただし，非正規雇用を望む労働者もいるので多様な選択肢があっていいと筆者は述べている．

むしろ問題なのは，効率性ばかりが追求され公平な社会に近づける努力がなおざりになっていること，また，市場メカニズムにより大局的には効率的であっても，個々の地域社会，一人ひとりの個人にとっては過剰な負担を強いられる場合があることだと見る．効率性重視の経済を指向し，競争を勝ち抜いた効率性の高い人や組織だけが存続するようになると，格差は拡大するとともに，多様性のない画一的な社会になると筆者は憂えている．

序　章　格差社会　何が進みつつあるのか

橘　木　俊　詔

1. はじめに

　日本が格差社会に入ったという認識はほぼ定着したと言える．しかし一部にまだ日本は格差社会ではないとする反対論はあるし，格差社会で何が悪いのか，という格差を肯定する主張はまだ相当に根強い．本章ではこの2点について最新の情報を提供しながら，日本は格差社会に入ったということを再確認し，格差社会に入ったことは日本にとって好ましいことではない，ということを主張する．

　日本は「一億総中流社会」であると，戦後から20世紀末まで長い間信じられてきた．すなわち国民の90％前後が自分は中流であると認識していた．このことは貧富の格差がさほどでないということと同義なので，日本は格差のない平等性の高い国であると，多くの人が信じてきた．ちなみに，「一億総中流国家」は村上（1984）の提唱による．ところで，高度成長期の頃は高い経済成長率を誇っていたことから，経済効率性も高かったのであり，同時に所得分配も平等であったことから，日本は効率性と平等性の双方を満たす稀有な資本主義国であるとみなされていた．なぜ稀有な国かと言えば，一般に資本主義国では効率性と公平性はトレード・オフ関係にあるので，その双方を達成しているのが珍しいと考えられるからである．

　しかし，15年ほど前から日本はもう平等性の高い国ではないとする主張がなされるようになった．そのさきがけである橘木（1998）によると，日本の所得分配は以前のような平等性の高い国ではなく，アメリカほどではないがヨーロッパの大国，すなわち英独仏なみに所得格差のある国になったと主張された．

もう1つの主張は社会学者からのもので，親の教育・職業・所得水準が高ければ子どものそれらも高く，逆に親のそれらが低ければ子どものそれらも低いとする，いわゆる階層固定化現象が発生しているとされた．たとえば佐藤（2000）参照．日本では親のステイタスと無関係に子どものステイタスが決定されると信じられていた．すなわち親子間の社会移動は開かれていたとする通念であったが，この通念を破棄して社会移動が閉鎖的になったとの主張である．

この2つの主張，すなわち貧富の格差が拡大中ということと，階層の固定化が生じているとの主張に対して，経済学者・社会学者などの専門家からの批判を受けたし，一般の人やマスコミ関係者もこの話題に関心をもって議論が沸騰したのであった．どのような批判・議論があったかに関してはここでは言及せず，現時点でこれらの話題がどのように進展しているかを中心に述べることとする．これらに関しては橘木（2006）が参考となる．

平等・不平等，あるいは格差を議論する際，実は結果と機会の差はきわめて重要である．結果の平等・不平等とは，人々がなんらかの経済活動を行って，その果実なり報酬を所得として受け取るときの差に注目する．さらに，人々は所得を受けてから消費と貯蓄行動を行うが，貯蓄は資産として蓄積される．これら経済活動の結果として示された所得や資産の平等・不平等を問題にするのが，「結果の格差」である．

一方「機会の平等」というのは，人が社会活動や経済活動を行う際，すべての人に参加の機会が与えられているかに関心を持つものである．どのような社会活動や経済活動があるかといえば，人が教育を受ける機会を求める，就職する機会を求める，企業や組織の中で地位の昇進を求める場合，等々が代表的な例である．

2. 機会の格差・平等

ここで「機会の平等」をやや詳しく検討しておこう．「機会の平等」は概念的に言えば次のように定義される．2つの定義が考えられる．第1の定義は，人がある地位（教育，職業，昇進）をめざす場合，あるいは空席がある場

合，すべての潜在的な希望者に参入の機会が与えられるべき，とするものである．その参入をめぐっての競争入札と選考にあたっては，すべての希望者にあたえられるべきとする．これは「公平な参入機会」といってよい．

　第2の定義は，ある地位をめざしたり，空席がある場合には，それを希望する人たちの間での選抜過程は，その地位での仕事をうまくこなす能力と意志を持っているかどうかの基準だけで決定されるべきで，他の情報や資質（たとえば，性，年齢，人種，家庭環境）は使用されるべきではない，というものである．これは「非差別の原則」といってよい．

　ここで述べた2つの定義が満たされれば，機会の平等は達成されていると理解してよい．

　これらの定義をやや堅苦しく定義すれば次のようになる．人が様々な状況の下で，社会行動ないし経済行動をするとき，自己が制御可能な状況に関しては問題にする必要がないが，自分で制御不可能な状況に関して不平等があれば，社会はそれを認めてはならない．そして必要であれば，なんらかの補償をも考慮せねばならないのである．自分が制御可能なこととは，たとえば努力をすることによって，なんらかの不利さを除去できる可能性が開かれていることを意味する．自己で制御不可能なこととは，いかに自分が努力しても不利さを除去できない状況を指す．典型例として，性，年齢，人種，家庭環境，天性の能力（IQ，身体能力）等がある．

　ここで上げた種々の制御不可能な不利な性質を，どれだけ社会が補償すべきか，ということが「機会の平等」を論じる際に重要な論点となる．たとえばネオ・マルクス思想（代表的にはローマー（1998））からすると，人の努力によって到達できない，あるいは制御不可能な不利さに関しては社会が補塡する義務がある，と主張している．これはいわば，すべての人にハンディを与えてスタートはほぼ同等に，という思想に相通じる．

　ついでながら，厳格な「機会の平等」を支持するネオ・マルクスの思想は，人の賃金や所得は本人の努力の程度に応じてだけで決定されるべき，と主張している．やさしく言えば，努力して一生懸命働いた労働者と，そうでない労働者との間の賃金格差は現れて差し支えない，との主張である．よほど完璧な平等主義者でない限り，これに反対する人はいないであろう．

逆に言えば，努力差によるものであればよいが，能力差によって人の所得格差が顕著になってはいけない，ということになる．なぜならば，人の能力差は努力の結果ではなく，天性の能力の差に大きく依存するので，それによって生じた所得格差を容認することは，「平等の機会」の原則に反することになるからである．

ここにネオ・マルクスの思想とオールド・マルクスの思想の差が出て興味深い．オールド・マルクスの思想は，人には能力と努力の差は確かにあるが，その差を賃金や所得といった処遇における差として反映してはならない，というものであった．しかし，ネオ・マルクスにあっては，人の努力の差によって出現した差は，処遇の差に反映させてよい，として一歩前進させた考えを提出している．

制御不可能な状況として，もう１つの代表例である家庭環境を論じておこう．人は自分の生まれてくる環境を選択できないという意味で，家庭環境は制御不可能な状況とみなせる．どのような父親，どのような母親の下で生まれるかは，本人が決められることではないからである．

すなわち，父母の教育水準，職業はどうであるかとか，そして家庭の所得レベルについても子どもからすればすでに決められた環境である．そしてこれら制御不可能な家庭環境が子どもの将来の人生経路を決める確率が高いことは，広く一般に認識されている．やさしく言えば，親が恵まれた状況にいれば子どもも恵まれる可能性が高いのである．それを教育の分野で明らかにしたのが苅谷（2001）である．

親の教育水準が子どもの教育水準を決めたり，親の職業水準が子どもの職業水準を決める程度が強く，さらに，親の所得や資産の額が子どもの教育や職業の決定に与える影響が強いことも，一般によく知られている事実である．これらの実証研究については，たとえば橘木・松浦（2009），橘木・八木（2009），橘木（2010）参照．

親の教育水準や職業水準が低く，あるいは親の所得や資産が低い家庭環境に育った子どもは，生まれたときからハンディを背負っているともいえるので，機会の不平等の１つになりうるのである．もしこの種の機会の不平等が社会によって不公平とみなされたのなら，なんらかの補償を行うような政策

が考慮されなければならない．

　どのような政策が考えられるかといえば，親の所得が低いのであれば，奨学金制度の充実や低所得者の子弟に利益になるような公共教育支出がその候補となる．あるいは，公教育の制度を充実させて，家庭の教育負担の必要額を低額にすることも政策の1つとなる．

　だが難しいのは，私的教育費用の場合である．わが国に特有な塾に通うための費用や家庭教師につくための費用を，低所得階層は負担できない．つまり，高所得階層の子弟ほど私的な高い教育支出の負担が可能なので，その人たちほど高い教育を受けることが可能となる．実はこれら私的な教育費用が子どもの教育水準を高めている事実がある．これら費用を公的負担に転嫁する根拠はさほどないだけに，低所得階層の子弟は教育において不利を背負わざるをえない．

3. 結果の格差・不平等

　結果の格差を議論するときに最もよく使用される変数は所得である．すなわち所得格差がどれだけ平等か，それとも不平等かに関して議論される．日本の所得分配が平等であったからこそ，「一億総中流社会の日本」が信じられてきたのであるが，最近に至ってその平等性に疑問符がつき，日本の所得格差が拡大しているとの議論がなされるようになった．

　しかし，どこまで所得格差を認めるのか，という意見に関しては，人によってその差は大きい．それはある程度その人の生き方，あるいは堅苦しい言葉を用いれば個人の価値判断に依存する．アメリカ人の中には所得格差の大きい社会を容認する人が多く，一方平等性の高い北欧諸国の人の多くは，貧富の格差はできるだけ大きくない方が望ましいと思っているのである．

　アメリカはもともと移民で成立した国であるから，頼れるのは自分だけという歴史的経緯から自立心の強い人が多く，努力する人は多くを得てよいとする信念がある．逆に頑張らない人は，低い所得に甘んじねばならないと考えている．一方，北欧では寒い自然環境から生じたことでもあるが，伝統的に共同体思想が強く，小国ということもあって国民の間に格差の大きいこと

を容認しない人が多いからである．

　日本では小泉元首相・竹中元大臣にみられたように，政界・財界を中心にしてアメリカ型の経済のあり方，すなわち規制緩和，競争促進，福祉削減といった経済政策を支持する意見がここ10数年ぐらい支配的であった．経済不振に悩んでいたイギリスとアメリカが，サッチャー首相とレーガン大統領によるこれらの政策実行が両国経済を立ち直らせたという事実が，小泉・竹中路線をこのように仕向ける動機になったことは確実である．当時不況にあった日本において，経済活性化を図るためにはこのような政策が重要と考えたからであるが，この政策が日本の格差拡大を助長した1つの原因となったことは間違いない．ところで，橘木（1998）では1980年代あたりから既に日本の所得格差は拡大し始めていたと示しているので，格差拡大は小泉・竹中政策だけの効果とは言えない．

　ところで，所得格差はどれほどであれば容認されるのか，という価値判断の基準があるのかをここで考えてみよう．人々は経済活動の成果として賃金や所得を稼ぐが，その額がどれほどであればよいかということを決める際の基準を議論しておこう．その解答を先に述べれば，(1) 貢献，(2) 必要，(3) 努力，という3つの基準である．

　(1)「貢献」は，人が勤労することによって企業は生産活動を営み，利潤を生むのであるが，特定の個人がどれだけ生産や利潤に貢献したかに応じて配分が決まるとする基準である．

　(2)「必要」は，人は勤労によって賃金を得るが，その人が生活するのに必要な所得となる基準である．換言すれば，食べていけるだけの賃金・所得がすべての人に必要であるし，家族の人数が多ければ，その必要額も増加する，という命題につながる．

　(3)「努力」は，人がどれだけ勤労に励むか，といったような努力の程度に応じて配分を決める基準である．(3) 努力の高さが，(1) 貢献の程度に直接結びつけば問題はないが，努力しても成果の上がらない人をどう評価すればよいか，という困難な問題を抱えている．

　この3つの基準のうち，どの基準を重視するかによって，ここまで述べてきた哲学・思想，あるいは経済学においてどの考え方を信じているかを，あ

る程度判定できる．ここで（3）努力は，既に述べたようにやっかいな課題を抱えているので，（3）努力を無視して話を進めることにする．

（1）貢献を重視する人は，ネオリベラリズム（新自由主義），リバタリアニズム（自由至上主義，あるいは自由絶対主義）に親近感を覚えるだろうし，経済学も市場原理主義を信奉すると考えてよい．大きく貢献する人，すなわち生産性の高い人は高い賃金・所得を稼いでよいと判断するのである．そして，それらの人は成果に応じて非常に高い俸給を受けてよいとする．

一方（2）必要を重視する人は，リベラリズム（自由主義，あるいは改良主義）を信ずる人に多い．すなわち，（1）貢献度に応じて所得差の生じることは否定しないが，あまりにも大きな所得差に賛成しないし，もっと重要なことは人が最低限食べていけるだけの賃金・所得を受けることの意義を重視する．すなわち，どの人にも最低限生きていけるだけの経済保障がなければならないことを，（2）必要という視点から積極的に大切な基準として評価するのである．

この点に関しては，マルクス自身も有名な『ゴーダ綱領批判』において，「各人は能力に応じて労働し，各人は必要に応じて給付する，という原則が大切」ということを述べている．このあたりについては新村（2006）が有用である．一般にマルクス・レーニン主義，あるいは共産主義では「働かざるもの，食うべからず」の伝統があるとされるが，マルクス自身は少なくとも働く者にとっては，賃金は「貢献」のみならず「必要」の基準をも考慮して決定されるべし，と説いていると言える．もっとも，働かざるもの，あるいは働けないものをどうすればよいか，に関してマルクスはどう考えていたのか，不勉強の私には不明である．それはその後に登場するケインズ経済学や福祉国家論の方が，より積極的に論じているとも言える．

私自身は必ずしもマルクス経済学者ではないが，「貢献」のみならず「必要」に応じて労働者への配分の基準を設定すべし，としたマルクスの考え方に共鳴する．人は最低限生きていくための所得保障が必要，ということを主張していると理解できるからである．

私自身はこれまで所得格差を論じるときは，貧富の格差を主として問題にして，その格差が拡大していることを明らかにしてきたが，最近に至っても

っと深刻な問題が日本で発生していることを憂慮するようになった．それは貧困者の激増である．貧富の格差は「貧という下」と「富という上」の相対格差が関心であるが，ここでは「下の貧」に深刻なことが起こっていることを強調したい．相対格差を是正することも大切なことであるが，緊急の課題として貧困者の数を減少することの方がより大切な今日の現状である．なぜならば，貧困者というのは食べていけない人のことなので，これらの人を社会からなくすることは，人道上からも喫緊の課題だからである．換言すれば，価値判断の3つの基準を挙げたが，ここでは (2) の必要に注目するのである．

食べていけない貧困者というのは，貧困の定義でいえば絶対的貧困と呼ばれるものである．貧困の経済学的分析で歴史と高い研究水準を誇るイギリスにおいて，Rowntreeの貧困ライン（貧困線）から提唱されたもので，人々の最低生活費がどれだけの額であるかを計測して，それ以下の所得の人を貧困者と定義して計測する．

絶対的貧困ラインの計測ではすべての人を納得させることが困難である．この困難さを避けるために，貧困を相対的に見る立場もある．たとえば一般国民の平均的家計所得，あるいはもっと正確には中位者の所得の何％（たとえば50％，40％）以下の所得しか稼いでいない家計を貧困と定義する考え方がある．ここで中位者とは，所得の高い人から低い人を順に並べて真中の順位にいる人をさし，この人の所得額を中位所得と呼ぶ．これは平均的な人と比較して，相対的に見て一定程度以下の悲惨な生活を送っている人を貧困者とみなすのである．いわば格差がありすぎること，あるいは不平等度が高すぎることが，人をして不幸を強く感じさせるのであるから，貧困とみなすのである．この相対的貧困も，では中位所得のたとえば50％というのは，恣意的ではないかという批判がありうるし，やはりすべての国民を納得させる貧困の定義は容易ではない．少なくとも絶対と相対の両概念が必要である．

この2つの定義にしたがって，日本の貧困の現状を検証してみよう．

まず絶対的貧困を用いて分析する．食べていけない程度，生活していけない程度の所得しかない人は，日本においてどのぐらいいるのだろうか．厚生労働省の「所得再分配調査」の数値を使って次のように計算してみた．

表 0-1 日本における絶対的貧困率の推移

(%)

	1996 年	1999 年	2002 年
1 級地の 1	11.2	13.4	15.7
3 級地の 1	7.5	9.1	10.8

出所：厚生労働省「所得再分配調査」に基づいて計算．計算の詳細については橘木・浦川（2006）参照．

　日本には貧困者を救済する手段として生活保護制度がある．生活保護制度というのは，食べていけない人に行政が現金支給して生活支援する制度であるが，どの程度の所得の人を対象とするかは，地域ごとに生活保護基準が決まっている．地域によって，所得，生活レベル，物価水準が異なるからである．当然のことながら家族の人数によっても生活保護基準は変わっているが，一番重要なのは地域による差である．

　「所得再分配調査」の所得額を用いて，各地域の中で貧困者がどれだけいるかということを計測してみた．その際に，2つの方法で行った．1つは，生活保護基準の中で，「1級地の1」と呼ばれる大都市に住む人たちを中心にした基準に準拠したものである．東京，大阪，仙台，名古屋など，大都市でこれだけの所得がないと食べていけないという額を用いて，それに達していない人の貧困率をまず計算した（表0-1）．それによると，1996年が11.2％，99年が13.4％，2002年が15.7％となっている．

　次に「3級地の1」と呼ばれる，地方の小都市や町村に住む人たちを基準に計測してみた．96年が7.5％，99年が9.1％，2002年が10.8％となっている．

　以上の数値を見ると，96年から2002年までの期間，貧困率が「1級地の1」「3級地の1」の双方において増加しているということがわかる．すなわち，この間日本の絶対的貧困率は高まってきたのである．では日本全体での数字はいくらであるかと問われれば，「1級地の1」と「3級地の1」の間であろうから，2002年で貧困率は13〜14％と推察できる．

　次は相対的貧困による定義に基づいて計測してみよう．橘木・浦川（2006）では相対的貧困の概念によって，日本の貧困者は誰であって，どう

いう経緯でもってそれらの人が貧困になったかを詳細に分析している．関心のある方はそれを参照していただくとして，ここでは最近の資料を用いて，国際比較に注目してみよう．

実は相対的貧困は国際比較においてその有用性が増す．なぜならば，すべての国が同じ定義で計測されているので，比較に信頼性が増すのである．絶対的貧困であれば，その国の経済状況，家族のあり方，社会保障制度の現状，などの影響を無視できないので，国際比較がなかなか困難なのである．

図 0-1 は先進国が加盟している OECD 諸国の相対的貧困率を示したものである．この図で印象的なことは，日本の貧困率がメキシコ，トルコ，アメリカに次いで 15% 弱という第 4 位の貧困率の高さということである．メキシコとトルコは OECD 加盟国であるが，実際はまだ中進国と言ってよく，先進国だけに注目すると，日本はアメリカに次いで第 2 位の高さとなる．先進国のトップはアメリカの 17% 前後で誰も驚かないが，日本が第 2 位の高さというのは，日本は貧困大国であると言っても過言ではない．

ついでながら OECD 諸国の平均は 10.6% であり，日本はそれよりも 5% ポイント弱も高い貧困率である．ちなみに先進国の中で低い貧困率の国は，これは驚きではないが，デンマーク，スウェーデン，ノルウェーといった北欧諸国に集中しており，5% 前後の低さである．日本とは 10% ポイントの差になっていることがわかる．

それでは，なぜ，日本においてこれだけ貧困者の数が増えてきたのかという原因を探す必要がある．

1 番目は，今や 20 年も続いたとされる不景気が日本において深刻であり，失業者の数の増加と働いている人の賃金の低下が挙げられる．「いざなぎ景気」以来，2007 年までは戦後最長という景気回復が見られたが，国民の多くは景気の回復を実感していないという回答が圧倒的に多いという事情を考えると，景気の回復を実感させるためには，賃金のアップが必要ではないかと感じる．

2 番目は，企業が生き残るためにリストラ政策の一環として，パート労働者，期限つき労働者，派遣社員，契約社員といった非正規労働者の数を増やしたため，現在では全労働者のうち，約 4 割弱が非正規労働者となっている

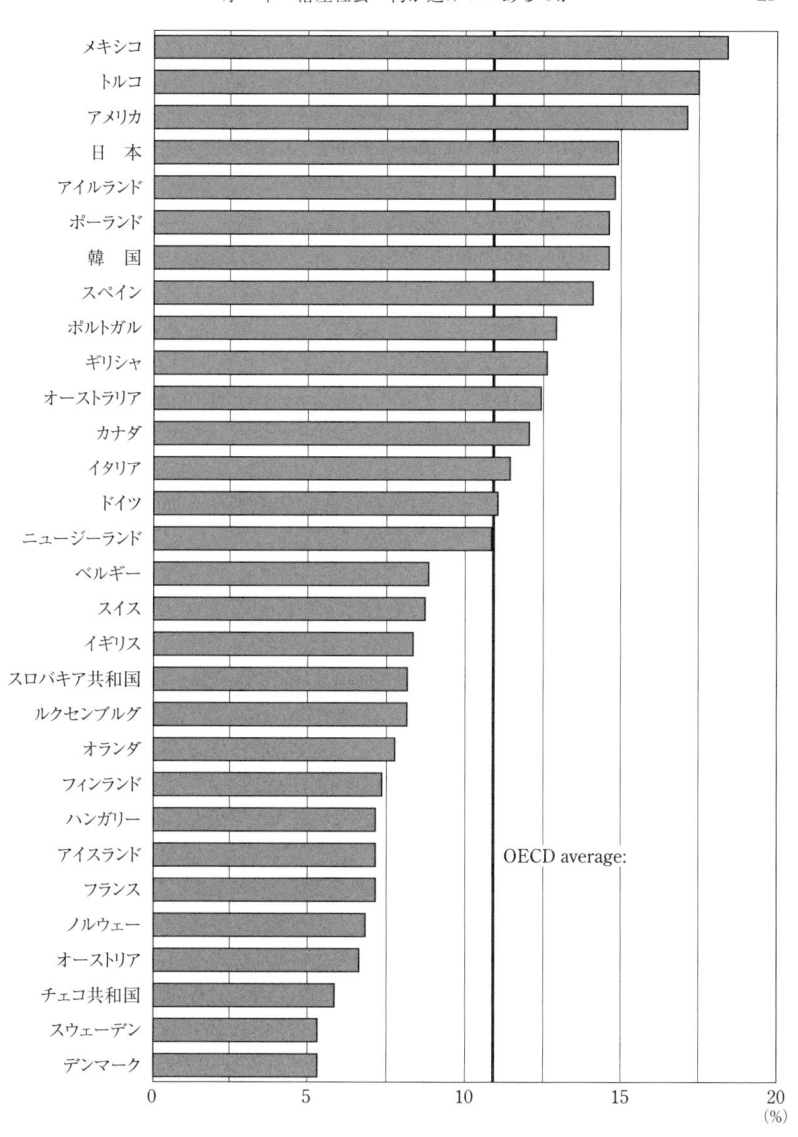

序　章　格差社会　何が進みつつあるのか

国	貧困率(%)
メキシコ	18.4
トルコ	17.5
アメリカ	17.1
日本	14.9
アイルランド	14.8
ポーランド	14.6
韓国	14.6
スペイン	14.1
ポルトガル	12.9
ギリシャ	12.6
オーストラリア	12.4
カナダ	12.0
イタリア	11.4
ドイツ	11.0
ニュージーランド	10.8
ベルギー	8.8
スイス	8.7
イギリス	8.3
スロバキア共和国	8.1
ルクセンブルグ	8.1
オランダ	7.7
フィンランド	7.3
ハンガリー	7.1
アイスランド	7.1
フランス	7.1
ノルウェー	6.8
オーストリア	6.6
チェコ共和国	5.8
スウェーデン	5.3
デンマーク	5.3

OECD average:

図 0-1　OECD 諸国の貧困率

注：ここで貧困者とはその国の平均家計所得の 50% 未満の所得しかない人と定義している．
出所：OECD (2008).

ことである．このような人たちの労働条件は，正規労働者と比較して，恵まれていないのはよく知られた事実である．自分で意図的に非正規になる人について筆者はさほど問題にしないが，非意図的，すなわち本来ならば正規の労働者になりたいが，正規の労働者として雇ってもらえる機会のない人たちについては，何とかしなければならないと思う．

　3番目は，社会保障制度の変革である．年金制度や医療制度，介護保険などの社会保障制度が少子・高齢化により，年金制度に注目すれば年金をもらう人の数が増加し，保険料を支払う人の数が減少すれば年金財政は苦しくなる．そのため政府は，現役の人の保険料アップと，引退した人の給付の削減策を採った．これは年金のみならず，医療に関しても同じような政策をここ10年，15年採ってきたため，社会保障制度による再分配効果が弱まった．したがって，貧困者の数が増加することになった．この政策は日本が少子・高齢化の社会だけにある程度やむを得ない政策だと筆者も認めている．しかし，このようなことが続く限り，日本の将来の社会保障制度は，引退したら年金がもらえるのかという不安が若年層から出てきており，20代や30代の若者の4割が国民年金の保険料の支払いを拒絶している．

　似たようなことは医療保険についても発生している．一部の貧困家庭，特に高齢者と若年者が低所得という理由で，医療保険料を支払えない場合が増加している．これは一部の人が医療保険制度から排除されていることを意味する．さらに，成人層の貧困者にあっては，医療保険料が支払えないことから，その人達の子どもが医療保険から排除されているという事態も発生している．最後に，2008年に75歳以上の人を対象としてつくられた後期高齢者医療制度が，混乱の極みを呈したことも記憶に新しい．

　4番目は，貧困者が誰であるかを知ることによって，貧困者が増加した理由がわかるので，それを述べてみる．それでは，貧困者とはどういう人かというと，日本の貧困者は高齢単身者，母子家庭，若者の3つに代表される．日本の社会の15％前後の貧困者のうち，多くはこのどれかに該当する人で占められている．実は，これに加えて病気の人，身体的・肉体的にハンディを背負った人もいるが，これらの貧困者はいつの時代にもいるので，ここでは述べないことにする．なぜ，これらの3つの貧困者が多いかについて簡単

に説明しよう．

　高齢単身者は，旦那さんを亡くして1人暮らしをしている奥さんが圧倒的であり，高齢単身者のうち8割前後がこれに該当する．高齢単身の女性の貧困者が目立つ理由は，日本の社会の変化が如実に物語っている．昔の日本であれば，このような単身高齢者は1人で住んでおらず，成人した子どもと一緒に住んでいたり，別居していても子どもから経済支援を受けていたため，貧困が顕在化していなかった．しかし，今は日本の社会，家族の支え合いのあり方，家族の絆というものが戦後以来変わっており，その代表例として三世代住宅の激減という事実が統計に如実に出ている．無縁社会という言葉が多く語られたように，血縁とか家族の絆が弱くなった時代ならではである．無縁社会については例えば橘木（2010）参照．

　母子家庭は，離婚率の上昇が如実に物語っている．これも実は家族の変容と関係があり，結婚しない人，結婚しても離婚する人が戦後一貫して増加している．母子家庭の人たちは小さな子どもを抱えており，勤めるのには非常にハンディがあるため企業がなかなかそういう人を雇おうとしない．離婚したときに，働いていた人はよいが，専業主婦の場合，技能はほとんどないため，職探しに行ってもよい職はなく，非常に低い賃金でしか雇ってもらえないという状況のため，母子家庭に貧困者が多くなっている．

　若者は，ニート，フリーター，ネットカフェ難民，日雇い派遣，ワーキング・プアという言葉が市民権を得たように，若者の間で職がない人，職があっても非正規の賃金労働しかやっていない人が少なくない．フリーターの数は，日本の社会に200万人とか400万人とか言われている．こういう人たちは，年収100万円から150万円しかないという人がほとんどのため，若者が貧困者の1つの代表になっている．

4. 格差社会はなぜ好ましくないのか

　一部に日本が格差社会，あるいは貧困社会に入ったことを認めない論者もいるが，ここでは日本が格差社会に入ったことを前提として，なぜ格差社会が好ましくないかを議論しておこう．機会の格差については，教育と職業に

関する機会の不平等に焦点をあて，結果の格差については貧困者の増加という現象を論じることにする．

(1) よい教育を受けるには，親の教育や職業水準，特に所得の影響力が強い時代となっている．これは子どもがよい教育を受けるに際して不平等とみなせるので，是正策が必要である．それについては，たとえば橘木・松浦 (2009)，橘木・八木 (2009)，橘木 (2010) 参照．

ここではなぜ子どもの教育機会の不平等が好ましくないかだけを述べておこう．それは生まれつきに能力の高い子ども，あるいは勉強に頑張ろうとする子どもを最初から排除することになるので，有能な社会人を生まなくなることにつながるのであり，社会にとって大きなロスである．本人にとっても自己の能力・意欲を発揮する機会を失うので，人間としても不幸なことである．

(2) 子どもの職業決定においても機会の不平等は，社会にとっても本人にとってもロスである．ここでは日本における国会議員によってそれを例示しておけば十分である．日本の政治家や首相は二世・三世でないと，その地位に就くことが困難な時代となった．なぜそれは好ましくないのであろうか．

第1に，自分から強固な信念をもって政治家になるのではなく，親などがそうだったのでなんとなく後継者として政治家になる人は，政治に対する情熱に欠けることがある．日本は毎年毎年首相の代わる国となってしまったが，二世・三世の政治家の多くは喰らいついてでも強い信念で政治をまっとうする気力に欠けがちである．

第2に，有能でかつ強固な信念をもつ政治家志望の人が選挙に立候補しても，二世・三世の政治家に勝てないことが多くなる．これは有能な政治家の誕生を阻止することになるので，社会と本人にとってロスである．

ここでは政治家というわかりやすい例を用いて，職業における機会不平等の存在がいかに好ましくないかを述べたが，政治家のみならず他の職業においても，機会の不平等があるのならその職業にふさわしい人を排除し，逆にふさわしくない人を就かせてしまう可能性がある．

(3) 貧困者の増加がなぜ好ましくないのか，まずは倫理的なことが問題となる．人間として生まれた以上，最低限の文化的な生活をするというのは憲

法を出すまでもなく，すべての人間の権利であると言える．最低限の生活ができないということは，最悪の場合には死に至ることもあるわけで，これは絶対に避けねばならないことである．人間らしい生活は世の中に生まれた以上，すべての人に与えられねばならないし，すべての人が反対しない倫理観と信じておこう．

　(4) 貧困者は資金がないだけにみすぼらしい住環境におかれることが多い．こういう人が多く住む街は汚れているし，不衛生でもあるし，犯罪の多いこともある．こういうところに住まわせてよいのかということに加えて，一方お金持ちは自分達だけでコミュニティをつくって，壁や塀で囲まれた住宅地に住むこともある．これはアメリカでは「ゲーテッドタウン」と呼ばれて，富裕層だけが住むコミュニティとなっているが，実は日本でもこれが既につくられている時代となっている．貧民層と富裕層が完全に分離された別々のコミュニティで住む社会がいいのか，国民にその是非を問いたい．

　(5) 貧困者が失業中であればその人は働いていないのであり，人材を有用に活用していないということで，社会にとってロスであるとともに，本人の技能向上にとってもマイナスである．たとえ働いていたとしても低賃金であれば，勤労意欲にとってマイナスとなりうる．もしそれが事実なら働く意欲の弱い人が多くなって，経済活性化にとってもマイナスとなりうる．

　(6) 犯罪の増加する可能性が高い．貧困者は社会から疎外されているという劣等感や無力感をもつ場合が少なくない．不幸なことに勝者や富裕者，あるいは一般人までを憎んだり怨んだりすることがあるかもしれない．それが犯罪につながることはありうる．2008 年に秋葉原での 10 人弱の無差別殺人，大阪でのビデオ個室店における放火による 15 人の殺人事件など，希望を失ったワーキング・プアの人が犯罪に走ったことがあった．直接の原因は本人達の心の問題であるが，遠因として貧困問題があったことは否定できない．

　(7) 貧困者救済のために国費を使って生活保護支給を行うが，その財源は一般国民からの税収である．もし貧困者の数が少なければ，生活保護支給額が減少するので，国民の税負担は軽くてすむ．貧困者の数が多いということは，逆に国民に余分な税負担を強いることになるので，これらの支出をできるだけ削減することは好ましいことであることは当然と言えよう．

(8) 健康格差への危惧がある．日本はまがりなりにも皆健康保険制度を堅持してきたが，最近になって既に述べたように貧困者が医療保険料を払えないケースが増加して，無保険者となっている．これらの人は治療代を払えないので，病気になっても病院に行かないことがある．そうすれば死亡時期の早まることもあり，アメリカのように富裕者は長命，貧困者は短命という健康格差の時代になる恐れがある．

5. おわりに

本章では日本が格差社会に入ったということを前提にして，なぜ格差社会が好ましくないかを論じた．それを議論する前に，格差や不平等を考えるときには，機会の格差と結果の格差を峻別する必要性を説明して，それぞれをどういう基準で評価したらよいかを論じた．

日本において結果の格差を考えるときは，高所得者と低所得者の間の相対格差もさることながら，下の貧困者の問題が深刻になっていることを強調した．さらに，貧困者が多くいて，機会の格差が拡大しつつある日本がなぜ好ましくないのかを論じた．

格差に関することで，2011年に国の内外で大きな事象が2つ起きた．1つは東日本大震災であり，もう1つは世界中における反格差運動である．

前者は大津波で多数の死者を生み，建造物の被害も甚大だったし，原子力発電所の事故は深刻だった．被害を受けた人に関しては，格差の視点からすれば本人の責任はないのであるから，補償されねばならない．すなわち，これらの人が他の人と同様に機会の平等が与えられるべきである．そのためには復旧・復興に大きな期待がかかるし，それは国民全員の負担でなされねばならない．

後者に関しては，格差のもっとも大きいアメリカで発生し，それが反格差運動として世界の多くの国に伝播した．大金持ちの象徴であるウォール・ストリートを占拠することから始まった．1%の大富豪が99%の貧困者を搾取している，というのがスローガンであった．格差是正が世界中で重要課題となった意義は大きいが，残念ながら日本ではこの世界的運動に連帯する動

きがなかった．国民が格差に無関心となっているとは思いたくないものである．

参考文献

苅谷剛彦（2001），『階層化日本と教育危機――不平等再生産から意欲格差社会へ』有信堂高文社．
村上泰亮（1984），『新中間大衆の時代――戦後日本の解剖学』中央公論社．
新村聡（2006），「平等と不平等の経済学――新自由主義的「平等」と福祉国家的「平等」の対立」『季刊経済理論』第 43 巻第 1 号．
OECD（2008），*Growing Unequal? Income Distribution and Poverty in OECD Countries*．
Roemer, John E.（1998），*Equality of Opportunity*, Harvard University Press.
佐藤俊樹（2000），『不平等社会日本――さよなら総中流』中公新書．
橘木俊詔（1998），『日本の経済格差――所得と資産から考える』岩波新書．
橘木俊詔（2006），『格差社会――何が問題なのか』岩波新書．
橘木俊詔（2010），『無縁社会の正体――血縁・地縁・社縁はいかに崩壊したか』PHP 研究所．
橘木俊詔・八木匡（2009），『教育と格差――なぜ人はブランド校を目指すのか』日本評論社．
橘木俊詔（2010），『日本の教育格差』岩波新書．
橘木俊詔・浦川邦夫（2006），『日本の貧困研究』東京大学出版会．
橘木俊詔・松浦司（2009），『学歴格差の経済学』勁草書房．

第Ⅰ部

貧富の格差

第1章 税・社会保障と格差社会

小 塩 隆 士

1. はじめに

　社会で発生する所得格差や貧困はそのまま放置されるわけではなく，税や社会保障の仕組みを通じて様々な所得再分配が行われている．このうち，税は公平性の観点から所得再分配を目指す仕組みとしての色彩を強く持っているが，公的年金や医療など社会保障は，所得再分配そのものを目的とするものではない．しかし，疾病や高齢時における所得稼得能力の低下，要介護状態など，社会的なリスクが実際に発生した者に給付が行われ，事後的に所得再分配が行われることになる．

　本章の目的は，そうした税や社会保障による所得再分配がどのように機能しているか，また，現行制度に改善の余地はないかという問題を各種の統計に基づいて検討することである[1]．そのために，まず，通常議論されているように年間所得ベースで再分配政策の効果を評価する（第2, 3節）．年間所得ベースで見ると，再分配政策の格差縮小・貧困軽減効果のかなりの部分は高齢層において発生し，しかもその効果の大部分は現役層から高齢層への所得移転で説明され，若年・中年層における再分配効果が限定的であることを指摘する．

　次に，一定の想定を置いて生涯所得ベースにおける再分配効果を試算してみる（第4, 5節）．現行の税や社会保障による再分配効果は，生涯を通じてみると相殺される部分が大きいために年間所得ベースでみるよりかなり限定的となっている．さらに，生涯所得ベースにおける税・社会保障負担を調べ

---

1) 本章は，小塩（2009, 2010），Oshio（2005）で議論した内容を，統計数字を最新のものに改めたほか，一般読者にも読みやすい形に大幅に書き改めたものである．

てみると，低所得層では，社会保障負担の当初所得比がむしろ高めになるという逆進的な構造がある．さらに，高所得層に大きな追加的負担を求めなくても，低所得層の負担を軽減する制度改革の可能性を指摘する．第6節では，全体の議論をまとめる．

2. 現行制度による格差縮小・貧困軽減：概観

2.1 「所得再分配調査」による分析

税や社会保障など再分配政策による所得格差の改善度の大きさは，ジニ係数など格差指標が再分配の前後でどのように変化したかで示される．日本の再分配政策の効果を政府が詳細に分析した代表的な調査として，厚生労働省が3年に一度公表する「所得再分配調査」がある（現時点における最新版は2008年版）．同報告書では，再分配政策の効果を表1-1のような形で整理している（世帯人員の規模を考慮に入れて調整した等価所得ベース）．ここからわかるように，税と社会保障を合わせた再分配全体の改善度は，1992年から2007年にかけて17.0％から29.7％へと大幅に上昇している．さらに，社会保障による改善度が明確な形で高まっており，全体の改善度の高まりのほとんどを説明している．一方，税による改善度は限定的であり，その相対的な重要性はいくぶん低下していることも確認される．

こうした状況を踏まえて，「日本の再分配政策は，近年の格差拡大傾向に対抗して格差縮小に大きく貢献してきた．しかも，その大半は社会保障の貢献によるものである」と結論づけられそうである．しかし，はたしてそれでよいのだろうか．とりわけ社会保障の場合，現役層の負担で高齢層の給付の財源を賄うという面が強く，日本の所得再分配のかなりの部分は，年齢階層間の所得移転によるものと考えられる．だから，高齢化に伴って年金など社会保障給付を受ける高齢者が増えれば，その所得移転の規模は自然と大きくなる．しかも，現役時における保険料負担と高齢時における給付は，生涯を通じて見ると相殺される部分が大きい．したがって，こうした年間所得ベースによる再分配政策の評価には大きな限界があることになる．

このように，年間所得ベースで見た再分配政策によるジニ係数の改善度の

表1-1 所得再分配による所得格差是正効果（ジニ係数，等価所得）

年	当初所得 (A)	A＋社会保障給付金－社会保険料 (B)	可処分所得 (B－税金) (C)	再分配所得 (C＋現物給付) (D)	再分配による改善度（％）		
						社会保障による改善度	税による改善度
1992	0.3703	0.3313	0.3097	0.3074	17.0	11.2	6.5
1995	0.3764	0.3273	0.3119	0.3096	17.7	13.7	4.7
1998	0.4075	0.3501	0.3372	0.3326	18.4	15.3	3.7
2001	0.4194	0.3371	0.3227	0.3217	23.3	19.9	4.3
2004	0.4354	0.3355	0.3218	0.3225	25.9	22.8	4.1
2007	0.4539	0.3429	0.3268	0.3192	29.7	26.2	4.7

注：改善度の計算式については本文参照．
出所：厚生労働省「所得再分配調査」2008年．

高まりは，所得が相対的に高い現役層から，低い高齢層へという年齢階層間の所得移転が強まっていることを反映しており，政府が格差縮小への取り組みを強めた結果とはいいにくい．以下では，この点をさらに詳しく検討してみよう．

2.2　年齢階層別にみた再分配

最初に，「国民生活基礎調査」に収録された2006年の世帯所得（世帯規模を調整した等価所得ベース，2005年価格で表示）を用いて，税や社会保障による再分配を行う前の当初所得と，再分配を行った後の可処分所得（現物給付は含まない）について，ジニ係数や貧困ギャップ率[2]，平均所得，標準偏差を10歳刻みの年齢階層別に比較してみる（20歳未満，80歳以上は捨象）[3]．

それをまとめたのが表1-2だが，ここから次のような点が確認できる．第

---

[2] 「貧困ギャップ率」（poverty gap ratio）とは，所得が貧困線（通常，社会全体の所得の中位値の50％で定義される）を下回る世帯について，その下回る比率の平均を取ったものである．しばしば登場する相対的貧困率（headcount ratio）は，所得が貧困線を下回る世帯の社会全体に占める比率を示した値である．貧困ギャップ率は相対的貧困率とは異なり，貧困の深さも反映する指標である．

[3] ここでの分析は，厚生労働科学研究費補助金（政策科学推進研究事業）「所得・資産・消費と社会保険料・税の関係に着目した社会保障の給付と負担のあり方に関する研究」（国立社会保障・人口問題研究所，2009年度）において使用が認められた「国民生活基礎調査」の再集計を引用・活用して行ったものである．

表1-2 年齢階層別にみた再分配効果

平均所得（千円）	当初所得	可処分所得	変化率（%）
20歳代	2,380	2,040	−14.3
30歳代	3,293	2,741	−16.7
40歳代	3,804	3,163	−16.9
50歳代	4,176	3,455	−17.3
60歳代	2,196	2,723	24.0
70歳代	1,072	2,277	112.3

標準偏差（千円）	当初所得	可処分所得	変化率（%）
20歳代	1,593	1,256	−21.2
30歳代	1,967	1,511	−23.2
40歳代	2,384	1,799	−24.5
50歳代	3,004	2,266	−24.6
60歳代	2,809	2,078	−26.0
70歳代	2,348	1,866	−20.5

ジニ係数	当初所得	可処分所得	変化幅
20歳代	0.365	0.335	−0.030
30歳代	0.303	0.280	−0.023
40歳代	0.325	0.296	−0.029
50歳代	0.369	0.335	−0.034
60歳代	0.580	0.357	−0.223
70歳代	0.773	0.356	−0.416

貧困率	当初所得	可処分所得	変化幅
20歳代	22.3	25.2	2.9
30歳代	9.2	10.5	1.3
40歳代	9.2	9.7	0.5
50歳代	12.1	12.5	0.4
60歳代	44.9	16.4	−28.4
70歳代	72.8	23.0	−49.7

貧困ギャップ率	当初所得	可処分所得	変化幅
20歳代	10.6	10.4	−0.2
30歳代	3.9	3.4	−0.5
40歳代	4.1	2.8	−1.3
50歳代	6.3	4.5	−1.8
60歳代	31.5	5.7	−25.8
70歳代	62.9	7.9	−55.0

注：乗数調整済み．
出所：厚生労働省「国民生活基礎調査」（2007年）より筆者作成．

1 に，当初所得では 60 歳以降に急速に上昇しているジニ係数を見ると，再分配政策によって高齢層では大きく低下する一方，若年層における改善は限定的である．つまり，現行の再分配政策の格差縮小効果は高齢層で集中的に発揮されていることがわかる．ただし，社会全体のジニ係数の改善は，それぞれの年齢階層内の格差縮小効果だけではなく，異なる年齢階層間の格差縮小効果も含んでいる．したがって，日本の所得再分配は，①若年・中年層から高齢層への所得移転による年齢階層間の格差縮小，②高齢層内部における格差縮小，という２つの要因でかなりの程度まで説明できそうである．

再分配政策による貧困軽減効果についても，格差縮小効果の場合とほぼ同じようなパターンが見られる．ここでは，等価所得ベースの可処分所得の中央値の 50% を貧困線と定義し，当初所得，可処分所得それぞれにおいて，その貧困線をベースにして貧困ギャップ率を計算している．当初所得で見た貧困ギャップ率は，若年層から中年層にかけて低下し，高齢層になって急速に上昇する．これは，高齢になって引退生活に入り，勤労所得がなくなる場合が多いからである．これに対して，可処分所得の貧困ギャップ率は，若年・中年層では当初所得のそれとほとんど変わらない一方，高齢層では大きく低下して若年層と同じ程度の水準になっている．

さらに，各年齢階層の平均所得と標準偏差の変化も，以上に述べた格差縮小・格差縮小効果の様子と整合的である．まず，平均所得をみると，若年・中年層では可処分所得のほうが当初所得より低い．これらの層では，税や社会保障負担が社会保障給付を下回るからである．高齢層は給付のほうが多いから，それとは逆の形になっている．次に，当初所得と可処分所得の標準偏差を比較すると，いずれの年齢階層でも後者が前者を下回っている．若年・中年層では税や社会保障負担によって所得水準が総じて押し下げられるが，高齢層では当初所得が低くても年金を受給する者が多くなるため，いずれの層でも所得の散らばりが小さくなるからである．平均所得が上昇し，散らばりが小さくなる高齢層では格差指標は明らかに改善するが，所得の散らばりは小さくなるものの，平均所得も同時に押し下げられる若年・中年層では格差の改善幅は小さい．

2.3 所得階層間における所得再分配

次に，異なる所得階層の間でどのような所得再分配が行われているかを見てみよう．ここでは，2006年のデータに基づき，等価所得ベースの可処分所得に注目して，すべての世帯を10の所得階層に分ける（第1階層の所得が最も低く，第10階層の所得が最も高い）．そして，税負担と社会保障負担の合計から社会保障給付を差し引いた値を純負担と呼び，その値が所得階層によってどのように異なるかを調べてみる．ただし，ここでは所得階層を当初所得ではなく，可処分所得に注目して分けている．これは，高齢層の場合，定年退職の後で勤労所得がなく，年金受給にすべてを依存している世帯も少なくないが，そうした世帯をすべて低所得世帯と分類するのは適切ではないからである．

所得階層間における所得再分配の様子をまとめたのが図1-1だが，ここから次のような点がわかる．まず，世帯全体でみると，純負担は第1階層から第7階層まではマイナス，第8階層から第10階層まではプラスになっており，再分配政策によって高所得層から低所得層へという形で所得移転が行われていることが確認される．ただし，再分配政策によって結果的に中所得層に分類された世帯は，低所得層に分類された世帯よりもネットの受取が大きくなっている点には注意が必要である．

ただし，年齢階層別にみると様相はかなり異なってくる．図1-1では，年齢階層を若年層・中年層・高齢層に3分した上で，所得階層間の所得再分配も調べている．ここでは，所得階層の閾値はすべての年齢階層において共通に設定し，所得階層ごとの状況を異なる年齢階層間で比較できるようにしている．

この図からわかるように，若年・中年層では，純負担は高所得層になるほど大きくなっており，純負担面における垂直的公平性が確認できるものの，その額はマイナスにはなっておらず，低所得層でもネットでみれば若干ながら税や保険料負担を求められていることがわかる．これに対して，高齢層の場合は，純負担は所得が最も高い第10階層でプラスになっているものの，それ以外の階層ではマイナスになっている．しかも，そのマイナス幅は第1

(1) 全体
(千円, 2005年価格)

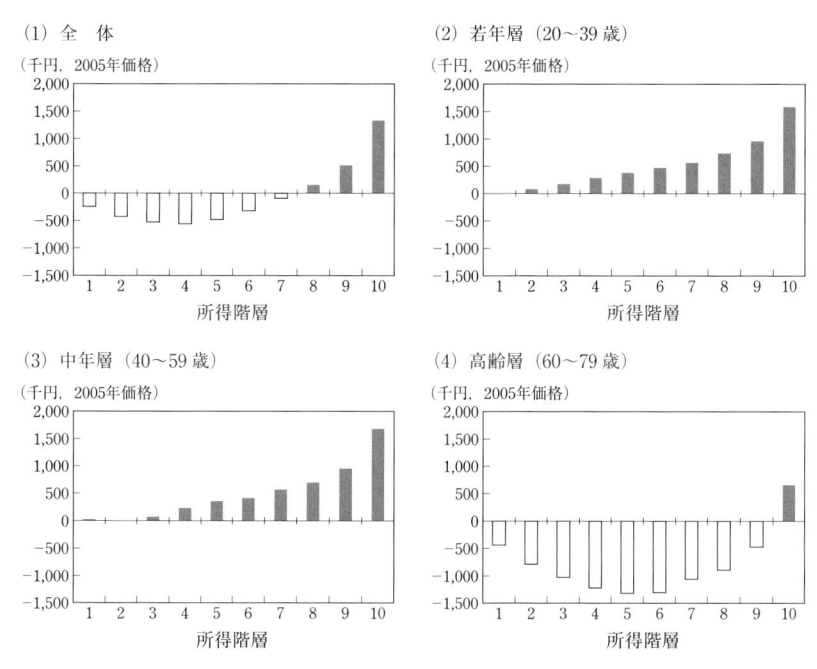

(2) 若年層（20～39歳）
(千円, 2005年価格)

(3) 中年層（40～59歳）
(千円, 2005年価格)

(4) 高齢層（60～79歳）
(千円, 2005年価格)

図1-1　年齢階層別にみた純負担（税・社会保障負担－社会保障給付）

注：所得階層は，可処分所得に基づいて世帯全体で10階層に分割したものであり，各年齢階層で共通である．
出所：厚生労働省「国民生活基礎調査」（2007年）より筆者作成．

階層から第5階層までは階層が高くなるにつれて大きくなっており，再分配後に中所得層として分類される世帯は，低所得層として分類される世帯よりも多くの受益を受けていることがわかる．

　高齢層の場合，年金を受給するので純負担が（最も所得が高い層を除いて）マイナスになるのは当然だが，所得が相対的に低い層，すなわち自営業者や現役時の賃金が低かった被用者は低額の年金しか受給できないことがこの図に反映されている．さらに，高所得層を別にすれば，同じ所得階層なのに，純負担が若年・中年層ではプラス，高齢層ではマイナスになっているという違いも注目に値する．要するに，日本の所得再分配は，年齢が最も重要なメルクマールになっており，所得水準の高低に応じた所得移転とはなっていない面がある．

3. 年間所得ベースにおける再分配政策の評価

3.1 問題意識と試算の方針

前節で確認したように，日本では，確かに税や社会保障など再分配政策は格差縮小や貧困軽減に貢献しているものの，その様相は年齢階層ごとに異なる．再分配政策の格差縮小・貧困軽減効果は高齢層に集中して発生しており，しかもそれは現役層からの所得移転によって可能になっている．こうした状況は，どのように評価すべきだろうか．

確かに，さまざまな社会的リスクに直面しやすい高齢層を若年・中年層が経済的に支援するのは自然な姿である．制度の持続性をめぐる問題は別途議論すべきだが，年齢階層間の扶養・被扶養関係そのものを批判することはできない．しかし，同じ年齢階層のなかで恵まれた者がそうでない者をどの程度支援しているかも，再分配政策の評価として重要なポイントである．この点は，年齢階層と所得階層をクロスさせて純負担の様子を調べた，前掲図 1-1 でも示唆されている．また，年齢階層間の所得再分配は生涯を通じてみると相殺される度合いもかなりあるはずなので，その点を考慮に入れないと再分配政策の効果は過剰評価されてしまう．これらの問題のうち，以下ではまず，年間所得をベースにして再分配政策の効果を要因分解し，現行制度の特徴を把握してみよう．

具体的には，所得格差の縮小効果を，ジニ係数を用いて次のように要因分解する．まず，各年齢階層において当初所得と可処分所得それぞれの平均所得の差を計算し，その値をほかの年齢階層との間で行われている再分配の世帯当たりで見た規模とみなす．高齢層の場合はこの値はプラス，若年・中年層はマイナスとなるだろう．次に，その年齢階層に属するそれぞれの世帯の当初所得にその額を一律に上乗せし，そこで得られる所得を「一律所得移転後所得」と定義する．この一律所得移転後所得のジニ係数を計算し，当初所得や可処分所得のそれと比較する．

ここで，各年齢階層において計算される，当初所得から一律所得移転後所得へのジニ係数の変化は，年齢階層間の所得移転に起因する部分と考えられ

る．そして，一律所得移転後所得から可処分所得へのジニ係数の変化は，各年齢階層の構成世帯が，当初所得と移転所得の合計をベースに内部で行った再分配の効果を示すものとみなすことができる．たとえば，高齢層の場合，前掲表 1-2 でも示したように，所得格差は再分配政策によって大きく是正されている．しかし，それは，現役層からの所得移転である年金受給によって平均所得が引き上げられたことによる面が大きいはずである．その部分を取り除き，高齢層内部での純粋な所得再分配の程度を大まかに調べてみるわけである．

3.2　格差是正効果の要因分解

表 1-3 では，1997 年及び 2006 年それぞれにおいて，サンプルを世帯主の年齢に注目して若年層・中年層・高齢層に三分した上で，左半分に当初所得，一律所得移転後所得，可処分所得のジニ係数 A，B，C をまとめ，右半分にそれぞれの差を計算したものである．各年齢階層において，（B－A）が年齢階層間の所得移転による効果，（C－B）が年齢階層内の再分配による効果，（C－A）が両者の合計を示している．なお，すべての年齢階層を合わせた「全体」の場合は，それぞれの世帯の所得に，世帯主が属する年齢階層が行う所得移転をそれぞれ加えたものを一律所得移転後所得とし，それに基づいてジニ係数 B を計算している．また，（C－B）の値は，そうした所得移転を行った後に（年齢階層とは無関係に）社会全体で一斉に再分配を行った場合の効果の大きさを示している．

1997 年，2006 年のいずれにおいても，全体的なパターンは同じである．すなわち，第 1 に，年齢階層別に格差縮小効果の大きさをみると，格差縮小は若年・中年層ではなく高齢層において集中的に生じている．第 2 に，格差縮小効果の要因分解をみると，若年・中年層の場合，一律所得移転後所得の平均は当初所得の平均を下回ることになるので，それに応じてジニ係数はむしろ上昇している．しかし，それを若干上回る規模の再分配がそれぞれの年齢階層内で行われているために，最終的な再分配所得のジニ係数は当初所得のそれを下回ることになる．ただし，両者の規模はほぼ互角であり，結果としてジニ係数の是正効果は限定的である．これに対して高齢層の場合は，当

表1-3 所得格差是正効果の要因分解（ジニ係数）

	当初所得 (A)	一律所得移転後所得 (B)	可処分所得 (C)	格差縮小効果		
				年齢階層間の所得移転による効果 B-A	年齢階層内の再分配による効果 C-B	合計 C-A
1997年						
全体	0.472	0.444	0.351	-0.028	-0.094	-0.121
若年層	0.321	0.367	0.300	0.046	-0.068	-0.021
中年層	0.347	0.409	0.316	0.062	-0.093	-0.031
高齢層	0.660	0.492	0.388	-0.169	-0.104	-0.273
2006年						
全体	0.528	0.446	0.351	-0.083	-0.095	-0.177
若年層	0.333	0.397	0.307	0.064	-0.090	-0.026
中年層	0.353	0.426	0.321	0.073	-0.105	-0.032
高齢層	0.695	0.443	0.365	-0.252	-0.078	-0.330

注：等価所得ベース．一律所得移転後所得＝当初所得に，可処分所得と当初所得のそれぞれの各年齢階層における平均値の差を一律に加えた所得．
出所：厚生労働省「国民生活基礎調査」（1998年，2007年）より筆者作成．

初所得から一律所得移転後所得に移る段階でジニ係数が大幅に低下する．これは，公的年金を中心とする社会保障制度によって，高齢層の平均所得が大きく引き上げられるためである．こうした所得移転以外でも再分配は行われているが，格差縮小への貢献度という点では年齢階層間の所得移転による効果のほうが大きい．

ところで，1997年と2006年を比べると，若年・中年層の状況にはあまり大きな変化が見られないが，高齢層については注目すべき変化がある．すなわち，年齢階層間の所得移転による格差縮小効果が0.169から0.252へとかなり大きく増加している．これは，公的年金の成熟化に伴って1人当たりの受給額が増加していることを反映していると考えられる．それと同時に，高齢層内の所得移転による格差縮小効果は0.104から0.078へと幾分縮小している．この9年間で年金受給額は増加しているものの，個人差が同時に大きくなり，格差拡大へのベクトルも強まっていることがここから推察される．

所得格差の縮小効果を年齢階層間及び年齢階層内という形に分割し，それぞれの役割の時系列的な変化を正確に分析することは，ジニ係数ではできな

い．しかし，「全体」のところを見るとある程度の推察はできる．1997年と2006年を比べると，全体的な格差縮小効果は0.056ポイント（＝0.177－0.121）高まり，その結果，2006年における可処分所得のジニ係数は1997年の0.351と同じとなっている．この格差縮小効果は，年齢階層間の所得移転に起因する効果の高まり0.055ポイント（＝0.083－0.028）によってほとんど説明される．たしかに，この年齢階層間の所得移転は若年・中年層では格差を拡大する方向に働き，しかもその程度はこの9年間でやや高まっている．しかし，それ以上に，高齢層における格差縮小効果が高まっており，すべての所得階層を見ても，年齢階層間の所得移転による効果の重要性が高まっている．

3.3 貧困軽減効果の要因分解

再分配政策による貧困軽減効果についても，前項とまったく同じような形で要因分解を行うことができる．ここでは，貧困指標として貧困ギャップ率をとり，貧困軽減効果を年齢階層間の所得移転に起因する部分と年齢階層間に起因する部分とに分割してみる．得られた結果は，表1-4にまとめてある．貧困ギャップ率はサンプルを構成するグループごとに指標の動きを分割できるので，この表に示した各年齢階層の数字をそれぞれの人口構成率で加重平均すれば，全体の数字に等しくなる．

この表から，次のような点がわかる．まず，いずれの年においても，再分配政策の貧困軽減はそのほとんどが高齢層で発揮されている．これは，前掲表1-2とまったく整合的である．次に，若年・中年層を見ると，年齢階層間の所得移転による効果はプラスとなっている．これは，これらの層では税や保険料の支払いのために，ほかの年齢階層への所得移転が支払い超となっていることを反映している．しかし，この効果は，年齢階層内の再分配効果でかなりの程度相殺されるので，これらの年齢階層における貧困軽減の度合いはきわめて限定的である．

これに対して高齢層では，年齢階層間の所得移転によって貧困の度合いが大きく低下している．公的年金をはじめとする高齢層向けの社会保障の仕組みは，若年・中年層からの所得移転を伴って，高齢層の貧困軽減に大きく寄与している．しかし，高齢層内の所得再分配による貧困軽減効果は，年齢階

表 1-4　貧困縮小効果の要因分解（貧困ギャップ率）

(%, %ポイント)

	当初所得	一律所得移転後所得	可処分所得	貧困軽減効果		
				年齢階層間の所得移転による効果	年齢階層内の再分配による効果	合　計
	(A)	(B)	(C)	B-A	C-B	C-A
1997年						
全体	19.6	13.5	5.8	-6.0	-7.8	-13.8
若年層	5.5	11.3	5.6	5.8	-5.7	0.1
中年層	4.3	11.0	3.4	6.7	-7.6	-0.9
高齢層	43.7	17.5	8.5	-26.3	-9.0	-35.3
2006年						
全体	28.5	12.9	6.5	-15.6	-6.4	-22.0
若年層	6.8	15.3	6.4	8.5	-9.0	-0.5
中年層	5.6	15.4	4.1	9.8	-11.4	-1.6
高齢層	51.0	10.4	8.2	-40.5	-2.3	-42.8

注：等価所得ベース．一律所得移転後所得＝当初所得に，可処分所得と当初所得のそれぞれの各年齢階層における平均値の差を一律に加えた所得．貧困線は，各年における可処分所得の中央値の50％で設定．
出所：厚生労働省「国民生活基礎調査」(1998年，2007年) より筆者作成．

層間の所得移転のそれに比べるとかなり小さい．

　以上の構図は，1997年より2006年のほうが鮮明になっている．特に，高齢層では，年齢階層間の所得移転による貧困軽減効果が大きく高まり，その一方で高齢層内の所得再分配の効果が極めて限定的なものとなっている．世帯全体で見ると，再分配政策による貧困軽減効果はこの9年間に8.2％ポイント（＝22.0％ - 13.8％）に高まっているが，そのうち年齢階層間の所得移転による貧困軽減効果は7.5％ポイント（＝42.8％ - 35.3％）高まっており，かなりの部分を説明する．これに対して，若年・中年層では，年齢階層間の所得移転と年齢階層内の再分配のそれぞれの効果がほぼ打ち消し合い，再分配政策の貧困軽減効果はいずれの時点でも小さいものにとどまっている．

4. 生涯所得ベースにおける再分配政策の評価
4.1 問題意識と試算の方針

　前節では年間所得ベースで現行の再分配政策の効果を評価したが，すでに述べたように，再分配政策の評価は本来，年間所得ベースではなく生涯所得ベースで行うべきである．高齢時における年金などの社会保障給付は，現役時での税や社会保険料負担とかなりの程度相殺されるからである．ところが，日本では生涯所得に関する公式統計を入手することが極めて困難な状態にあるため，生涯所得を直接用いた分析はほとんど不可能になっている．

　したがって，以下では厳密さには目をつむり，年間所得ベースと生涯所得ベースの再分配効果を直接比較することに主眼を置いたOshio（2005）および小塩（2009）の分析を，「国民生活基礎調査」の2007年調査のデータ（所得は2006年）を用いてアップデートする．具体的には，次のような作業を行う．

　第1に，同調査の年間所得データを20歳代，30歳代，40歳代，50歳代，60歳代，70歳代という6つの年齢階層に分けるとともに，可処分所得に注目して，それぞれ年齢階層を10の所得階層に分け，各所得階層の平均所得を計算する（20歳未満，80歳以上については分析の対象外とする）．

　第2に，そのように各所得階層に分けられた世帯の当初所得の平均値を求める．このとき，各所得階層における可処分所得と当初所得を計算する各世帯の所得変数は個票ベースでつながっている．この結果，年齢階層と所得階層の組み合わせで，可処分所得と当初所得のそれぞれについて，合計60（＝6×10）の所得が得られる．

　第3に，各人は各ライフステージにおいてこの所得のどれかを得ると想定する．今，αを所得階層間移動の固定性を示すパラメータとする（$0 \leq \alpha \leq 1$）．そして，ある個人があるライフステージにおいてある所得階層に属していたとき，次のライフステージでその同じ階層にとどまる確率を$(1+2\alpha)/3 \times 100\%$，隣接する上下の階層に移る確率をそれぞれ$(1-\alpha)/3 \times 100\%$とする[4]．なお，簡単化のために，個人はそれ以外の階層には移動せず，年

齢階層によって所得階層間移動の固定は変化しないと想定する.

たとえば, $\alpha=1$ であれば, 所得階層間の移動はなく, 個人は20歳代において属していた所得階層に70歳代までとどまる. $\alpha=0$ であれば, 年齢階層が1段階上がる際に同じ確率で同じ所得階層にとどまる, あるいは隣接する所得階層に移動することになる. この想定は, 隣接しない所得階層にはジャンプしないと仮定している点で, 所得階層間の移動を狭く限定している. そのため, 所得格差が高めに出る傾向がある点に注意されたい.

ただし, 簡単な計算により, α がどのような値を取っても, 20歳代から70歳代までの年間所得ベースでみた10階層の所得分布が再現されることが確認できる[5]. つまり, 2003年に実現していた年間所得の分布とまったく整合的な形で, 生涯所得がどのような分布を示すかが試算できることになる. 生涯所得を計算する際に必要な割引率については, 年率1%, 3%, 5% という3つの利子率を想定する (生存確率は考慮せず, 19歳以前, 80歳以降は無視する).

所得階層間移動の固定性については, $\alpha=1$, $\alpha=0.25$, $\alpha=0$ という3つのケースを考える. このうち $\alpha=1$ は, 20歳代に属していた所得階層のまま生涯を終えるという極端なケースである. したがって, 生涯所得のパターンは10通りしかない. 一方, $\alpha=0$ であれば3分の1の確率で同じ所得階層ないし隣接する上下の所得階層に移動する. この場合, 生涯所得のパターンは全部で 2,430 ($=10\times 3^5$) 通り考えられる. $\alpha=0.25$ の場合は, 2分の1の割合で元の所得階層にとどまり, それぞれ4分の1の割合で隣接する上下の所得階層に移動する. この場合の生涯所得のパターンは, 全部で 10,240 ($=10\times 4^5$) 通りになる. 試算では, こうして得られるすべてのパターンの生涯

---

4) ただし, 個人があるライフステージにおいて, 第1所得階層あるいは第10所得階層に属する場合は, その階層にとどまる確率を $(2+\alpha)/3\times 100\%$, 隣の階層に移動する確率を $(1-\alpha)/3\times 100\%$ とする.

5) たとえば, 30歳代に第4階層に入る者は, 20歳代に第3階層だった者の $(1-\alpha)/3$, 第4階層だった者の $(1+2\alpha)/3$, 第5階層だった者の $(1+2\alpha)/3$ である. 20歳代にはすべての所得階層が10分の1の比率を占めているから, 30歳代に第4階層に入る者の比率を計算すると, $[(1-\alpha)/3+(1+2\alpha)/3+(1+2\alpha)/3]\times 1/10=1/10$ となり, α の値とは無関係に10分の1となる. したがって, 40歳代以降の階層でも同様の議論ができ, 各所得階層の比率は常にすべて10分の1となる.

所得を計算し，その分布状況に注目して再分配政策の効果を調べる．

もちろん，こうした計算には限界がある．特に，試算のベースとなる2006年の可処分所得，とりわけ年金受給額は2005年以前の就業・賃金履歴によって決定されている．生涯所得を計算する場合，本来であれば現役時の就業・賃金履歴を反映した年金受給額を計算し，それによって可処分所得を試算すべきである．しかし，本章では，2006年において実際に観測される，各年齢階層の可処分所得を（所得階層間移動の固定性を想定した上で）つなげるという簡便法で可処分所得の生涯所得を試算している．

さらに，高齢時に所得を得ている層は現役時に高所得を得てきた層であり，現役時の所得と年金受給額は正の相関を持っているが，両者の間に年金裁定式による厳密な連動性がないこともここでの試算の限界である．これは，2006年に実現していた年間所得ベースの所得分布との整合性を最大限重視したための措置だが，コーホート効果を制御していないという点と相俟って，試算結果について慎重な解釈を求めるものである．

4.2 再分配政策の効果

2006年時点における社会保障と税制がどの程度の再分配効果をもたらすかを試算した結果を，平均生涯所得（2005年価格の割引価値），ジニ係数，相対的貧困率および貧困ギャップ率に注目してまとめたものが表1-5である．

まず，再分配効果を議論する前に，とりわけ当初所得の場合，ジニ係数の水準が年間所得ベースに比べて一回り低めになることに留意しておく必要がある．もちろん，これは生涯所得ベースの試算方法に起因するところも大きく，単純な比較はできない．しかし，所得の高い現役時と低い高齢時の所得とを合わせて考えると，生涯所得ベースで見た個人間の所得格差は小さくなることは十分推察される．さらに，この表から次の3点がわかる．

第1に，利子率が高くなると生涯所得をネットで減少させる効果を持っていることが確認される．実際，利子率が5%になると，再分配所得は当初所得を平均的に12.2%下回り，3%でも9.7%のネットの所得減となる．これは，公的年金が生涯所得をネットで引き下げる効果を持っていることを反映したものである．こうした平均的な所得水準の低下は，ほかの条件が等しけ

表 1-5 生涯所得の分布状況

階層固定性 α	金利	生涯所得の平均値 (2005年価格, 千円)			ジニ係数		
		当初所得	可処分所得	変化率(%)	当初所得	可処分所得	変化率(%)
0	5	56,603	49,683	−12.2	0.331	0.303	−8.4
	3	81,536	73,641	−9.7	0.339	0.305	−10.0
	1	127,108	120,159	−5.5	0.353	0.309	−12.4
0.25	5	56,603	49,683	−12.2	0.333	0.305	−8.4
	3	81,536	73,641	−9.7	0.341	0.307	−10.0
	1	127,108	120,159	−5.5	0.354	0.311	−12.4
1	5	56,603	49,683	−12.2	0.378	0.343	−9.2
	3	81,536	73,641	−9.7	0.389	0.346	−11.1
	1	127,108	120,159	−5.5	0.408	0.352	−13.8
(参考データ) 年間所得ベース		2,697	2,756	2.2	0.506	0.347	−31.5

階層固定性 α	金利	相対的貧困率			貧困ギャップ率		
		当初所得	可処分所得	変化率(%)	当初所得	可処分所得	変化率(%)
0	5	15.9	16.5	3.9	4.9	4.7	−4.0
	3	17.5	16.8	−4.0	5.4	4.6	−14.8
	1	19.5	16.7	−14.5	6.4	4.6	−28.2
0.25	5	16.2	16.5	2.1	5.1	4.9	−3.9
	3	17.0	16.6	−2.4	5.5	4.7	−14.0
	1	19.6	16.8	−14.2	6.5	4.7	−27.0
1	5	20.0	20.0	0.0	6.4	6.3	−2.0
	3	20.0	20.0	0.0	7.1	6.3	−10.7
	1	20.0	20.0	0.0	8.1	6.4	−21.1
(参考データ) 年間所得ベース		33.5	16.9	−49.6	24.6	5.8	−76.4

注:等価所得ベース.年間所得は20〜79歳で計算したもの.貧困線は可処分所得の中央値の1/2.
出所:厚生労働省「国民生活基礎調査」(2006年)より筆者作成.

れば，それ自体として生涯所得ベースを通じた格差縮小効果を弱める．

　第2に，再分配効果は，階層移動の固定性よりも利子率（割引率）の想定に敏感である．ジニ係数についてみると，利子率が5%であれば，再分配所得の値は当初所得の値を8.4〜9.2%下回るのに対して，3%なら10.0〜11.1%，1%なら12.4〜13.8%下回る．利子率が高いほど再分配効果が大きくなるのは，利子率が高くなると高齢時の年金受給額の現在価値が低くなるため，生涯を通じた公的年金の再分配効果が減少するからである．

　第3に，最も重要な点として，年間所得ベースに比べると，格差縮小効果が一回り小さくなることが注目される．たとえば，階層移動の固定性を0.25，利子率を3%と設定した場合，再分配所得のジニ係数は当初所得の0.341から0.307へと10%低下している．年間所得ベースにおけるジニ係数の低下率は31.5%だから，生涯所得ベースになると再分配効果の大きさは3分の1程度に圧縮されることになる．再分配政策の効果は利子率の想定に大きく左右されるが，利子率をどのように想定しても，効果の大きさは年間所得ベースに比べてかなり小さくなる．この傾向は，平方変動係数についても同様に確認される．

　再分配政策の貧困軽減効果についても，生涯所得ベースでみると限定的になることが同表の下段より確認できる．年間所得ベースでは，貧困指標は再分配政策によって大きく低下する．これは，当初所得が貧困線を下回る水準にある高齢層が年金を受給するためである．しかし，生涯所得ベースでは現役時の高所得と高齢時の低所得が各個人で平均されるため，年間所得ベースの場合に比べて貧困軽減効果が小さくなる．実際，生涯所得ベースの貧困線を生涯可処分所得の中位値の50%として設定すると，階層移動の固定性を0.25，利子率を3%と想定した場合，相対的貧困率は，当初所得の17.0%から可処分所得の16.6%へと0.4%しか低下していない．ただし，貧困指標については，貧困回避が喫緊の課題であることも少なくないので，生涯所得ベースではなく年間所得ベースで議論することにも重要な意味があることにも注意すべきである．

5. 追加的な再分配政策とその効果

5.1 生涯所得ベースの所得再分配

社会保障と税制による再分配効果については，所得格差の是正に対して大きく貢献しているというのが一般的な見方であり，実際，それは「所得再分配調査」でも確認できる．しかし，社会保障と税制の再分配効果の評価は，年間所得ベースで行うとミスリーディングになることはすでに述べた通りである．

以下では，前節で推計した生涯所得ベースの所得分布に基づいて，社会保障と税制の再分配効果を大まかに評価する．具体的には，利子率を3%，所得階層移動の固定性を0.25と想定して話を進める（そのほかの想定でも，結果の傾向に大きな違いはない）．前節では，世帯全体の当初所得と可処分所得を比較するにとどまったが，ここでは，10の所得階層に分け，年間所得ベースにおける税・社会保障負担や社会保障給付の状況も含めて，再分配政策の効果を試算する．

その結果をまとめたのが表1-6である．この表は，生涯にわたって拠出する負担や受給する給付額と，その生涯の当初所得に対する比率を所得階層間で比較したものである．この表から，次の4点を指摘できる．

第1に，税負担率は当初所得が高まるにつれて上昇しており（第1～3階層の5.3～5.5%から第10階層の11.0%へ），税制の累進性を確認できる．

ところが，第2に，社会保障負担はむしろ当初所得が低い層ほど高めになっており（第1階層の14.7%から第10階層の9.6%へ），逆進性が確認できる．これは，①国民年金や市町村国保など（所得による減免・軽減措置はあるにせよ）定額になっている部分があり，低所得層に相対的に重い負担になっている，②社会保険料の算定基礎となる標準報酬に上限が設定され，高所得層の社会保障負担が定額になっている，という2点を反映している．

第3に，税負担の累進性と社会保障負担の逆進性が拮抗することを受けて，その合計の当初所得比は第1階層から第3階層に向けては低下し，第3階層以降は上昇するという傾向を見せる．こうした傾向は，本章と同じく

表1-6 生涯所得ベースの所得再分配

(1) 金額 (2005年価格)

所得階層	当初所得	税 (A)	社会保障給付負担 合計 (B)	年金	その他	負担 A+B	社会保障給付 合計 (C)	年金	その他	純負担 A+B−C	可処分所得
1	19,789	1,089	2,918	1,341	55	4,008	5,817	4,507	1,310	−1,809	21,598
2	30,924	1,631	3,897	1,885	204	5,528	6,484	5,047	1,437	−956	31,881
3	42,670	2,357	4,881	2,414	258	7,238	7,007	6,032	976	230	42,440
4	54,167	3,455	6,316	3,263	438	9,770	7,869	6,827	1,042	1,902	52,265
5	65,709	4,486	7,566	3,861	715	12,052	8,168	7,580	588	3,884	61,825
6	77,548	5,768	8,938	4,713	843	14,706	8,673	8,157	517	6,032	71,515
7	92,106	7,657	10,261	5,425	1,006	17,918	9,103	8,636	468	8,814	83,292
8	112,073	9,996	12,231	6,601	1,251	22,227	9,364	8,716	649	12,863	99,210
9	142,069	14,379	14,533	8,065	1,365	28,912	9,077	8,570	507	19,835	122,234
10	178,269	19,622	17,145	9,655	1,745	36,767	8,630	8,154	476	28,138	150,132
平均	81,532	7,044	8,869	4,722	788	15,913	8,019	7,223	797	7,893	73,639

(2) 当初所得比 (%)

所得階層	当初所得	税 (A)	社会保障給付負担 合計 (B)	年金	その他	負担 A+B	社会保障給付 合計 (C)	年金	その他	純負担 A+B−C	可処分所得
1	100.0	5.5	14.7	6.8	0.3	20.3	29.4	22.8	6.6	−9.1	109.1
2	100.0	5.3	12.6	6.1	0.7	17.9	21.0	16.3	4.6	−3.1	103.1
3	100.0	5.5	11.4	5.7	0.6	17.0	16.4	14.1	2.3	0.5	99.5
4	100.0	6.4	11.7	6.0	0.8	18.0	14.5	12.6	1.9	3.5	96.5
5	100.0	6.8	11.5	5.9	1.1	18.3	12.4	11.5	0.9	5.9	94.1
6	100.0	7.4	11.5	6.1	1.1	19.0	11.2	10.5	0.7	7.8	92.2
7	100.0	8.3	11.1	5.9	1.1	19.5	9.9	9.4	0.5	9.6	90.4
8	100.0	8.9	10.9	5.9	1.0	19.8	8.4	7.8	0.6	11.5	88.5
9	100.0	10.1	10.2	5.7	1.0	20.4	6.4	6.0	0.4	14.0	86.0
10	100.0	11.0	9.6	5.4	1.0	20.6	4.8	4.6	0.3	15.8	84.2
平均	100.0	8.6	10.9	5.8	1.0	19.5	9.8	8.9	1.0	9.7	90.3

注: 所得階層の固定性 α = 0.025, 利子率3%と想定. 可処分所得 = 当初所得 − 純負担.
出所: 厚生労働省『国民生活基礎調査』(2006年) より筆者作成.

「国民生活基礎調査」を用いて，年間所得ベースで分析を行った田近・八塩 (2008) の結果と整合的である．なお，第1階層の税・社会保障負担の合計20.3% が全世帯の平均 19.5% を上回り，第9〜10階層のそれにほぼ匹敵することも注目される．

もちろん，負担面だけを取り上げて再分配政策を評価するのは適切ではない．社会保障給付を加え，社会保障と税制を全体としてみると，生涯所得ベースでも高所得層から低所得層という所得移転をもたらしていることがわかる．実際，第1階層から第3階層までは純負担（＝税負担＋社会保障負担－社会保障給付）がマイナスになっているし，階層が両端に近づくほど純負担率の絶対値は大きくなる（第1階層はマイナス 9.1%，第10階層は 15.8%）．これが第4の注目点である．

ただし，社会保障給付のかなりの部分は，高齢時まで受給できない年金給付である．実際，年金給付が社会保障給付全体に占める比率を計算すると，低所得層で 80% 弱，高所得層で 90% 以上となっている．したがって，低所得層，とりわけ流動性制約に直面している低所得層は，この表が示唆する以上に深刻な状況に直面している可能性がある．さらに，社会保険の場合，保険料の拠出実績が不十分であれば，排除原理によって将来の社会保障給付の受給が制約されることも改めて認識しておくべきである．

5.2 追加的な再分配政策の可能性

本節の最後の作業として，現行の社会保障と税制が想定する負担と給付の規模をそれぞれ固定した上で，追加的な再分配がどの程度可能かを簡単に試算することにしよう．ここで具体的に考えるのは，次の3つの改革である．

まず，「改革1」は，現行では一部で逆進的になっている社会保障負担を当初所得に比例的になるように改める．現行でも，厚生年金・共済組合や組合健保・政管健保などの保険料は所得比例となっているが，その仕組みを国民年金や市町村国保などすべてに広げる（この場合，社会保障の負担率は各階層共通で 10.1% になると試算される）．

「改革2」は，社会保障給付を所得に無関係に一定の水準とする改革である．現在の給付額（生涯を通した受取額の割引価値）は，第1階層が582万円

第 1 章　税・社会保障と格差社会　　　55

表 1-7　生涯所得ベースでみた改革の効果：所得階層別純負担率

(当初所得比，％，％ポイント)

所得階層	現行	改革 1	(変化幅)	改革 2	(変化幅)	改革 3	(変化幅)
1	-9.1	-13.0	-3.9	-20.3	-11.1	-24.1	-15.0
2	-3.1	-4.8	-1.7	-8.1	-5.0	-9.8	-6.7
3	0.5	0.0	-0.6	-1.8	-2.4	-2.4	-2.9
4	3.5	2.7	-0.8	3.2	-0.3	2.5	-1.1
5	5.9	5.3	-0.6	6.1	0.2	5.5	-0.4
6	7.8	7.1	-0.6	8.6	0.8	8.0	0.2
7	9.6	9.3	-0.3	10.7	1.2	10.5	0.9
8	11.5	11.4	0.0	12.7	1.2	12.6	1.2
9	14.0	14.6	0.6	14.7	0.7	15.4	1.4
10	15.8	17.0	1.3	16.1	0.3	17.4	1.6
平均	9.7	9.7	0.0	9.7	0.0	9.7	0.0

注：改革 1 = 社会保障負担を当初所得に比例的にする（負担率 = 10.9％）
　　改革 2 = 社会保障給付を定額にする（生涯の合計で 802 万円）
　　改革 3 = 改革 1 + 改革 2
　　純負担率 =（税負担 + 社会保障負担 - 社会保障給付）/ 当初所得

であるのに対して，第 8 階層は 936 万円まで高まり，その後若干低下して第 10 階層で 863 万円となる．全体の給付規模を変更しないで定額給付を行うとすれば，すべての階層が 863 万円の社会保障給付を受け取ることになる．もちろん，実際には社会保障給付の定額化はほとんど不可能だが，公的年金の報酬比例部分を（現役時の）所得水準に応じて削減し，それで利用可能になった財源を低所得層の社会保障給付の充実に活用するといった改革が，ここで想定している改革と同じ性格をもっている．

「改革 3」は，「改革 1」と「改革 2」を同時に行うことを意味する．これによって，社会保障と負担と給付は，生涯を通じてみると最も単純な「負の所得税」(所得比例的な負担と定額の給付の組み合わせ) になる．

以上 3 つの改革を行った場合，純負担（税・社会保障負担から社会保障給付を差し引いた額）の当初所得に対する比率やその現行制度からの変化の様子をまとめたものが表 1-7 である．この表からもわかるように，それぞれの改革は現行制度より大きな再分配効果をもたらしている．

まず，社会保障負担を所得比例にする「改革 1」についてみると，第 1 階層から第 7 階層の純負担率は現行制度より低下し，逆に，第 8 階層以上の純

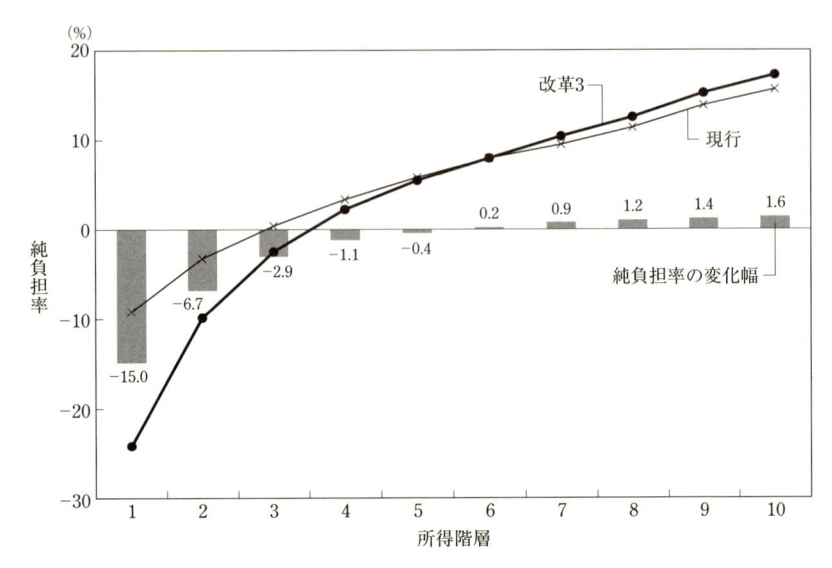

図1-2 税・社会保障改革が所得階層別純負担率に及ぼす影響（「改革3」の場合）

注：表1-7の「現行」「改革3」の結果を図示したもの．

負担率は上昇することがわかる．ただし，現行制度に比べて，第1階層の純受取の当初所得比が9.1％から13.0％へと3.9％ポイント上昇するのに対して，第10階層の純負担率の増加は15.8％から17.0％へと1.3％ポイントの上昇にとどまっている．純負担率の変化率で考えれば，低所得層の受けるメリットに比べて，高所得層の受けるデメリットはさらに限定的である．

次に，社会保障給付を定額にする「改革2」の場合，純負担率が現行制度より低下するのは第1階層から第4階層までにとどまるが，低所得層の純受取の当初所得比は現行制度より11.1％ポイントも上昇している．「改革1」に比べると，負担増が高所得層に集中するのではなく，中所得層ないしそれをやや上回る所得層で幾分大きめになっている点が注目される．高所得層は，標準報酬額の上限を超える所得を現役時に得ている者が多く，年金受給額が頭打ちになるために，ここでの改革の効果がやや弱まる．しかし，この「改革2」においても，追加的な負担は最大でも第7階層の1.2％ポイントにとどまっている．

第1と第2の改革を同時に行う「改革3」の効果は，当然ながら両者の効果を合わせたものに等しい．ここでは，第1階層の純受取は当初所得の24.1％までに，つまり現行制度に比べて15.0％ポイント上昇する．その一方で，高所得層の純負担率の上昇は第10階層の1.6％ポイントが最大になり，低所得層の純受取の高まりに比べると軽微である．なお，この「改革3」については，図1-2でその結果を図示しておいた．

当然ながら，これら3つの改革を実行に移すには多くの問題が伴う．また，改革によって人々の行動が変化し，当初所得も異なってくるだろう．しかし，ここでの試算結果は，現在の社会保障の給付や負担の規模を所与とし，しかも，高所得層にそれほど大きな追加的負担を求めなくても，低所得層に対する経済的支援を強化する余地のあることを示唆している．

6. おわりに

本章では，税や社会保障など再分配政策の効果を，厚生労働省「所得再分配調査」「国民生活基礎調査」に基づき，年間所得ベース，生涯所得ベースでそれぞれ評価した．得られた主な結果は，次のようにまとめられる．

第1に，年間所得ベースでみると，再分配政策による格差縮小・貧困軽減効果のかなりの部分は高齢層の内部で発生しており，しかもその効果の大半は若年・中年層からの所得移転による平均所得の引き上げによるものであることがわかる．日本の再分配政策は年齢階層間の所得再分配という色彩が強く，その特徴は高齢化の進展によって年々強まりつつある．また，年齢階層別にみると，若年・中年の低所得層に対する所得面での支援が高齢の低所得層に比べて小さな規模にとどまっていることも注目される．

第2に，足元の年間所得の分布に整合的になるように一定の想定を置いて推計した生涯所得ベースでみると，再分配政策の効果は，生涯を通じて相殺される部分が大きいために年間所得ベースでみるよりかなり限定的になっている．また，同じく生涯所得ベースで税・社会保障負担の状況を調べると，低所得層ほど社会保障負担の当初所得比が高めになるという逆進的な構造になっていることが確認される．

第3に，生涯所得ベースにおいて，社会保障負担を所得比例，社会保障給付を定額にした場合の再分配効果についても大まかな試算を行った．試算結果を見ると，高所得層に大きな追加的負担を求めなくても，低所得層に対する所得面の支援を充実できることが示唆される．

　現行の税・社会保障制度には，人口の順調な再生産，中程度以上の経済成長を暗黙の前提として出来上がっているところがある．そのため，世代間の所得移転に依存するところが大きく，しかも，低所得層やセイフティーネットによる救済を真に求めている層に相対的に不利になっていることも否定できない．少子高齢化が進み，経済のペースが鈍化すると，経済成長によって格差是正や貧困軽減を進めるという戦略が次第にとりにくくなる．今後は，公平性と効率性のトレードオフを常に意識しながら，社会的厚生を最大にする再分配政策を構築していく必要がある．

　その点に関連して言えば，日本の所得再分配には公平性・効率性の両面から見て大きな問題がある．本章でも指摘したように，現行の税・社会保障制度は若年・中年層から高齢層に大規模な所得移転をもたらしている．その結果，社会全体のジニ係数が低下するという面も確かにあるが，高齢層，若年・中年層それぞれにおいて，貧困状態に置かれている世帯が少なからず残っている．実際，ほかの先進国と比較しても，日本における高齢層の貧困問題やいわゆる「子供の貧困」問題は深刻になっている．これは，現行の再分配政策が公平性を十分に追求していないことを示しているだけでなく，再分配の規模は大きいのに成果を十分上げていないという点で，効率性の面でも改善の余地が大きいことを物語っている．

　さらに，年金や医療に伴う年齢階層間の所得移転は，少子高齢化の下では，世代間格差という本章では十分議論できなかった重要な問題につながる．現行の社会保障・税制度は本来の趣旨とは異なり，若年・将来世代を不利にする仕組みになっている．現行制度が想定している世代間扶養の仕組みは，格差の問題を重視するのであれば，世代間格差の是正策も重要な政策課題として位置づけるべきである．

　日本では，アメリカなどとは異なり，富裕層の一人勝ちあるいは所得階層の二極分化という状況はあまり見られない．むしろ，社会が総じて貧困化し

ている.その一方で,少子高齢化の下では目立たなかった再分配政策の問題点が顕在化しつつある.本章の分析が示唆するように,現行の税・社会保障制度には,「困っていない人」を助け,「困っている人」を助けていない面もある.人口規模が縮小し,供給制約が強まるなかで再分配政策の有効性を高めるためには,現行の仕組みを「困っている人を困っていない人が助ける」という制度本来の姿に戻す必要があるだろう.

参考文献

小塩隆士(2009),「社会保障と税制による再分配効果」国立社会保障・人口問題研究所編『社会保障財源の効果分析』東京大学出版会,pp. 147-170.

小塩隆士(2010),『再分配の厚生分析——公平と効率を問う』日本評論社.

Oshio, Takashi (2005), "Social security and intragenerational redistribution of lifetime income in Japan," *Japanese Economic Review*, Vol. 56, No. 1, pp. 105-139.

田近栄治・八塩裕之(2008),「所得税改革——税額控除による税と社会保険料負担の一体調整」『季刊社会保障研究』第44巻第3号,pp. 291-306.

第2章 財政と格差問題

菊池英博

1. はじめに

　あらゆる面で日本社会における格差が拡大していることは確実である．本章の目的は，まず第2節で，2010年9月に発表された最新のジニ係数で日本の「当初所得」と「再分配後の所得」との推移と傾向をまとめてみる．次いで，日本の財政支出との関連で格差問題を捉え，これを日本のジニ係数がもっとも小さかった（格差が縮小していた）1981年を境としてその前後の財政支出の内容（「保健・社会保障」，「文化・教育」等）との関連で分析して，その特徴を述べる．

　第3節では，OECD（経済協力開発機構）のデータが明確に整理された1996年から最近（2006～07年）までの，主要8ヶ国（スウェーデン，フランス，ドイツ，カナダ，日本，イギリス，イタリア，アメリカ）の「財政支出」に占める「目的別支出の対GDP比率」を比較し，ジニ係数が小さく貧困率が低い（格差の小さい）国の特徴を分析する．

　第4節では，8ヶ国の経済成長率の推移を調べて経済成長と格差との関係を分析し，財政問題を混乱させたのは新自由主義・市場原理主義であり，新自由主義型財政がアメリカを債務国に転落させ，経済破綻を招いたこと，日本は新自由主義を模倣したために税収が激減する経済になってしまったことを述べる．最後の第5節では，日本の財政危機は壮大な虚構であり，デフレの時には財政支出しか解消の道筋が得られないことを指摘し，平成ニューディール政策によって，日本国民の預貯金を日本のために使って，デフレからの脱却と共存共栄の社会大国に創りかえ，格差を縮小すべきであることを論じたい．

2. 日本の財政支出と格差の関係

2.1 2008年所得再分配調査結果から見た問題点

2.1.1 ジニ係数の改善度が大きいのは高齢化による年金収入

厚生労働省は2010年9月に「平成20年所得再分配調査報告書」を発表した．この最新のデータ（2008年のジニ係数）と日本のジニ係数が最小（最も所得格差が縮小）であった1981年から2008年までにジニ係数の推移をまとめたものが，図2-1-1, 2-1-2である．1981年といえば，「一億総中流」といわれた時期のピークである．

2008年のジニ係数は，「当初所得」（雇用者所得，事業所得，農耕・畜産所得，財産所得，家内労働所得及び雑収入並びに私的給付（仕送り，企業年金，生命保険金等の合計額）の合計額）で「0.5318」であり，税・社会保障による「改善度（％）」（分子＝『「当初所得のジニ係数」－「再分配所得のジニ係数」』／分母＝『「当初所得のジニ係数」』×100）は，ここ数年改善しており，2008年には29.3％となって過去最高である．この結果，「再分配後の所得」（「再分配所得」）の格差は「0.3758」に改善し，「再分配所得」のジニ係数は，1999年から2008年までの9年間，0.38前後で推移している．

ジニ係数が最小であった1981年と比べると，1981年の「当初所得」のジニ係数は0.3491であったのが，2008年には0.5318に上昇しており，過去27年間で1.5倍に拡大している．拡大の原因は，高齢化による年金受給者の増加と59歳以下の所帯の賃金格差の拡大である．年金収入は所得に含まれないので，年金受給者の収入は「当初所得」には算入されず，再分配所得後の収入になる．従って年金受給者の増加は，自動的に再分配所得を引き上げる．この傾向が2002年以降の調査で，改善度が20％を超えている原因である（改善度は2002年23.5％, 05年26.4％, 08年29.3％）．

2.1.2 勤労者のジニ係数は1997年から上昇（格差は拡大）

年金受給者を除外した59歳までの勤労者の所得格差は1997年から拡大し，勤労者のジニ係数は上昇し，格差は拡大している．1997年といえば，

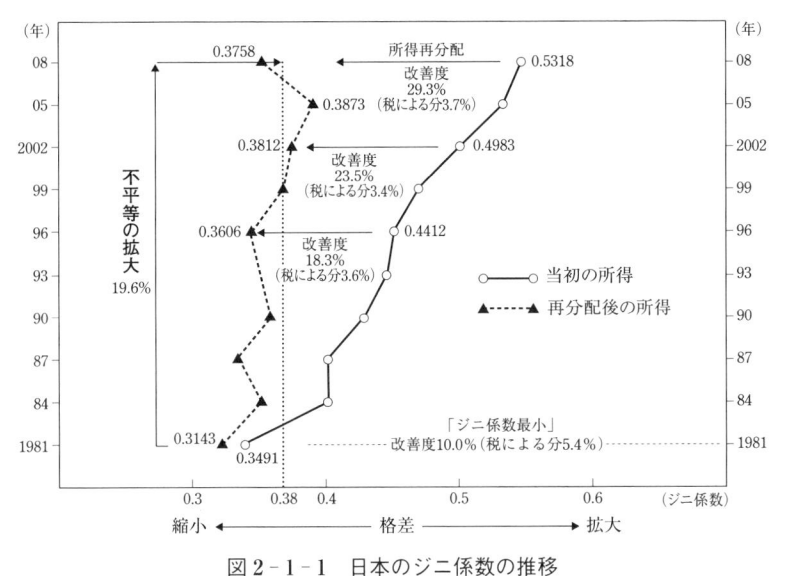

第 2 章　財政と格差問題

図 2-1-1　日本のジニ係数の推移

出所：厚生労働省調査データから筆者作成．

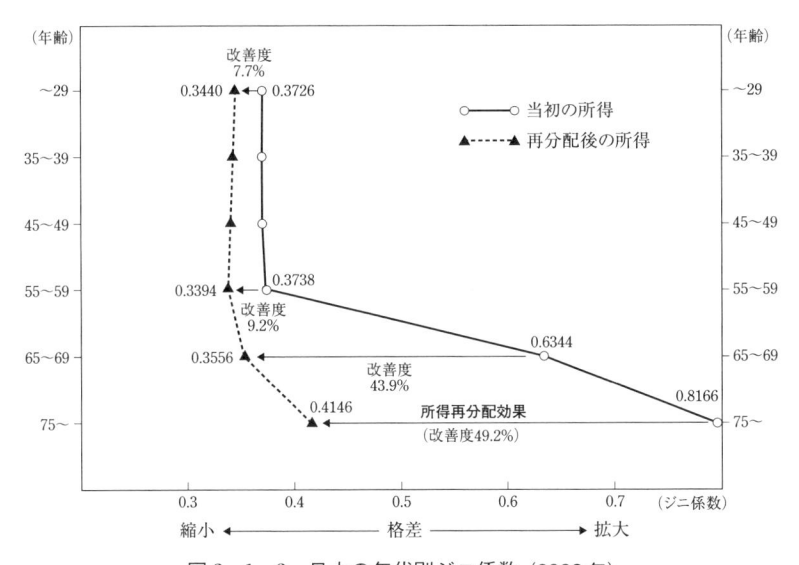

図 2-1-2　日本の年代別ジニ係数（2008 年）

出所：厚生労働省調査データから筆者作成．

橋本財政改革で消費税を3%から5%に引き上げた上に，社会保障費の国民負担分の増加，公共投資をはじめ財政支出を削減して，国民に13兆円の負担を課した年である．この結果，株価が暴落し，多額の株式を保有していた大手銀行の資本勘定が減額し，自己資本比率を課せられていた銀行は，貸し出しの回収に走り，一挙に信用収縮を引き起こしたのである．こうした時期から経済成長が停滞して雇用情勢が悪化し，特に新卒を中心とする若年層は，雇用機会が減少し，雇用条件も悪化（非正規社員が増加）し始めた時期である．財政政策の失敗，金融情勢の悪化が経済情勢を悪化させ，雇用機会と雇用条件の悪影響を通じて，「当初所得」を引き下げ，ジニ係数を拡大させたのである．GDPデフレーター（物価の総合指数）で見たデフレは1998年に始まり，今日まで継続して一段と深刻になっている．

再分配後のジニ係数を見ると，1981年の0.3143から2008年の0.3758となり，格差拡大率は20%となっており，高齢化問題を除いても，所得格差は拡大している．特に，2001年度から小泉構造改革によるデフレ政策（特に財政デフレ）が導入され，2003年に労働基準法が改悪されて事実上解雇自由となってからは，非正規社員の増加，経済成長の鈍化に伴う雇用機会の縮小，所得の減少をもたらしている．デフレの恩典を受けるのは安定した所得のある層であり，主として中堅以上の勤労者であるのに対して，デフレの犠牲者はリストラされて低所得に喘いでいる人や失業者と新卒者に代表される若年層である．これらの人々には，社会保険料すらまともに払えない者が多く，現在の貧困率の悪化が将来の社会保障制度の劣化ももたらすことを示している．

「年代別ジニ係数」をみると（図2-1-2），60歳未満の現役世代では改善度が小さい（29歳以下で改善度7.7%，55〜59歳で改善度9.2%）．しかし高齢化が進むと年金による改善度が大きくなり，75歳では改善度が49.2%に達している．しかし，60歳以上では格差が拡大し（ジニ係数は大きくなり），高齢者の貧富の差が拡大していることが分かる．

OECD（経済協力開発機構）の貧困率データによれば，先進7ヶ国のなかで日本は貧困率が2番目に高く（1番はアメリカ），OECD全体では4番目に高い．貧困率の計算は，世帯の平均所得の半分以下の所得層の比率が全世帯の

所得のどのくらいかを表すものであり，日本は最貧国アメリカに次ぐ不名誉な地位にいる．ジニ係数と貧困率との関連は第3節で分析する．

2.1.3 税制による所得再分配効果も悪化

世帯単位で見たジニ係数の所得再分配機能の内訳は，社会保障による改善度と租税による改善度に分けられる．社会保障による改善度は人口構成の高齢化とともに大きくなっている．問題は税による改善度が，ジニ係数が最小（格差が最も小さい）であった1981年の5.4%と比較して，縮小していることである．最近の税による改善度は，1996年には3.6%に落ち込み，1999年2.9%，2002年3.4%，2005年3.2%であり，直近の2008年は3.7%に過ぎない．国税で見て1981年の所得税の最高税率が70%であったのに対して，2008年のそれは40%に低下していること，また地方税が2007年度から一律10%というフラット税制を採っているために，地方税を含めた累進税率が低下している．こうしたことが原因で，税制による所得再分配効果が縮小しているのである．

また，税制による所得再分配効果を国際比較すると，「主要国のなかで日本の再分配効果はアメリカより低い」というデータがあり，最も「小さい政府」であるアメリカよりも所得の再分配効果が少ないのが日本であることをしっかりと認識すべきである（橘木，2006）．

2.2 マクロ経済と財政支出の推移

2.2.1 高度成長で戦後の「格差」を克服して「一億総中流」社会へ

戦後11年経過した1956年の経済白書は，「もはや戦後ではない」とのスローガンを掲げ，日本経済が重化学工業に傾斜して産業基盤を強化し，ドッジラインによる自由主義経済体制の確立によって，日本経済が順調に成長してきたことを誇示している．しかしその後の経済白書では，経済全般と所得分配を見ると，大企業と中小企業の間に資本力と賃金面で格差が大きく，特に第3次産業の中小零細企業では極端な低賃金が指摘され，ここに経済の二重構造があり，この解消こそ急務であると指摘している．こうしたなかで，経済社会基盤の確立面でいくつかの施策が講じられ，1959年には最低賃金

法の制定と国民年金制度が創設され，1961年には国民皆保険が制度化された．さらに1961年から「所得倍増計画」が始まり，低金利政策と輸出優遇政策で景気振興策が採られ，経済規模が拡大（名目GDPが成長）していった．

経済が成長軌道に乗ると雇用需要が増加し，大手企業が機関車で中小企業を引っ張り，雇用と賃金の増加がもたらされ，1970年代の高度成長によって，格差が縮小していったのである．つまり心配された格差は，経済成長による経済規模の拡大で雇用需要が増加し，同時に激しい労働争議を経て企業収益の勤労者への分配によって賃金格差を縮小していった．こうして1970年代後半には，世論調査で国民の90％が「自分は中流である」との意識を持つようになった．「一億総中流」のピークは1978年であると言われている（橋本，2009）．これを反映して日本のジニ係数が最も縮小したのは1981年であり，この時のジニ係数の改善率は10％に過ぎなかった（図2-1参照）．すなわち，低所得者層の底上げによって，所得税を支払わない層が少なくなり，所得の再分配を受けなくても，相応の生活ができる社会になったのである．これが「一億総中流」社会であり，資本主義経済では歴史上，類例のない公平な社会が実現したのである．

しかしその後は，格差は広がる方向へ進み，2008年には貧困率が主要国で第2位という不名誉な状況に追い込まれている．こうなってきた原因をマクロ経済の推移と「一般政府の目的別財政支出」の中身を見ながら分析してゆきたい．

2.2.2 「一般政府の目的別財政支出」から見た傾向

格差問題を財政支出の面から見てゆくと，日本でも海外諸国でも，財政支出による影響が極めて大きいことがわかる．そこで1970年から1990年までの20年間は，「国民経済計算」（経済企画庁）の「一般政府の目的別支出」の内容をOECD統計の分類に準じて，①一般サービス・治安，②経済・公共，③文化・教育，④保健・社会保障の4つの項目に分けて集計し，各項目別にGDP比率を算出したものが，図2-2の真ん中から左側のグラフである．また1990年代からはOECDが統計基準を変更して，「一般政府の目的別支出」の中身が1990年と変わったために，この図では1996年以降の動きを真ん中

図 2－2　一般政府の目的別支出（対 GDP 比）

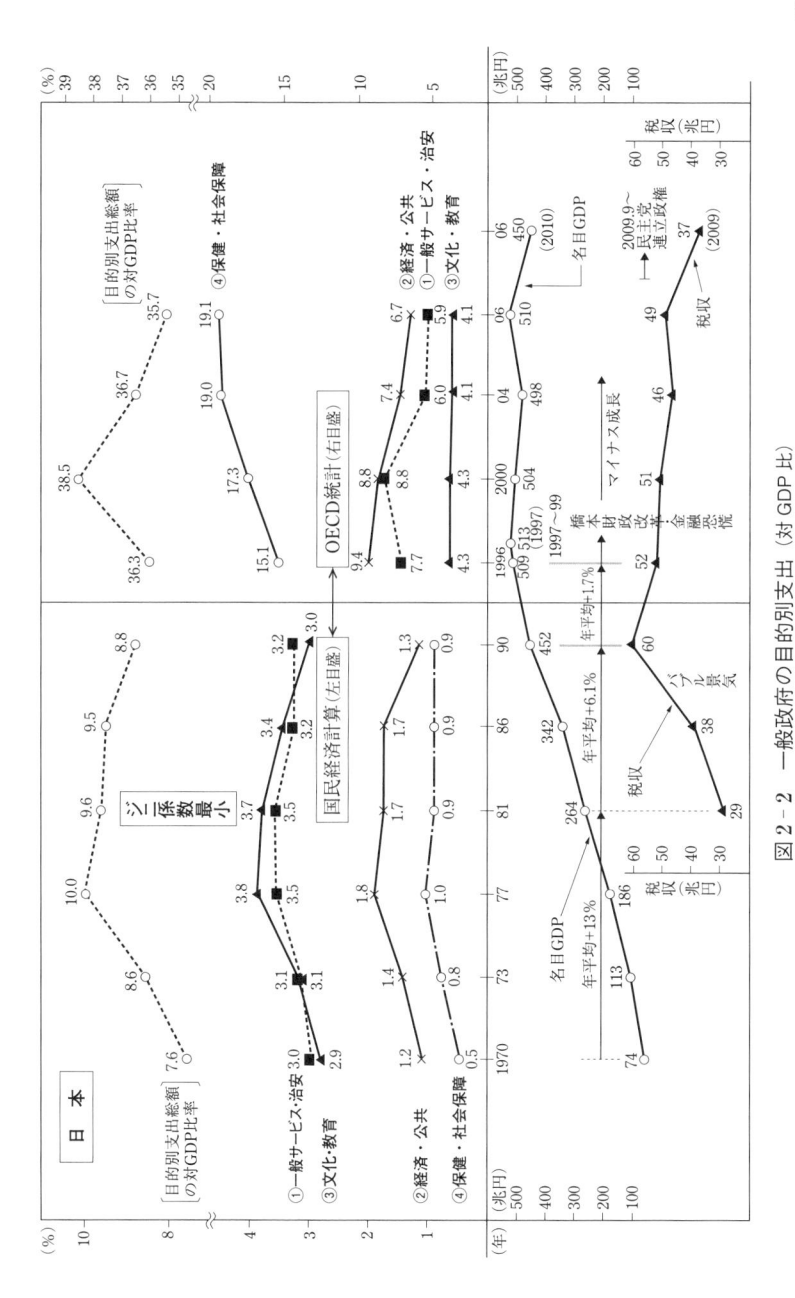

出所：「国民経済計算」「OECD 統計」「財務省統計」より筆者作成.

から右側に書き,「OECD 統計」による「一般政府の目的別支出の対 GDP 比率」をグラフに表したものである.この図 2-2 を見ると,次の点が指摘される.

(1)「1970 年から 1990 年までの 20 年間」――高度成長から安定成長へ
　最初に,「一億総中流」が実現してジニ係数が最小になった 1981 年前後の 10 年間を見てみよう.

＜1970 年から 1981 年＞
　1970 年から 1981 年までの名目 GDP は年平均 13％ で成長し,「財政支出の目的別支出総額（上記の①～④の合計額）の対 GDP 比率」は,1970 年の 7.6％ から 1977 年には 10％,1981 年には 9.6％ に上昇した.中身を見ると,各項目ともに財政支出比率が上昇しており,ベースになる名目 GDP が年平均 13％ と大きな成長を示しているので,財政支出額は相当増加した.特に「文化・教育」の伸びが大きく,戦後のベビーブームで増えた若年層の教育費への財政支出は教育制度の充実につながり,また「保健・社会保障」は医療制度の充実,健康保険の政府補助費の増加となって,国民が安心して仕事に精励しうる環境を政府が整備したのである.
　さらに②の「経済・公共」の比率の上昇は,政府投資の増加による社会的インフラへの投資であり,特に 1973 年と 1979 年の 2 度に亘る石油危機を輸出で克服した日本では個人の預貯金が増加し,民間では使いきれなくなっていたので,余剰預貯金を政府が「経済・公共」への政府投資として増加させていった.これが安定成長への経済的基盤構築に寄与したといえよう.

＜1981 年から 1990 年＞
　次にジニ係数が最小となった 1981 年から 1990 年までの状況を見ると,ジニ係数は徐々に上っていった.日本は高度成長が終わり安定成長に入ったために成長率が半減し（年平均 13％ から 6.1％ へ低下し),1985 年のプラザ合意による変動相場制の採用とその後の自由変動相場制への移行（これで円の切り上げが加速）で,企業の人件費削減と日本企業の海外移転が増加した.こ

れに伴って国内雇用が減少し，賃金の企業規模間格差が拡大し，1980 年代には年々大企業と中小企業の賃金格差が大きくなっていった．

(2) 法制面から格差拡大のレールを敷いた中曽根康弘首相

さらに賃金格差を助長するレールを敷いたのが中曽根康弘首相（1982～87年）の政策であり，基本理念は新自由主義・市場原理主義である．同首相は 1981 年に就任したレーガン大統領の新自由主義政策を模倣し，「小さい政府」「規制緩和」「民営化」を提唱し，財政支出の伸び率を経済成長率よりも低い水準に抑える政策（「小さい政府」）を採った．図 2-2 で分かるとおり，1986 年の「一般政府の目的別支出総額の対 GDP 比率」は 9.5％ に低下し，さらに 1990 年には 8.8％ に低下している．この間，名目 GDP 成長率は 6.1％ であったのに，「小さい政府」を目指して，財政支出の増加率を 5.0％ に抑えた．

内訳を見ると，③の「文化・教育」を 1977 年の 3.8％ から 1986 年には 3.4％ に引き下げ，1990 年には 3％ まで低下させている．さらに，1980 年代半ばに「医療亡国論」をマスコミに宣伝させて政府の医療費支出を抑え，医師養成費と医療費を削減した．図 2-2 で，④の「保健・社会保障」の GDP 比率を見ると，1970 年代には 1970 年 0.5％，1973 年 0.8％，1977 年 1.0％ へと増加させてきたのに，1981 からの 10 年間は一律に 0.9％ に抑えている．意図的に「保健・社会保障」を抑えてきたことがはっきりと読み取れる．特にこの 10 年間の医師養成費の削減が今日の日本で医師不足を招いている原因である．1980 年代はバブル効果もあって，税収は順調に伸び，財源は十分あったのである．新自由主義を模倣した「小さい政府」の犠牲になった結果が，現在の医療制度の崩壊である．こうした失政は 20 年 30 年経過した現在，医師不足として表面化している．

さらに 1986 年には，労働者派遣法が施行されて，それまで認められていなかった「他の事業者に労働者を派遣する事業」が認められるようになった．当初は，派遣対象は専門性の高い業務を中心に狭く限定されており，賃金は比較的高かった．しかし 1999 年には派遣の範囲が原則自由になり，2003 年には小泉構造改革の規制緩和策で製造業への派遣も解禁された．こ

うして派遣労働者が急速に増え，賃金は低下していった．特に2003年の労働基準法の改訂（改悪）で「経営事情を説明すれば，従業員の解雇は可能である」とし，日本の伝統的な雇用形態が崩され，賃金が低下し，ワーキングプアが急速に増えて，格差が拡大していったのである．

(3)「1996年から2007年までの推移」——低成長からマイナス成長へ

　OECDデータは，1996年から「一般政府の目的別支出総額」の基準の採り方が変更になったため，新基準によるデータを分析した図が図2-2の右側のグラフである．「目的別支出総額の対GDP比率」は，グラフの上の方の曲線のように1996年36.3%，2000年38.5%，04年36.7%，06年35.7%となっている．1990年までの基準と異なるために，GDPとの対比においてこの比率は大きくみえる．しかし，これはデータの基準が変わったためであって，主要他国と比較してみると，日本はアメリカに次ぐ低い数字であり，日本の財政支出の規模が如何に小さいかがわかる．この点，第3節で主要他国との比較で細かく説明したい．

　1996年から2006年までの日本経済の特徴は，名目GDPの低迷であり，この10年間で見れば名目GDPはマイナス成長である．橋本首相は1996年に財政危機を煽って1997年に増税（消費税を3%から5%へ引き上げと所得税の増税）と公共投資を中心とする緊縮財政とともに，社会保障の国民負担率の上昇で，国民から13兆円を召し上げる政策をとった．その結果，株価が暴落し，多額の株式を保有していた大手銀行の自己資本が減額し，貸し出しを回収せざるを得なくなり，金融恐慌を引き起こしたのである．そこで1999年に大手銀行に公的資金を注入することで金融恐慌は解決し，名目GDPはプラス成長に戻った．

　ところが2001年からの小泉構造改革で，「小さい政府」を標榜して，緊縮財政と有害無益な不良債権処理を強行したために経済が萎縮し，デフレは解消するどころか一段と進み，さらに地方交付税交付金の圧縮で国内経済を抑制した．反面，円安とゼロ金利で輸出優遇策を採って，輸出ブームでデフレの下で一時的に景気は回復したものの，名目成長率はゼロに近かった．2008年9月のリーマン・ショックとその後の円高で，名目GDPはマイナス成長

に落ち込んでしまった．この間の財政支出総額は，1996 年 78.8 兆円から 2000 年には 89.3 兆円に増額したのに，2001 年からの構造改革の「小さい政府」で財政支出を削減し，2004 年 84.9 兆円，2006 年 81.4 兆円に減額し，すでに 1991 年の時点で主要国のなかで「小さい政府」であった日本の財政支出をさらに削減して，「小さ過ぎる政府」にしようと狂奔したのである．これでデフレは一段と深刻化して税収が激減した．まさに壮大な経済失政である．

　こうしたなかで，財政支出に占める「目的別支出の対 GDP 比率」を見ると，④の「保健・社会保障」は 1996 年の 15.1% から年々増加し，2006 年には 19.1% になっている．一方，③の「文化・教育」は 1996 年の 4.3% から 2006 年は 4.1% に減額し，②の「経済・公共」は 1996 年 9.4% から 2006 年には 6.7% に削減している．④の「保健・社会保障」支出の GDP 比率が上昇しているのは，政府が政策としてこの項目に重点を置いているのではなく，高齢化社会の趨勢で，財政支出の削減には限度があるため，やむなく支出金額が増え，名目 GDP が増えないから対 GDP 比率が上昇しているに過ぎない．2006 年 6 月には「医療改革法」を制定して，その後毎年 2,600 億円の医療費削減と高齢者に厳しい内容の医療制度改悪を実行した．

　1996 年から 10 年間の日本経済の特徴は，2001 年からの小泉構造改革という間違った政策で経済成長を抹殺し，税収が増えない経済体質になってしまったことである．これは現在まで継続している．

(4) 非正規社員の激増と貧困率の上昇

　こうした経済情勢では，雇用の機会が縮小し，賃金が低下するから，当然，格差は拡大する．25 歳から 59 歳の勤労所得のジニ係数が 1997 年以降上昇している．これは 1986 年に施行された労働者派遣法がその後の改訂で範囲が広がり，2003 年に製造業に解禁されてからは，非正規社員が急速に増えていったからである．特に 2003 年に労働基準法が改訂され，実質的に解雇自由で終身雇用を廃止する労働基準法の改訂（改悪）があってからは，リストラされた勤労者が非正規社員として低賃金で雇用されるケースが増加している．非正規社員はすでに企業の社員総数の 3 分の 1 にあたる 1,720 万

人に達し，年齢に関係なく年収は平均 200 万円未満であり，失業保険，厚生年金に加入できず，不安定な生活を強いられている．

これが日本の貧困率が OECD 30 ヶ国のうち 4 番目，先進 7 ヶ国の間ではアメリカについで 2 番目という不名誉な地位にある原因である．日本は世界最大の債権国であり，かつ GDP の規模が世界で 3 番目に位置する国としては，いかにも恥ずべき事態である．

3. 主要各国の財政支出と格差の関係

3.1 国際比較で見た「格差と財政支出」の推移

第 2 節の図 2-2 で明記したとおり，OECD 統計の「一般政府の目的別支出」の統計から 4 つの項目別に財政支出の金額が得られる．そこでこの節では，主要国として 8 ヶ国を採り上げ，この国々を 2008 年のジニ係数の小さい順に並べて各国順に，財政支出項目を 4 つに分けて，各々の項目に占める金額の GDP 比率を算出し，それらを年代別に整理したものが，表 2-1 である．主要国としては，「スウェーデン・フランス・ドイツ・カナダ・日本・イタリア・アメリカ（ジニ係数が小さい順）」を選んだ．表の支出項目別 GDP 比率（％）の欄で，•印は縦に見た各国の数字の最も高い比率であり，＊印は最も低い数字である．

この図表から次の点が指摘される．

(1)「財政規模」（政府の大きさ）

「目的別支出総額の GDP 比率」（財政規模）が最も高い国（大きい政府の国）は，1996 年（61％）・2000 年（54.7％）・2004 年（54.8％）と連続してスウェーデンであり，2005/2007 年はフランスが 1 位で 60.5％ であって，スウェーデンは 2 番目で 53.5％ である．一方，この比率が最も小さい国（小さい政府の国）は，1996 年（36.2％）・2000 年（33.5％）・2004 年（35.7％）と連続してアメリカであり，2006 年には日本（35.7％）がアメリカ（36.4％）以下の最下位（8 位）に落ちてしまった．小泉首相が狂奔して目指した「小さい政府」は，主要国で「最も小さい政府」となって 2006 年に実現したのである．

第2章 財政と格差問題　73

表 2-1　主要8ヶ国の一般政府目的別支出（対 GDP 比）

(%)

年	ジニ係数	支出項目 国別	① 一般サービス・治安	② 経済・公共	③ 文化・教育	④ 保健・社会保障	支出総額
一九九六年	小 ↑ ↓ 大	スウェーデン	12.6	8.7	8.5	●31.0	●61.0
		フランス	10.6	6.7	7.3	27.9	52.7
		ドイツ	8.0	7.6	5.2	28.2	49.5
		カナダ	12.2	6.9	●8.9	15.7	43.6
		日本	*7.7	●9.4	*4.3	15.1	36.3
		イギリス	7.9	*5.7	5.0	20.7	39.3
		イタリア	●14.0	7.8	5.3	21.2	48.2
		アメリカ	10.3	6.1	6.1	*13.8	*36.2
		単純平均	10.4	7.4	7.9	21.7	45.9
二〇〇〇年	小 ↑ ↓ 大	スウェーデン	9.9	6.4	7.7	●28.9	●54.7
		フランス	9.7	6.8	7.4	27.8	51.6
		ドイツ	*7.1	*5.1	4.9	28.0	45.1
		カナダ	●10.8	6.3	●9.0	15.1	40.2
		日本	8.0	●8.8	*4.3	17.3	38.5
		イギリス	7.3	5.5	5.8	20.2	38.9
		イタリア	●10.8	6.4	5.5	23.5	46.2
		アメリカ	8.7	6.1	6.2	*12.6	*33.5
		単純平均	9.0	6.4	6.4	21.7	43.6
二〇〇四年	小 ↑ ↓ 大	スウェーデン	9.3	7.2	8.0	30.3	54.8
		フランス	9.9	●7.5	8.2	●31.9	●57.5
		ドイツ	7.1	7.3	5.1	30.0	49.4
		カナダ	9.2	6.8	●8.7	17.7	42.5
		日本	*6.2	7.4	*4.1	19.0	36.7
		イギリス	7.0	7.0	6.5	22.3	42.8
		イタリア	●10.2	7.3	5.5	24.7	47.7
		アメリカ	8.7	*6.3	6.4	*14.2	*35.7
		単純平均	8.5	7.1	6.6	23.8	45.9
二〇〇五〜二〇〇七年	小 ↑ ↓ 大	スウェーデン[2]	9.3	7.1	8.0	29.0	53.5
		フランス[3]	●10.1	7.9	8.5	●34.0	●60.5
		ドイツ[3]	7.0	6.7	4.9	28.7	47.3
		カナダ[3]	9.2	6.9	●8.9	18.2	43.4
		日本[2]	*5.9	6.7	*4.0	19.1	*35.7
		イギリス[1]	7.2	7.2	6.6	22.6	43.6
		イタリア[2]	9.6	●9.0	5.1	24.2	47.8
		アメリカ[3]	9.1	*6.4	6.5	*14.4	36.4
		単純平均	8.4	7.2	6.6	22.0	41.5

注：1) 2005年．2) 2006年．3) 2007年．
　　●印は縦に見た各国の数字の最も高い比率であり，*印は最も低い数字である．
出所：OECD データ，2009年．

アメリカと日本に次いでこの比率が小さいのはイギリスであり，アングロ・サクソンと日本が「小さい政府」である．スウェーデンに次いで「大きい政府」がフランスとドイツであり，ともに保守系政党と社会民主系政党とで政権交代があるために，経済面で社会基盤を強化するように財政支出をしてきたことが財政面に表れている．

各国の「目的別財政支出総額の対 GDP 比率」（財政規模）の平均値（単純平均）を対象年毎に算出すると，1996 年 45.9％，2000 年 43.6％，2004 年 45.9％，2005/2007 年 41.5％ となり，これらの平均は 44.3％ になる．つまり，1996 年からの 10 年間で主要 8 ヶ国の財政支出総額の対 GDP 比率の平均は 44.3％ であり，これよりも「財政支出の対 GDP 比率の小さい国」は相対的に「小さい政府」であり，この比率の大きい国は「大きい政府」といえよう．「大きい政府」の国はスウェーデン・フランス・ドイツ・イタリアであり，「小さい政府」の国はアメリカ・日本・イギリス・カナダである．

(2)「社会保障の充実度合い」

④の「保健・社会保障支出の対 GDP 比率」が高い国ほど，ジニ係数が低い（格差が小さい）．2008 年のジニ係数が最小のスウェーデンは，④の GDP 比率が 1996 年 31.0％，2000 年 28.9％ と最も高く，2004 年と 2007 年ではフランスが 1 位で各々 31.9％ と 34.0％ であって，21 世紀に入って，フランスが保健・社会保障に財政支出を増やす政策を取っていることが読み取れる．

逆に，ジニ係数が最も高い（格差の大きい）アメリカは，④の財政支出の対 GDP 比率がすべての年で最低であり，もっとも社会保障が乏しい国である．日本の④項目の対 GDP 比率を見ると，1996 年は第 7 位，2000 年と 2004 年は第 6 位となっている．すでに日本は「財政規模」（政府の大きさ）で「十分小さい国」になっており，「保健・社会保障支出の規模」（対 GDP 比）でもアメリカ・カナダよりも，若干大きい程度で，社会保障を重視する国とはいい難い状況である．

④の「保健・社会保障の対 GDP 比率」の年次毎の平均値を出し，4 年次毎の総平均値を算出すると 22.3％ になる．1996 年から 2005/2007 年までの 10 年間で，総平均値を上回っている国は社会保障が相対的に充実している

国（スウェーデン・フランス・ドイツ・イタリア）であり，総平均を下回っている国は社会保障が相対的に不十分な国（アメリカ・日本・イギリス・カナダ）と言えよう．④の「保健・社会保障のGDP比率」の国別の順位は，ほぼ「支出総額のGDP比率」の順位に相当する．つまり，社会保障を充実させるには，ある程度「大きい政府」が必要であり，社会保障を支える経済力（経済成長）と公平な税制（財源）が必要であることが確認されたと言える．

(3) 「文化・教育」——③の「文化・教育への財政支出の対GDP比率」

この項目の財政支出は，一国の人材養成と文化振興に支出する国費のGDP比率である．ここでも総じてジニ係数の低い国が教育・人材育成・文化振興に熱心であることが分かる．特に特徴的なのは，スウェーデン・カナダの比率が高く，日本・アメリカ・イギリスの比率は低い．特に日本は1996年から年々，③の「文化・教育」のGDP比率が低下し，その比率は8ヶ国中，最低である．日本は最も教育に財政資金を使わない国であることが証明されている．日本は人材しか資源がなく，政府の教育支援こそ，最も必要な財政支出であるのに，この比率が低いのは将来に大きな禍根を残すのではなかろうか．

(4) 「経済・公共」——②の「経済・公共への財政支出の対GDP比率」

この項目では，財政支出に占める政府投資の比率が高い日本が1996年と2000年で1位であった．しかし2001年からの構造改革による政府投資の削減でこの比率が低下し，2006年には8ヶ国の平均以下に落ち込んでしまった．この項目のなかで特徴的なのは，スウェーデン，フランス，ドイツ，イタリアの欧州勢の比率が平均以上であることである．これは「保健・社会保障」を充実するには，政府が公共投資をして必要な施設を作り，また社会基盤の新設と整備，道路・橋梁・下水道整備・保育所の建設などのために，政府投資が必要であることを示している．④の「保健・社会保障」支出が多い国ほど，②の「経済・公共」の項目での財政支出が多いと言えよう．この項目でのアメリカ・イギリスの財政支出のGDP比率は8ヶ国の平均以下であり，アメリカは昨今の2004年と2006年にこの比率が最も低く，政府投資が

少ない国である（ここには軍事費が入っていない．軍事費ではアメリカのGDP比率は他国よりも高く，これが「経済・公共」支出となって，経済活性化に連っている）．

(5)「一般サービス・治安」——①の「一般サービス・治安」

この項目は，政府の維持費（人件費と物件費）と国内の治安維持のための諸経費（主として警察，消防等）である．この項目で，GDP比率が最も高い国はイタリアであり，最も低い国は日本（2000年だけはドイツ）である．

3.2 国際比較で見た日本の特徴と教訓

(1) 日本は「小さ過ぎる政府」である．2001年に就任した小泉首相は，アメリカの子ブッシュ大統領を模倣して，「小さい政府」つくりを唱え，1996年の国際比較ですでに「小さい政府」である日本を，さらに小さくしようと財政支出を抑え，社会保障費を圧縮し，金融を緩和してデフレを解消しようとした．しかし，この政策は大失敗で，2006年には日本の財政規模はアメリカよりも小さい「小さ過ぎる政府」にしてしまったために，デフレが一段と進み，経済規模が縮小して，税収が激減してしまった．「小さい政府」つくりが経済を破壊してしまったのである．表2-1を，1996年から2006年までの10年間の平均で見ると，「支出総額の対GDP比率」は44.2%である．これに対して日本のこの比率は，36.8%であるから，日本の財政規模を8ヶ国平均並みに引き上げるとすれば，この差額である「GDPの7.4%」だけ，日本の財政規模が小さすぎることになる．この金額は35〜40兆円となるので，日本の財政規模を8ヶ国平均並にするとすれば，2006年度の予算規模は115〜120兆円になる（実際には79兆円）．

(2) 日本は「保健・社会保障」と「文化・教育」への財政支出が少なすぎる．①と同様に計算をして，8ヶ国並の平均で見ると，「保健・社会保障」で日本の不足額はGDPの約4.7%となり，約20〜25兆円の予算不足である．また「文化・教育」への財政支出の不足分を①と同じ計算で処理するとGDPの2.4%，約10〜12兆円の予算不足になる．

表 2-2 ジニ係数と貧困率との関係（OECD 2010 年）

順位[1]		主要8ヶ国	8ヶ国中貧困率の低い方からの順位と理由	
平均以上	1 (0.23)	スウェーデン	1 [5.3]	保健・社会保障への財政支出の対GDP比がトップクラス
	2 (0.28)	フランス	2 [7.1]	
	3 (0.30)	ドイツ	平均値	30ヶ国の平均貧困率 [10.6]
			4 [11.0]	東ドイツを統合した結果、東側に貧困度合が強い
(0.31) 平均値				
平均以下	4 (0.32)	カナダ	6 [11.7]	近年貧困が増加．アメリカの新自由主義の悪影響が出てきた
	4 (0.32)	日本	7 [14.9]	若年層を中心にワーキングプアが増加．医療費個人負担増など母子家庭・生活保護受給者の増加等
	6 (0.34)	イギリス	3 [8.3]	1997年からの労働党政権による医療費個人負担軽減などで貧困率は平均以下に低下
	7 (0.35)	イタリア	5 [11.4]	過去10年間で「保健・社会保障」への財政支出増加など
	8 (0.38)	アメリカ	8 [17.1]	貧富の差の最も大きい国．「保健・社会保障」への財政支出は最小

注：1）主要8ヶ国中、2010年ジニ係数の低い方からの順序．
（　）内はジニ係数．［　］内は貧困率（％）．
日本はOECD加盟30ヶ国で見ると、ジニ係数は小さい方から11番目、貧困率は高い方から4番目である．

$$貧困率 = \frac{（分子）世帯の平均所得の半分以下の世帯数}{（分母）総世帯数} \times 100$$

出所：OECD 2010年版データから作成．

3.3 ジニ係数と貧困率の関係

　OECD統計（2010年）のなかで、ジニ係数と貧困率の関係を主要国別に見てみよう．両者の序列を比較することで、新たな特徴が見出されるであろう．そこで両方の序列を主要8ヶ国別に見ると、表2-2の通りである．この表から見られることは、次のとおりである．
　(1) ジニ係数が低い国（格差が小さい国）は貧困率が低く、ワーキングプアが少ない．スウェーデンとフランスはジニ係数が低い方から1位と2位であり、貧困率の低さ（貧困者の比率が少ない）でも1位と2位である．ともに

「財政支出の対 GDP 比率」とその内訳として「保健・社会保障の対 GDP 比率」が 1 位か 2 位であって，社会保障が充実した国では，ジニ係数も貧困率も低いことがはっきり出ている．反面，「保健・社会保障への財政支出の対 GDP 比率」が最も低いアメリカは，ジニ係数も貧困率も高く，所得分配が不平等であって，貧富の差が最も激しい国である．

(2) ジニ係数の序列が 3 位以下の国では，ドイツが東西ドイツ統一の影響で，依然として東西の所得格差が残っているため，貧困率は 4 位の高さである．イギリスとイタリアは，ジニ係数の順位は 6 位と 7 位で所得再分配後でも格差は大きい．しかし貧困対策の効果が出た結果であろうか，貧困率の順位が低くなり (3 位と 5 位)，「保健・社会保障に対する財政支出」の恩恵がでているように見られる (医療費補助，社会福祉面での支援など).

(3) 日本のジニ係数は低い方から 4 位であるのに，貧困率はアメリカについで 7 位であり，OECD 全体 (30 ヶ国) で見ても貧困率が 4 位と極めて悪い．これは非正規社員 (ワーキングプア) の増加，母子家庭の増加，生活保護者の増加等によって，近年，低所得者が大幅に増えているからである．貧困層が増加すると，社会保険料も支払えない国民が多くなり，国民健保や国民年金にも大きな影響を与える．貧困率の上昇は，所得格差の拡大となり，いずれジニ係数の上昇となって現れ，アメリカを凌ぐ最貧国になるのではないか．世界一の債権国である日本がこうした最貧国にならないように，貧困率対策に全力を尽くすべきである．

4. 経済財政政策と格差問題

4.1 経済成長と格差の関係

経済成長 (名目 GDP 成長率) と格差がどのような関係にあるのかを調べた結果をまとめたものが，表 2-3 である．この表は OECD 統計の関係で，1 番左側の欄に「1984～94 年の 10 年間の名目 GDP の平均成長率」を記入し，表 2-1 と年代を合わせるために，「1995～96 年」「1997～2000 年」「2001～04 年」「2005～07 年」刻みで名目 GDP の平均成長率を記入し，1 番右の欄に「1995～2007 年の 12 年間の平均成長率」を記入した．

第2章 財政と格差問題

表2-3 国別・名目 GDP 成長率の推移（各期間の平均値）

(%)

年代 国別	1984 〜 1994	1995 〜 1996	1997 〜 2000	2001 〜 2004	2005 〜 2007	1995 〜 2007
スウェーデン	7.1	5.1	5.7	4.0	5.4	5.1
フランス	5.2	3.1	4.1	3.5	4.5	3.8
ドイツ	5.7	2.7	2.4	1.7	3.3	2.5
カナダ	5.5	4.2	6.6	4.4	6.0	5.3
日 本	4.9	1.8	0.0	0.2	1.1	0.8
イギリス	7.7	6.4	5.7	5.3	5.3	5.7
イタリア	8.7	6.9	4.4	3.9	3.4	4.7
アメリカ	6.0	5.2	5.9	4.5	2.5	4.5
単純平均	6.4	4.4	4.4	3.8	3.9	4.1

出所：OECD 統計.

この表から経済成長の推移と第3節で見た格差との関係をまとめると、次のようになる。

(1) 日本は 1984 年から 1994 年の年平均成長率が 4.9％ である。この内訳を見ると，1984〜90 年の年平均成長率は 6〜7％ であったのに，レーガンを模倣した中曽根首相の小さい政府指向で，社会福祉費や文化教育費が圧縮され，経済成長の果実が国民の福祉や教育面に使われてこなかった。1990 年のバブル崩壊後の日本は急速に低成長に落ち込み，1997 年の橋本財政改革の失敗と 2001 年からの小泉構造改革によるデフレ政策（財政支出を圧縮，無用の不良債権処理，国内経済の抑制）で，ほとんどゼロ成長に陥った。2009 年以降はマイナス成長で，経済規模が縮小している。こうしたなかで貧困率が拡大し，経済成長の停滞がデフレの促進と雇用不安，ワーキングプアの増加となっている。日本は経済成長の低迷が雇用機会の減少と低賃金を生み，格差が拡大する大きな要因である。内需拡大によるデフレ脱却を急がないと，間違いなく日本は一段と萎縮してゆく。

(2) スウェーデンは経済成長率が 8ヶ国の平均以上でジニ係数と貧困率がともに最も小さく，格差は最小である。一方フランスは経済成長率が平均以下であるのに，ジニ係数と貧困率はスウェーデンとともに最小グループである。フランスは「保健・社会保障」への財政支出が多く，これが経済を安定

成長させていることを示している．つまり，安定した経済成長があり，財政支出で社会福祉や教育文化への支出が多ければ，ジニ係数は小さく，貧困率も低いのである．

(3)「ジニ係数」と「貧困率」が高い下位の3国（アメリカ・イタリア・イギリス）は，平均以上の経済成長をしているのに，「保健・社会保障」「文化・教育」への財政支出が少ないために，格差が大きい．この事実は「経済成長が高ければ格差が縮小する」とは言えないことを示している．格差を縮小するには，平均並の経済成長は必要である上に，成長の分配を財政面で「保健・社会保障」「文化・教育」へ増やす政策をとらなければならないことを示している．

(4) アメリカとイギリスは，法人税と所得税を大幅に引き下げて，小さい政府にするという新自由主義の政策理念を取り入れてきたので，経済が活況になっても税収が増加せず，財政収支は赤字である．その上，社会福祉や教育文化に財政支出を増やしていないため，格差が拡大し貧困層が増えている．一方，スウェーデンやフランスなどの欧州諸国は，所得税・法人税の累進度合いが強く，所得の再分配機能が米英よりも強く働いている．こうして徴収した税収で，社会福祉への支出を賄っている．応能主義の税体系を採っている国（累進課税の累進度合いが高い国）ほど，経済社会面での安定性が強まっていると言えよう．

4.2 財政問題を混乱させた新自由主義・市場原理主義

4.2.1 新自由主義・市場原理主義の理念

第二次世界大戦後，アメリカは「バターも大砲も」可能になる経済力を持った大国に成長し，アメリカ国民も生活水準が大幅に上がり，雇用情勢も安定した．政府投資により経済社会基盤が構築され，税制は応能負担原則による累進課税が税制の基本となり，所得税の最高税率は70％，法人税の最高税率は50～60％であった．こうした応能負担（累進課税による税制）が安定した政府を形成し，財政収支は黒字基調であった．アメリカが戦後，黄金の60年代を迎えたのは，こうした税制が寄与していたからである．

ところが1960年代からミルトン・フリードマン（シカゴ大学教授）が新自

由主義・市場原理主義という理念をぶち上げ,「小さい政府」「規制緩和」「自由化」「民営化」を提唱した. また税制については,「フラット税制」という方式を提案し, 金持ちでも貧乏人でも「一定の免税点を超えれば, 同じ税率（所得に対する均一税率, たとえば10％）」とし, 累進税率を否定し, 政府による所得再分配機能を全面的に否定する. 従って, 社会的セーフティネット, 社会保障制度を認めないどころか, すでにある福祉制度を破壊しようとする.「財政政策による景気対策は政府が市場に介入するものであるから, 行うべきではない. 景気対策は金融政策, 金利の変動と通貨量の増減だけで十分だ」と主張する. この考えがマネタリズムであり, これを信じる人がマネタリストである.

またフリードマンは, 大胆に減税を実施して富裕層に資金を渡せば, 彼らは消費するか投資をするから, 経済が成長し雇用が生まれてくる. この考えを「トリクルダウン理論」という. トリクルダウンとは「滴り落ちる」という意味であって, 富裕層をますます裕福にすれば, 下々の国民は「おこぼれを頂戴」できるという思想である. また「ラッファー理論」という理屈もあり, これは「所得税を減税すれば, 国民はもっと働くので経済が活性化し税収が増える」という. しかし, 現実の経済はこうした理論が当てはまることはなく, 経済成長は主として軍事費の増大（アメリカの公共投資）によるところが多く,「トリクルダウン理論」も「ラッファー理論」も, 実証性のない「まやかしの経済学」である. まさに国民騙しのための理屈に過ぎない.

4.2.2 アメリカを債務国に転落させたレーガン・モデル

こうした新自由主義は戦後, 富裕層の高負担で福祉国家を目指してきたイギリスにとっては, 全く逆の発想と政策であるにもかかわらず, 従来からの福祉国家を否定する方針を打ち出して, 1979年に政権の座についたのがサッチャー首相（保守党）である. 新自由主義の本拠地であるアメリカでは, 伝統的な保守層であるネオ・コンサーバティブ（ネオコン）が取り入れて1980年の大統領選挙で, 共和党のレーガン候補の政策のベースとなった. 大統領に就任したレーガンは, 直ちに財政面で新自由主義の理念を採用し, 規制緩和, 民営化, 自由化政策を推し進め, 財政面では軍事費の増額で景気

を振興させ，歳入面では所得税の最高税率を従来の70%から最終的には28%まで引き下げた．一方，法人税の最高税率も50%から30%へ引き下げ，加速償却の促進，投資家優遇政策を推進した．また「強いドル」を標榜してドル高政策を採ったために，製造業の海外移転が進み，この結果，アメリカは双子の赤字（財政収支と貿易収支が赤字）に陥り，1985年には債務国に転落してしまった．第一次世界大戦後の1918年に債権国になって以来，ほぼ70年ぶりに債務国に転落したのである．

ここではっきりしたことは，新自由主義思想による経済財政政策は，本来，適正な税率によって国家に徴収されるべき税収を一部の富裕層に移す手法であり，その結果，国家の債務が増加し，いずれは国家を破綻させるということである．

4.2.3　クリントン・モデルによる巻き返し

1993年に大統領に就任したクリントン（民主党）は，就任早々の年頭教書で，「官民ともに消費から投資へ」「公平税制の導入」を財政政策の基本とし，以降，毎年の予算では「財政は赤字」で「債務国である」のに国債を増発して，財政支出総額を年平均3〜4%増加させ，この増加分と国防費の減額分を「道路輸送関係」「地域開発」「教育訓練」に重点的に支出した．8年間の任期中に，「道路輸送関係」で年平均7.7%増加，「地域開発」で年平均9.8%，「教育訓練」で年平均5.8%の増加である．8年間，毎年，この政策を継続したのである．

同時に就任早々，所得税の最高税率を31%から39.5%に引き上げ，法人税の最高税率も34%から35%へ引き上げた．つまり，クリントンの考えは，「経済全体で有効需要が不足しているので政府が財政支出で需要を喚起する．そうすれば景気は回復し，個人所得が増え，法人所得も増える．増えた分は自然増収で政府へ戻して欲しい」という考えである．この結果，アメリカの財政は，1998年に黒字になり，クリントンが退任する2000年には2,200億ドルの黒字であった．

4.2.4 子ブッシュ大統領はレーガン・モデルでアメリカ経済を破綻させた

ところが2001年に就任した子ブッシュ大統領は，財政政策の方針をレーガン・モデルに戻し，法人税の最高税率を35%から34%に，所得税の最高税率を39.5%から35%に，それぞれ引き下げた．その上，配当金への減税，投資優遇策など，あらゆる面で富裕層の所得をさらに増やし，最低賃金は長期間据え置いた．この結果，所得格差は一段と進み，OECD統計で見た貧困率は30ヶ国中の第3位で，主要8ヶ国中では格差は最高である．「強者を助け，弱者を挫く」新自由主義がもたらす現実である．

子ブッシュの政策は，金融を超緩和にしてバブルを煽り，日本を締め付けてゼロ金利のマネーをアメリカへ大量に供給させた．こうして，2008年9月のリーマン・ショックを迎え，アメリカでは大手銀行，大手保険会社，世界的自動車会社が破綻し，公的資金で辛うじて命脈を保っている．新自由主義がアメリカ経済を破綻させたのである．

4.3 レーガン・モデルを模倣した税制改革によって日本の税収は激減

1981年に就任した中曽根首相は新自由主義のレーガン・モデルを取り入れて，法人税と所得税を減税し，その財源を消費税に求める方針を打ち出した．日本は1989年4月から消費税（3%）を導入した．この時点では国税ベースで見た法人税の最高税率は40%，所得税の最高税率は50%と累進度合いの高い税率であった．その後，消費税は1997年に増税されて5%に引き上げられた．

消費税が導入された1998年から，法人税は国税ベースで最高税率を30%に引き下げられ，所得税の最高税率も50%から40%に引き下げられた．さらに地方税では，2007年度から「フラット税制」という考え（新自由主義の提唱者であるミルトン・フリードマンの考え）を入れて，所得の大小に関係なく，住民税は「一律10%」とした．アメリカではすでに1993年の段階で，「フラット」税制は税収の減少につながることが立証されていたのに，日本

では見直しもせずに 2007 年度から採用したことは，いかに日本の政府・財務省の認識が硬直的であるか，疑問を持たざるを得ない．消費税が導入された 1989 年度から 2009 年度までの 21 年間で，消費税の収入累計は 224 兆円であり，この間の法人税の減収は 208 兆円である．つまり，消費税収入累計の 93% は法人税減税と減収の埋め合わせに使われたのである．消費税を導入するときに，法人税と所得税の減税分を消費税で賄うという方針は，まさにその通りになっている．

4.4 新自由主義とレーガン・モデルでアメリカは破綻，日本は経済敗戦を迎えた

2010 年 3 月に終了した 2009 年度予算では，税収が激減し，歳入に占める国債発行額が税収を上回った．これは敗戦直後の 1946 年（昭和 21 年）度以来のことであり，日本はまさに経済敗戦を迎えたのである．

2001 年から始まった小泉構造改革は，新自由主義・市場原理主義を日本に浸透させる政策であった．財政危機を煽って「財政は緊縮，金融は超緩和」にすることを基本方針とし，マネタリストの考えをベースにしていた．

加えて，信用収縮を引き起こす金融システム改革（ペイオフ・時価会計・自己資本比率の導入——特に地方金融機関にも適用），労働基準法の改悪で解雇自由としたこと（2003 年）による「リストラ・デフレ」によって，デフレは一段と進み，非正規社員の増加で賃金格差は拡大した．この結果，名目 GDP（経済規模）が縮小し，マイナス成長に落ち込み（1997 年 513 兆円，2010 年 470 兆円），税収が激減したのである．

また 2000 年から 2009 年までの 9 年間で見ると，日本の個人の金融資産は 1,450 兆円強でほぼ同額である．このうち約 350 兆円を個人部門で使い，残りの 1,100 兆円強が「企業・政府・海外」で使われている．問題は海外部門に流れた金額であり，2000 年では 134 兆円（国内での使用は 1,300 兆円），2009 年には 140 兆円増加して 274 兆円になっている．つまり，新自由主義思想を日本では緊縮財政（基礎的財政収支均衡策）によるデフレ政策として採用し，本来，日本国内で日本国民のために使用すべき個人の金融資産が 140 兆円も海外に流失しているのである．

この海外への増加分は，国内での政策的な支出抑制の結果である．具体的にみると，政府はこの9年間（2001～2009年）で，「地方交付税交付金と国庫支出金（補助金）」を，2000年度に比べて，累計で52兆円削減し，同じく公共投資を13兆円削減した．ここで得た65兆円に加えて，デフレで国内で使用しなくなった企業と家計の削減額が75兆円に達し，合計で140兆円が国内で使用されなくなったのである．この140兆円のうち，70兆円で政府がアメリカの国債を買い増しており，残りの70兆円は民間の海外支出（直接投資，間接投資，外貨預金の開設など）となっている．アメリカ国債の追加購入分は，まさに日本国民の富が収奪されたことを示している．

新自由主義とレーガン・モデルはアメリカを債務国にし，さらに経済を破綻させてしまった．それを模倣した日本は税収激減で経済敗戦を迎えたのである．

5. 平成ニューディール政策が急務

5.1 財政政策はどうあるべきか

財政面から格差問題を分析してゆくと，経済政策と財政政策の本質的な課題にぶち当たる．経済学や財政学は，あくまで経験科学である．筆者が経済や財政を論じる場合には，常に歴史的経験と内外での成功例と失敗例を参考にして教訓をつかみ，その応用として現下の問題の対策を実行するのが，望ましい手法であると考えている．財政は経済的要因と社会的要因を結びつけ，両者の最善の道を最大限実行することが理想であり，それを実行するのは政治の責任である．こうした視点で見れば，財政政策は国民を幸福にも不幸にもする．財政政策で社会的経済的基盤が安定化すれば，経済は成長し，税収が上がり，財政も安定する．

この節では，第2節から第4節までの分析結果をまとめ，そこから得られる教訓をベースとして，日本の格差を縮小するにはどのような政策があるかを，まず財政面からまとめる．次いで本質的解決には「平成ニューディール政策」として，デフレ脱却と成長路線への復活，及び税制による所得再分配機能の強化によって，成長の果実を国民に分け与えて格差を縮小すべきであ

ることを論じたい.

5.2 「格差」を左右する経済財政要因

5.2.1 「経済成長率」と「経済規模」

日本の社会保障制度が行き詰まっている主因は過去13年間,日本の名目GDPがマイナスであって,税収が減少しているからである.

2009年度の税収は37兆円であって,これは1985年並(25年前)の税収であり,2009年度の名目GDP 470兆円は1990年並(20年前)の水準である.1998年に始まったデフレは依然として継続しており,現段階では解消のメドは全くない.デフレが継続している主因は緊縮財政であり,偽装財政危機による「財政デフレ」である.また,新自由主義信奉者による「小さい政府」がデフレを促進させている.デフレ解消を最優先課題とし,名目GDPを引き上げる政策(名目GDPのプラス成長)を採らないと税収は増加しない.デフレとは,経済規模の縮小であり,名目GDPのマイナス成長である.デフレのもとでは格差は拡大する.

5.2.2 「応能負担」による累進課税と「フラット税制」

「応能負担」とは税金を多く支払う能力のある高額所得者には,税金を多く支払ってもらい,その所得金額を社会保障に回し,低額所得者へ所得を再分配しようとする考えである.このときに使われる手段が累進税率と所得控除額である.一方,フラット税制では,「税率は所得の大小に関係なく,一律にすることがもっとも公平である」と考える.あらゆる面で自己責任を主張し,所得の再分配と社会保障制度を否定する.この両極端が財政政策を決めている.

5.2.3 「大きい政府」と「小さい政府」(財政政策を活用するかしないか)

「政府が大きいか小さいかが問題ではなく,政府が適切な機能を発揮するか,しないか,が問題である」(アメリカのオバマ大統領の就任演説).格差問題と社会保障の充実度合いから見ると,GDPと対比して「大きい政府」の国の方が格差は小さい.現在の日本は,「保健・社会保障」への支出が少な

く，デフレが進み，格差拡大の原因となっている．
　一国の社会を安定させ，社会基盤を強化してゆくには，財政政策の3つの機能（資源の適正化，所得の再分配，経済社会システムの安定化）を最大限活用すべきである．新自由主義はこれらの財政機能を否定し，「小さい政府」にさせて，結局，国家を破綻させることが証明されている．

5.2.4　「量入制出」（均衡財政）と「量出制入」（積極財政）

　「量入制出」とは，「入りを図って出を制す」「税収の範囲内でしか支出をしない」という均衡財政至上主義者の政策であって，「基礎的財政収支均衡策」がその典型的な政策である．一方「量出制入」とは，「無駄を排しても○○だけの財政支出が必要であるから，いかにして経済を拡大させて税収を増加させるか」という発想であり，財政金融両面から景気振興策を採って，税収を増加させる政策を採るべきであるとの考えである．
　財政政策の本来の理念は「量出制入」であるべきであり，特に日本のように国民の預貯金が年々増加しており，また世界一の債権国として海外からの利息配当収入が得られている国では，「量出制入」（積極財政）を採るべきである．小泉内閣と菅・野田民主党政権が「量入制出」「基礎的財政収支均衡策」を採ってきているために，財政デフレが進み，税収が激減したのである．

5.2.5　「新自由主義・市場原理主義」と「共存共栄社会の実現」

　新自由主義の経済財政政策を実行してゆけば，国家の富は一部の富裕層に集中し，財政を赤字にして国家を債務超過にし，経済を破綻させてしまう．こうしたことは，アメリカとイギリスの経験で証明されている．一方，適切なプラス成長の下で，「保健・社会保障」に財政支出を増やしてゆけば，経済は安定し，適切な成長が得られることは，欧州の主要国の経験で確認されている．議論の余地はない．

5.3 日本の財政危機は壮大な虚構
―― 政府債務の実態は発表の半分

デフレを解消するには，財政政策を活用する以外に道はない．これはアメリカ大恐慌と昭和恐慌の教訓である．しかし日本の政府は，財政危機を煽り，財政政策を活用してデフレを解消する政策を採ろうとしない．そのため日本は長期デフレに陥って，解消のメドが立たないのである．

ところが財務省が宣伝する財政危機は，壮大な虚構であり，日本は財政危機から程遠い．世界中，日本が財政危機だと思っている国や人はどこにもいない．

筆者は1996年に大蔵省（現財務省）が財政危機を煽り，消費税引き上げと緊縮財政を強行する前から，「日本は財政危機ではない，財政危機は増税をさせるための壮大な虚構だ，財源はいくらでもあるので積極財政をとって景気回復を優先させることが，財政再建の正しい道筋だ」と判断し，国会の予算委員会公聴会でも度々発言してきた．なぜなら1996年の時点で見ると，日本の「粗債務のGDP比率」が85％で主要国のなかで1番高くなったとはいえ，「純債務」で見るとそのGDP比率は30％で主要国のなかで最も低く，「日本は緊縮財政をとる必要はなかった」（当時のアメリカのゴア副大統領，1993年2月）のである．今日に至る財政政策の大失敗の原点はここにある．

日本の財政の実態を知るには，政府債務の全体を「粗債務」から「金融資産」（特別会計で計上）を控除した「純債務」で見るべきである．それは一般会計と特別会計を一体として把握することである．図2-3をご覧頂きたい．特別会計（特会）の中核である「財政投融資特会」と「外国為替特会」は「政府の投融資銀行」である．従って，特別会計の政府債務291兆円は，政府系金融機関と外国為替特別会計を通して「最終借入人」（企業・地方自治体，アメリカ政府等）が元金と利息を負担しており，国民が負担すべき債務ではない．財務省は粗債務を発表するときに，「一般会計」と「特別会計」を分けて発表すべきである．そうすれば，こうした点が明確になる．

この図からわかるとおり，「粗債務」から「金融資産」を引いた「純債務418兆円」は，「粗債務」の45％に過ぎない．だから財務省が，特別会計の

第 2 章　財政と格差問題

純債務でみた日本の財政（2010年末現在）
－日本は財政危機ではない－

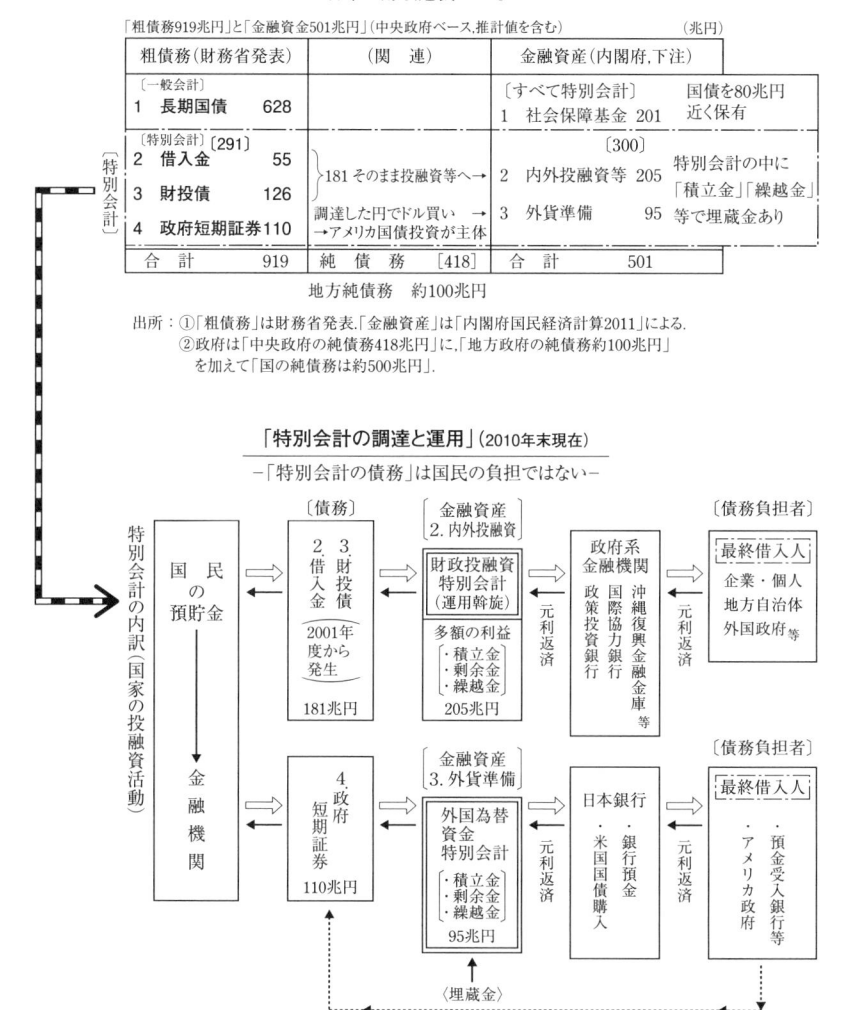

「粗債務919兆円」と「金融資金501兆円」（中央政府ベース,推計値を含む）　　（兆円）

粗債務（財務省発表）	（関　連）	金融資産（内閣府,下注）	
〔一般会計〕 1　長期国債　628		〔すべて特別会計〕 1　社会保障基金　201	国債を80兆円 近く保有
〔特別会計〕〔291〕 2　借入金　　55 3　財投債　126 4　政府短期証券110	}181 そのまま投融資等へ→ 調達した円でドル買い → →アメリカ国債投資が主体	〔300〕 2　内外投融資等　205 3　外貨準備　　　95	特別会計の中に 「積立金」「繰越金」 等で埋蔵金あり
合　計　　　919	純　債　務　〔418〕	合　計　　　501	

地方純債務　約100兆円

出所：①「粗債務」は財務省発表,「金融資産」は「内閣府国民経済計算2011」による．
　　　②政府は「中央政府の純債務418兆円」に,「地方政府の純債務約100兆円」
　　　　を加えて「国の純債務は約500兆円」．

「特別会計の調達と運用」（2010年末現在）
－「特別会計の債務」は国民の負担ではない－

出所：政府公表データより筆者が作成．金融資産は推計値．

図2-3　純債務でみた日本の財政と特別会計の調達と運用

政府債務も入れて「政府債務が900兆円を超過し大変だ！ 増税だ！ 増税だ！」と叫ぶのは，増税を狙う国民騙しの行為である．「日本がギリシャのようになる」の意見は偉大なる錯覚である．日本は世界一の債権国（対外純債権が260兆円ある）であり，膨大な債務国とは全く経済体質が異なる．

5.4 平成ニューディール政策が急務

5.4.1 政府投資による有効需要を喚起し民間投資を誘引すべきである

デフレの主因は国内の需要不足であり，需要と成長を生み出す「純投資（投資額から減価償却を引いたネットの投資）」が，民間投資も政府投資もマイナスに落ち込んでいるからである．つまり，民間も政府も投資が回収超過になっているため，経済がマイナス成長になるのである．また最大の円高対策は内需拡大策であり，内需中心の産業を育成することである．日本経済を救済するには，「平成ニューディール政策」の実行が急務である．

具体的には，100兆円の緊急補正予算（実行期間5年）で社会的インフラ案件，脱石油と脱原発のエネルギー事業（太陽光，風力，地熱），地方の生活に密着した社会インフラ事業，教育研究に政府投資を集中して民間投資を喚起し，中小企業には投資減税（国内での投資と正規社員の増加を条件）を実行して，民間の投資を誘発することである．

財源は，①特別会計の埋蔵金50～60兆円，②個人預貯金の年増加分10～15兆円，③海外投融資の利息と配当金約15兆円を活用する（②～③は建設国債が必要），④経済成長による税収であって，⑤外貨準備（アメリカ債の購入）に投下されている110兆円（政府短期証券）は，アメリカ国債を売らずに，アメリカ国債を日本銀行の資金で賄えば（1999年9月まではこの方式を採っていた）建設国債の財源になる．

5.4.2 アメリカ国債に吸い上げられている国民の預貯金を日本の建設国債に使うべきである（その具体的方法）

日本は世界一財源の豊富な国である．外貨準備として積み上げられている資金こそ，個人預貯金そのものであり，巨大な「埋蔵金」である．政府と日本銀行が共同してデフレ解消策を採るべきであり，金融政策としては，政府

が建設国債を発行したときに，日銀が同額の買いオペ（市場にある政府短期証券を買い取る）を行えば，金利は上がらず，金融市場は安定する．1999 年 9 月までは，政府が発行した政府短期証券を日銀が自ら引き受け，日銀の資金でドルを購入しアメリカ国債を購入していた．ところが同年 10 月から，日銀は政府短期証券を自ら引き受けずに市場に売りっぱなしにしたために，国民の預貯金が吸い上げられて，国民の預貯金でアメリカ国債を購入する形になってしまった．こうして国民の預貯金から 100 兆円もの大金が吸い上げられて，政府によるアメリカ国債の投資に回されている．こうした不自然な状況を正常化して 1999 年 9 月までの状況に戻すには，政府が建設国債を発行したときに日銀が同額の政府短期証券を市場で買い取ればよい．この操作を継続してゆけば，建設国債は国民の預貯金で購入され，アメリカ債は日本銀行が自らの資金で購入することになり，1999 年前の正常な姿に戻る．つまり，国民の預貯金で保有しているアメリカ国債を，1999 年 9 月までと同様に，日銀の資金で保有すればよい．アメリカ国債を売らなくても，そこに投下した資金は，国民のために使える道がはっきりとあるのである．

このようにすれば，アメリカ国債を購入するために政府が政府短期証券で国民の預貯金を吸い上げたマネーを，建設国債への投資の形で国民に戻すことができる．

こうした積極財政による景気振興策を採った上で，所得税と法人税の最高税率を引き上げ（中堅層の税率は据え置き），地方税の「一律 10％」のフラット税制を廃止し，累進税率を高くする．この政策を実行すれば，名目 GDP は年 3％ から 5％ へ成長し，日本経済を成長軌道に戻すことができる．経済が成長して物価が上がれば，消費税の税収も増加する．消費税の引き上げなしで，法人税と所得税で社会保障に回る資金が得られるのである．

6. おわりに

6.1 ニューヨークで発生した格差反対デモ

2011 年 9 月中旬に，ニューヨークのウォール街で多くの若者や失業者が集合し，「オキュパイ・ウォールストリート（OWS）」「われわれは 99％ だ」

と叫び，プラカードを掲げて市内をデモ行進し，ウォール街の近くにある公園を占拠し，ろう城した．私は11月初旬にニューヨークを訪問し，ろう城する彼らに会って意見を聞いた．数人の青年に面談した結果，彼らの意見は要約すると次の通りである．

「金持ちはどんどん裕福になるけど，ほとんどのアメリカ人の生活は向上するどころか，日々，貧しくなる．リーマンの破綻で金融革命は失敗だったことが明らかになったのに，そして政府は大手銀行や企業にパブリック・マネーを入れて救済したのに，責任者は責任を取らずに高給を取り続け，クビになるのは俺たちだ．ひどく不公平な国だよ．"われわれ99％" が犠牲になる．オバマもどうかしている．99％を救ってくれる人がいないのだ．はらわたが煮えくりかえるよ」

「ここに居座わっているのは，世界の国民に真実を伝えてほしいからだ」

「あなたは日本人か．日本ばかりでなく，アジアの人びとにも伝えてほしい」

こうしたデモの発端は，コロンビア大学教授のジョセフ・スティグリッツ氏（2001年のノーベル経済学賞受賞者）が執筆した論文「1％の，1％による，1％のための政治」によって，アメリカの所得格差がいかに拡大してきたかが立証されたからである．同氏によれば，

「人口の1％が富の40％以上を握り，所得の20％以上を手にしているのである．しかも，このひと握りの人びとがこれほど多くの報酬を得ているのは，多くの場合，彼らが社会により多く貢献したからではない．それは彼らが，ズバリ言うと成功した（そして時には腐敗している）レントシーカー（政治によって生み出される特権的利益を追い求める人びと）だからである．これは1％のなかに多大な貢献をしている人たちがいることを否定するものではない．実際，多くの

本物のイノベーション（世界経済に大混乱をもたらした目新しい金融「商品」ではなく）は，一般に，それを生み出したイノベーターが受け取る見返りよりはるかに大きな社会的便益をもたらす」（『週刊ダイヤモンド』2011 年 12 月 17 日）．

アメリカの議会予算局の資料によれば，所得分布の上位 1％ の人の所得が国内総生産（GDP）に占める割合は，「大恐慌前は 20％ であったが，戦後から 80 年代後半までは 8％ 程度に縮小していた．その後拡大して 90 年代後半には 17％ に上昇し，さらに上昇傾向にある」．また，所得分布の上位 10％ の人の所得は，戦前は 45％ であったが，戦後は 35％ に低下し，現在では 45％ に上昇している．さらに過去 30 年間でみると，全米平均でみれば税引き後収入の増加額は，平均 62％ であるのに，上位 1％ の富裕層のそれは 185％ に拡大している．

　格差拡大の原因を調べてみると，所得税の累進税率の緩和と富裕層への優遇税制（特に証券税制）にあることが分かる．大恐慌時代から戦後にかけて，ルーズベルト大統領（民主党）は大恐慌の解決と戦費確保のために，法人税と所得税の最高税率を引き上げて累進税率を適用した．戦後もこの傾向が継続していたが，1981 年からのレーガン大統領（共和党）の新自由主義・市場原理主義政策によって所得税の最高税率は大幅に引き下げられた（カーター大統領時代には最高税率は 70％ であったのに，レーガン大統領は 28％ まで引き下げた）．また証券関連税率を引き下げ，富裕層に有利な税体系にした．これで富裕層の所得が増加し，さらに低所得者に対しては最低賃金を長期間据え置くなどして，雇用機会の減少ばかりでなく，賃金格差を拡大する政策も採られた．格差の拡大はこうして作られてきたのである．

　スティグリッツ氏によれば，「資本主義の中でもルールを変えれば，格差解消は可能である」．経済を成長させてその配分と税率を変えれば，格差は解消できるのである．「格差解消に努めるかと期待されたオバマ大統領であったが，富裕層や大企業からの政治献金で格差解消の努力が見られない」と同氏は指摘している．

　日本でも，小泉構造改革によって格差は拡大している．2011 年 9 月に発

表された国税庁の「民間給与実態調査」によれば，2010年の給与所得者4,552万人の平均給与は412万円，10年前に比べて約50万円も少なくなっている．格差の点から見ると，年収1,000万円以上は175万人で全体の3.8％に過ぎないが，200万円以下は1,045万人で22.9％にも達している．これは非正規社員の増加が原因であり，2009年の統計で，すでに国民の3分の1が非正規社員であり，格差拡大の原因はここにある．その大前提が日本の長期デフレであり，現在の政府はデフレを継続しようとしている．

　私はかねてから新自由主義・市場原理主義の狙いは貧富の差の拡大であり，一部の富裕層に国民の富が集中するように仕組まれた政治経済システムにあると主張してきた．今回のニューヨークのデモで，こうした問題が改めて肌で感ぜられた．

6.2　共存共栄・社会大国への道

　新自由主義と市場原理主義という「悪魔の経済学」によって荒廃した日本を救うには，「共存共栄」という大きなビジョンを掲げて，日本国を創りなおすことが急務である．幸い現在の日本は世界一の金持ち国家であって，世界一，財源に恵まれた国である．一日も早く，偽装財政危機による財政呪縛から脱皮して，この国民の預貯金を日本国民のために使う政策を採れば，新しい国創りができるのである．経済規模を拡大し，財政規模も拡大して，「保健・社会保障」と「文化・教育」を中心として財政支出を増加してゆけば，新しい福祉国家ができるであろう．今こそわれわれが行動に移すべき時である．

参考文献

橋本健二（2009），『「格差」の戦後史——階級社会　日本の履歴書』河出ブックス．
菊池英博（2005），『増税が日本を破壊する』ダイヤモンド社．
菊池英博（2007），『実感なき景気回復に潜む金融恐慌の罠——このままでは日本の経済システムが崩壊する』ダイヤモンド社．
菊池英博（2009），『消費税は0％にできる——負担を減らして社会保障を充実させる経済学』ダイヤモンド社．

Krugman, Paul (2007), *The Conscience of a Liberal*, W. W. Norton & Company.（三上義一訳（2008），『格差はつくられた――保守派がアメリカを支配し続けるための呆れた戦略』早川書房）
Stiglitz, Joseph E. (2002), *Globalization and its Discontents*, W. W. Norton & Company.（鈴木主税訳（2002），『世界を不幸にしたグローバリズムの正体』徳間書店）
Stiglitz, Joseph E. (2010) *Freefall*, W. W. Norton & Company.（楡井浩一・峯村利哉訳（2010）『フリーフォール　グローバル経済はどこまで落ちるのか』徳間書店）
橘木俊詔（2006），『格差社会――何が問題なのか』岩波新書.
Uzawa, Hirofumi (2003), *Economic Theory and Global Warming*, Cambridge University Press.

第 3 章　格差問題と金融
　　　──マイクロファイナンスの可能性──

花 崎 正 晴

1. はじめに

　格差問題への対応として，金融はいかなる役割を果たすことができるのだろうか．その問いに答えるのは，容易ではない．銀行に代表される金融機関は，基本的には信用力の高い借り手には好条件のローンを提供し，信用力の乏しい借り手に対するローンは，条件が悪くなるものである．そして，格差社会のなかで苦しむ貧困層は，物的担保に乏しく債務弁済能力が低いとみられることから，銀行などの純粋な金融機関が，積極的に良質なローンを提供するインセンティブは決して高くはないのが現実であろう．

　ところが，本章で紹介するマイクロファイナンスは，収入の条件や物的担保の有無などに依存しない新しいタイプの個人向けファイナンス・チャネルである．1970年代のバングラデシュではじまったそのムーブメントは，世界的な広がりをみせ，2007年末時点では，3,000を上回るマイクロファイナンス機関が，貧困層に属するおよそ1億人の顧客に対してローンを提供している．

　以下では，貧困問題の緩和や解決に重要なインプリケーションを与えているマイクロファイナンスに焦点を当て，その起源，グラミン銀行の業務，各種のマイクロファイナンスモデル，社会的収益の測定手法などを紹介する．そして最後に，今次の東日本大震災からの復興プロセスにおいて，マイクロファイナンスが有効な金融手段になり得る可能性について指摘する．

2. マイクロファイナンスとは何か

　ムハマッド・ユヌス氏がバングラデシュの農村地域の村人たちに少額のローンを提供し始めたのは，1970年代の半ばであった．しかし，当初はその意図は理解されていなかった．多くの国々では，貧困層への融資業務が国営銀行によって営まれていたが，それらの業務は多くの場合に非効率性や腐敗を生み，結局は多額の浪費に終わっていたからである．

　しかしながら，ユヌスは，顧客たちが貧しいながらも，債務を弁済することができると確信していた．そして，その確信を裏付けるように，ユヌスが創設したグラミン銀行は，着実に受容を拡大させ，2009年には，フローのローン金額が10億ドルを突破し，会員数は800万人近くにも達している．

　マイクロファイナンスとは，貧困層あるいは低所得地域共同体に対する小口ローン，貯蓄預金，保険などの各種の金融サービス提供業務を指す．その主導者たちは，マイクロファイナンスが利用可能となれば，貧しい人々に，小さいながらも事業に取り組む機会を与えることによって，その潜在的な能力を開花できると確信していた．さらに，個々のマイクロファイナンスの積み重ねが，顧客の将来基盤を確立し，ひいては共同体のサステナビリティを高めると考えた．

　実際，マイクロファイナンスのローンは，1件当たり100 USドル程度の短期融資が珍しくなく，既存の金融機関は全く無視していた領域であった．なぜならば，そのような小口のローンから収益を稼ぐことは難しく，加えて貧しい借り手が十分な担保を提供できるとは考えにくいことから，ローンがあまりにもリスキーであるとみなされていたからである．

　マイクロファイナンスは，金融ビジネスの分野において，革命あるいはパラダイムシフトをもたらしている．それは，先進国における標準的な銀行モデルから派生したものではなく，低所得国における実験的な試みから，発展したものである．

　次には，グラミン銀行の活動から，マイクロファイナンスの内容や特徴を概観しよう．

3. グラミン銀行

3.1 社 史

　グラミン銀行は，バングラデシュのチッタゴン大学の地域経済学プログラムのヘッドを務めていたムハマド・ユヌス教授[1]が，1976年に農村地域の貧民層向け信用供与システムの制度設計に関する行動研究プロジェクトに着手したのがはじまりである．グラミン[2]銀行プロジェクトと呼ばれた当プロジェクトは，次の5つの目的の下に運営されることとなった．

①銀行の各種機能を貧困層に拡張する．
②貸し手による貧困層の搾取を防止する．
③農村地域の多数の失業者に自営による雇用機会を創造する．
④最貧家庭出身の女性などに代表される恵まれない境遇の人々に，自立するための組織的な機会を与える．
⑤「低所得→低貯蓄→低投資」という悪循環を，「低所得→信用注入→投資→所得増→貯蓄増→投資増→所得増」という好循環に変換する．

　1976年にチッタゴン大学に隣接する村落ではじまったグラミン銀行プロジェクトは成功を収め，1979年には中央銀行および国営商業銀行の助成を得て首都ダッカの近郊で実施され，さらにそののち全国のいくつかの地域で展開された．
　このような成功により，1983年10月にグラミン銀行プロジェクトは，政府立法に基づく独立銀行に改組された．今日では，グラミン銀行の株式の95％は，銀行の借り手によって保有され，残りの5％が政府保有である．

---

[1] ムハマド・ユヌス氏およびグラミン銀行は，貧困層に対する経済および社会開発の功績に対して，2006年にノーベル平和賞を受賞している．
[2] グラミンとは，バングラ語で農村とか村落を意味する．

3.2 業務概況

グラミン銀行の業務の特徴は，次の通りである（2010年7月時点）．なお，1997年から2009年にかけてのグラミン銀行の業務関連の主要な計数は，表3-1に整理されている．

① グラミン銀行は，通常の小口ローンに関して，一切担保を徴求しない．また，返済不能に陥った場合の法的措置も要求しない．借り手は，5人からなるグループに入会する必要があるが，そのグループは会員に対するローンの保証をするわけではない．返済の責任は，偏に借り手個人にある．グループは，会員が責任ある行動をとり，返済が滞らないように監督する役割を果たすが，グループの会員達は債務不履行の会員に代わって債務を弁済する責任を負うわけではない．
② 借り手の総数は829万人に達し，そのうち97％が女性である．
③ 2,564支店を有し，81,367の村落で活動し，従業員数は22,653人である．
④ 創業以来のローン総額は95.4億USドル，そのうち85.0億ドルがすでに返済済みである．現在のローン残高は8.94億ドル，過去1年間のローン提供額は12.79億ドル．
⑤ ローン返済率は，97.29％に達する．
⑥ ローンの原資はすべて預金である．預金の過半（54％超）は，銀行の借り手から提供されている．預金-ローン比率は149％．預金が十分あるので，寄付金は受け入れない方針である．
⑦ 創業以来，3年次（1983, 1991, 1992年）を除いて，利益を計上している．2009年の収入は2.1億ドル，利益は538万ドルで，そのうち30％を配当している．
⑧ ローン利率は，公定利率よりも低く，4種類に分かれている．すなわち，事業ローンについては20％[3]，住宅ローン[4]については8％，教育ローンについては5％，そして極貧の物乞い向けローン[5]では0％である．

⑨預金金利は，8.5〜12% である．

3.3　グラミン銀行と一般的な銀行との違い

グラミン銀行は，その拠り所とする哲学および業務運営方針において，先進国等で伝統的に活動する一般的な銀行と大きな差異がある．主なものは，次の通りである．

① 一般的な銀行は，ローンを提供するに際して借り手の実績や資産を重視する．一方グラミン銀行は，借り手の潜在力に着目する．貧民を含めて人間は，無限の潜在力を持っているという信念がその背景にある．
② 一般的な銀行は担保金融を基本とするが，グラミン銀行は担保を徴求しない．
③ 一般的な銀行は男性を主たる顧客とし，富裕な男性によって所有されているが，グラミン銀行は貧しい女性に焦点を当て，彼女らによって所有されている．
④ 一般的な銀行は，市街の中心部に店舗を構えるが，グラミン銀行は農村地域に立地する．
⑤ 一般的な銀行は，借り手の返済が滞ると，デフォルトとして担保権の実行などの懲罰的な処理をするが，グラミン銀行はそのような場合には借り手を支援し単に返済スケジュールを変更するのみである．
⑥ 一般的な銀行では，借り手が支払う金利は借入元本および借入期間に応じて決まり，金利水準や期間によっては総利払い額が借入元本を上回ることがありえるが，グラミン銀行では債務返済が滞った場合を含

---

3)　例えば，事業ローンで100ドルを期間1年で借りた場合には，1年後には110ドルを返済する必要がある．ただし，元利とも毎週支払う必要があり，借入元本は均等払いで減少していくことから，実質的な金利は20% となる．
4)　1984年にスタート．累計で68万戸の住宅が同ローンを利用して建設された．平均融資額は188ドル．
5)　グラミン銀行は，自立しようと努力している物乞いを支援するプログラム（Struggling Members Programme）に2002年から着手し，およそ11万人の物乞いが同プログラムの会員となり，そのうちおよそ2万人が物乞いから脱して自立した生活を送っている．

表3-1 グラミン銀行の

年	1997	1998	1999	2000	2001
Exchange Rate: 1 US$ = Taka	45.45	48.50	51.00	54.00	57.00
授権資本	11.00	10.31	9.80	9.26	8.77
自己資本:					
払込済資本金	5.41	5.32	5.20	5.00	4.77
資本金・準備金	2.02	39.34	34.59	32.67	30.95
その他	18.90	3.75	9.08	9.20	10.30
合　計:	26.33	48.41	48.87	46.87	46.02
預　金	109.53	107.67	108.84	113.24	125.77
その他の資金	28.54	13.57	15.53	7.39	3.65
借入金	248.47	223.42	228.24	196.83	171.60
資　産:					
貸出金等	312.04	334.23	282.00	244.08	229.14
有価証券	101.21	37.26	93.86	96.83	90.23
現預金	8.25	9.69	7.92	4.48	7.30
固定資産	16.55	18.12	19.34	17.83	16.58
その他資産	32.12	35.17	40.94	43.30	40.33
合　計:	470.17	434.47	444.06	406.52	383.58
収　入	62.07	62.29	61.88	55.70	55.56
費　用:					
人件費	20.51	22.10	23.96	21.78	19.60
支払金利	19.25	18.14	20.00	18.13	18.00
その他費用	5.59	4.52	4.10	4.04	4.35
貸倒引当金繰入	16.41	15.38	12.33	11.55	12.58
合　計:	61.76	60.14	60.39	55.50	54.53
純利益	0.33	2.12	1.51	0.20	1.04
貸倒引当金	50.69	61.59	66.45	70.17	63.18
不良債権	0.42	1.32	4.45	4.15	15.89
不良債権回収	0.13	0.14	0.12	0.20	0.82
ローン累計	2,224	2,653	2,978	3,248	3,537
従業員数	12,628	12,850	12,427	11,028	11,841
会員数	2,272,503	2,368,347	2,357,083	2,378,356	2,378,601
対象地点数	64,701	66,712	67,691	68,467	68,591
対象村数	37,937	39,045	39,706	40,225	40,447
支店数	1,105	1,137	1,149	1,160	1,173

出所:グラミン銀行ウェブサイト http://www.grameen-info.org/

主要指標 (1997～2009)

(金額単位:百万USドル)

2002	2003	2004	2005	2006	2007	2008	2009
57.90	58.45	60.31	65.79	69.91	68.62	68.72	69.10
8.64	8.55	8.29	7.60	7.15	7.20	50.93	50.65
4.77	4.98	5.27	4.83	4.55	4.64	5.21	7.58
30.47	135.89	72.89	66.82	82.87	80.85	88.44	90.00
13.12	21.92	27.26	43.17	47.31	51.92	54.02	57.12
48.36	162.79	105.42	114.82	134.73	137.41	147.67	154.70
154.61	227.65	345.43	482.92	634.27	758.92	940.09	1205.95
2.47	1.86	59.13	51.41	53.88	82.40	91.95	105.86
120.52	72.08	48.02	29.14	26.53	26.13	25.19	24.16
231.43	287.84	345.65	439.23	488.41	547.16	666.28	815.61
69.45	91.27	119.81	151.80	282.42	356.54	418.07	546.32
7.62	10.01	13.23	14.90	12.87	13.64	19.34	18.76
15.91	15.59	15.02	14.52	14.95	16.25	16.92	19.31
36.37	59.67	64.28	57.84	50.77	71.28	84.29	90.67
360.78	464.38	558.00	678.28	849.42	1,004.87	1,204.90	1,490.67
52.50	61.20	77.87	112.40	134.89	155.06	174.61	209.80
19.97	21.21	20.68	25.37	28.97	36.02	43.00	55.32
15.42	18.89	26.25	34.76	49.65	65.67	79.41	102.29
4.46	4.79	7.05	10.79	13.63	17.75	20.64	26.14
11.62	10.20	16.89	26.28	22.64	34.06	12.57	20.67
51.47	55.09	70.87	97.19	114.89	153.50	155.62	204.42
1.04	6.11	7.00	15.20	20.00	1.56	18.99	5.38
64.40	60.68	49.35	41.12	40.42	67.98	80.09	82.37
9.41	13.31	26.36	30.40	24.69	10.78	7.31	22.11
1.81	2.28	2.55	12.95	9.17	6.19	14.64	9.71
3,811	4,180	4,615	5,227	5,954	5,200	6,096	7,211
11,709	11,855	13,049	16,142	20,885	25,283	24,240	23,283
2,483,006	3,123,802	4,059,632	5,579,399	6,908,704	7,411,229	7,670,203	7,970,616
70,928	74,703	81,609	99,502	121,755	136,619	140,976	144,106
41,636	43,681	48,472	59,912	74,462	80,678	83,566	83,458
1,178	1,195	1,358	1,735	2,319	2,481	2,539	2,562

めていかなる状況においても，総利払い額が借入元本を上回ることはない．また，一般的な銀行では，利払い額は元利金に基づく複利が用いられるのが一般的であるが，グラミン銀行では利子は元本の金額のみに基づく単利が用いられる．

⑦グラミン銀行では，一般的な銀行とは異なり，借り手の家族にも十分な注意を払う．すなわち，子供の教育，住宅，衛生状態，災害や緊急事態への対処能力などである．また，年金や貯蓄に関する支援も実施する．

⑧グラミン銀行では，借り手が死去した場合には，その遺族にローンの返済を求めるようなことはない．かわりに死亡保険プログラムによって元利金の弁済がなされる．

⑨グラミン銀行では，物乞い支援プログラムの下，物乞いから脱却するための商品の仕入れや販売ノウハウを教えている．

グラミン銀行のアプローチでは，貧困層にいる人々はその人自身に問題があるわけではなく，社会や環境に問題があると考えている．それは，大木の種を小さな花瓶に植えた結果，大きく育たないのと同様な現象であると．グラミン銀行の機能や役割は，大木の種を小さな花瓶から大地へと移し替えることにあるといえる．

4. 各種のマイクロファイナンスモデル

上述のグラミン銀行が，マイクロファイナンスの代表的なモデルであることは確かであるが，世界的にはさまざまなマイクロファイナンスモデルが存在する．主なものは，次の通りである．

1. 組 合（associations）

共同体が組合組織を形成して，マイクロファイナンスに関する活動を展開するというものである．組合は，例えば青年や女性で構成される場合や政治的，宗教的あるいは文化的背景で組織される場合などがある．また，国によ

っては,組合が法的実体を伴い税制面での優遇を受けることもある.

2. 銀行保証 (bank guarantees)

商業銀行からのローンを受けるために使われるのが,銀行保証制度である.保証制度は,寄付金や政府機関などの外部資金を裏付けになされるケースと会員による積立金などの内部資金に基づき運営されるケースとがある.銀行保証制度が利用可能であれば,個人向け小口ローンも実現しやすくなる.国際機関や国連の機関が,マイクロファイナンスを立ち上げるために,国際的な保証基金を創設し,銀行やNGOに賛同を呼びかけている例もある.

3. コミュニティー・バンキング (community banking)

コミュニティー・バンキングは,地域共同体を1つのユニットとして捉え,正規のあるいは正規に近い組織を設立して,マイクロファイナンスを担当させるものである.コミュニティー・バンクの設立に当たっては,NGO等からの支援を受けるケースも多い.また,コミュニティー・バンクは,ローン機能だけでなく,貯蓄手段の提供や所得創出プロジェクトの推進などに携わることもある.さらに,より広範囲の地域開発プログラムの一環として,コミュニティー・バンクが役割を果たすこともある.

4. 協同組合 (cooperatives)

協同組合とは,共通の経済的,社会的あるいは文化的な関心や欲求を有する人々が,自発的に自立性のある組合を組成して,会員向けのローンや貯蓄手段を提供するものである.

5. 信用組合 (credit unions)

信用組合は,会員によって運営される自助的な金融機関である.その会員は,資金を貯蓄し,借り手にとってリーズナブルな金利で会員にローンを提供することに同意している.一般的に,会員は,同じ会社に雇われている,また同じ教会,労働組合,社交クラブに所属している,あるいは同じコミュニティーに住んでいるなど,共通の絆を有する人々によって構成される.

信用組合は，民主的かつ利潤原理に基づかない金融機関である．会員によって所有および支配され，会員の選挙によって役員やコミュニティーの代表者が選ばれる．

5. マイクロファイナンス機関の新たな展開

バングラデシュのような低開発国で生まれたマイクロファイナンスは，次第にグローバルな広がりをみせ，中南米，アジアそしてアフリカの発展途上国はもちろんのこと，アメリカやヨーロッパの先進国の地域開発の一手法としても定着しつつある．

表 3-2 に示されている通り，世界全体のマイクロファイナンス機関（Microfinance Institutions，以下 MFI）の数は，1997 年の 618 から 2007 年には 3,352 と 5 倍以上に増加し，顧客数は同期間に 1,350 万人から 1 億 5,500 万人と 11 倍以上の著増を示している．なかでも，最貧顧客数[6]は，2007 年には 1 億人を突破し，顧客数全体の 3 分の 2 を上回るに至っている．

多くの MFI は，貧困問題に取り組むために設立されたものの，近年では伝統的な商業銀行業務に従事しているものもある．例えば，ラテンアメリカで最大の MFI である Compartamos 銀行[7]は，投資家の高い収益性の期待に応えるべく 2007 年に新規株式公開（IPO）を実施した．

MFI が，このようないわば利潤動機に基づく業務に携わることに関しては批判がないわけではない．とりわけ，借り手に対する低金利が維持されるのか，あるいは社会性や公益性の高い活動を続けることができるのかという懸念である．

逆に，MFI は，十分な商業性を発揮できていないという意見もある．つまり，MFI が社会的正義に関する活動に関与しているために，潜在的な利潤機会を逸しているという見方である．

これらの見方は，いずれも両極端であるといえる．MFI の最も重要な資

---

[6] 最貧顧客とは，各国の貧困境界線未満の下位半分に属するか，家計の 1 人当たり収入が 1 日につき 1 US ドルに満たない低水準で生活しているかのいずれかに該当する顧客を指す．

[7] 1990 年にメキシコで NGO として設立され，2006 年に商業銀行に転換した．2010 年の総資産は約 9 億 US ドル，純利益は約 1.5 億 US ドル．

第3章 格差問題と金融   107

表3-2 マイクロファイナンス機関の発展

年	機関数	顧客数（百万人）	最貧顧客数（百万人）
1997	618	13.5	7.6
1998	925	20.9	12.2
1999	1,065	23.6	13.8
2000	1,567	30.7	19.3
2001	2,186	54.9	26.9
2002	2,572	67.6	41.6
2003	2,931	80.9	54.8
2004	3,164	92.3	66.6
2005	3,133	113.3	81.9
2006	3,316	133.0	92.9
2007	3,552	154.8	106.6

出所：Sam Daley-Harris, "State of the Microcredit Summit Campaign Report 2009".

産は，貧困層との緊密な関係である．そして，その関係を金融のみならず非金融商品やサービスの開発や供給に有効に利用できるというアドバンテージがある．たとえば，貧しい顧客の子供向けの教育ローンなどは，収益性が高いとはいえないが，その子供が教育を受けた結果として，将来収益性の高い金融商品を利用すれば，当該機関の収益性の向上に寄与するのである．

貧困問題を解決するというMFIの本来の役割と長期的な採算性の確保は，十分両立可能だという見方が支配的になりつつある．

6. 社会的収益の計測

MFIにとっての重要な課題は，社会的収益性をいかに測るかである．とりわけ，顧客の貧困度をどのように測定することができるかは，MFIの高い関心事である．ここでは，その代表的指標であり，グラミン財団がスポンサーとして普及に努めているPPI（Progress out of Poverty Index：貧困からの脱却指数）を紹介する[8]．

PPIの目的は，各国毎に顧客の貧困度の評価と目標に関する手段を提供することにある．PPIを利用することによって，MFIは社会的便益を有効に

---

8) 貧困度測定指標としては，PPIのほかにもアメリカ国際開発庁（USAID）などが推進するPAT（Poverty Assessment Tool：貧困評価手法）が有名である．

表 3-3　PPI の項目と点数

	質問	応答					点数
1	6歳から17歳の子どもたちは通学していますか	いいえ、あるいは5人以上の子ども	はい 3、4人	はい 2人	はい 1人	子どもなし	10
		0	⑩	15	20	23	
2	家庭での飲料水の主な源泉は何ですか	手動ポンプ、開放井戸、閉鎖井戸、池、運河、川、小川、湧水、その他、データなし			パイプで運ばれるポンプ、モーター付きポンプ、掘り抜き井戸		0
		⓪			5		
3	冷蔵庫や冷凍庫を持っていますか	いいえ			はい		0
		⓪			15		
4	家庭でのトイレ様式は何ですか	その他		穴に汚水を流す	公共下水道に汚水を流す		7
		0		⑦	10		
5	電子レンジを持っていますか	いいえ			はい		0
		⓪			9		
6	給料を得ている世帯人員は何人ですか	誰もいません		1人	2人あるいはそれ以上		0
		⓪		3	9		
7	土地を所有していますか	いいえ			はい		8
		0			⑧		
8	牛を何匹飼っていますか	農村に居住、飼っていない		都市に居住、牛を飼っている、あるいは飼っていない	農村に居住、飼っている		1
		0		①	3		
9	スクーターやバイクを持っていますか	いいえ			はい		0
		⓪			11		
10	カセットプレーヤーやラジオを持っていますか	いいえ			はい		0
		⓪			6		
						合計	26

注：本表はある顧客の 26 というスコアを例として示したものである。
出所：グラミン財団.

表3-4　PPIスコアと貧困尤度

PPIスコア	国内貧困境界線未満		国内貧困境界線未満合計	国内貧困境界線以上合計
	国内貧困境界線未満の下位半分	国内貧困境界線未満の上位半分		
0〜4	61.3%	26.0%	87.3%	12.7%
5〜9	55.8%	21.4%	77.1%	22.9%
10〜14	44.5%	24.6%	69.1%	30.9%
15〜19	45.7%	21.6%	67.3%	32.7%
20〜24	27.3%	30.4%	57.6%	42.4%
25〜29	14.8%	19.8%	34.5%	65.5%
30〜34	13.2%	22.9%	36.2%	63.8%
35〜39	14.3%	10.3%	24.6%	75.4%
40〜44	3.9%	14.0%	17.9%	82.2%
45〜49	7.6%	6.0%	13.5%	86.5%
50〜54	5.2%	3.0%	8.2%	91.8%
55〜59	1.4%	6.4%	7.8%	92.3%
60〜64	1.0%	0.0%	1.0%	99.0%
65〜69	3.3%	0.5%	3.8%	96.2%
70〜74	0.0%	0.5%	0.5%	99.6%
75〜79	0.0%	8.7%	8.7%	91.3%
80〜84	0.0%	0.0%	0.0%	100.0%
85〜89	0.0%	0.0%	0.0%	100.0%
90〜94	0.0%	0.0%	0.0%	100.0%
95〜100	0.0%	0.0%	0.0%	100.0%

注：太字は表3-3の26というスコアにおける貧困尤度．
出所：グラミン財団．

管理することができる．PPI は，比較的容易かつ安価にデータを収集することによって，作成することができる．

すなわち，各国の家計調査や国民所得統計などに含まれる膨大な指標が，貧困度とどのように連関性が強いのかという分析を基に，100程度の指標が抽出され，そこから統計分析と専門家意見の結果として10の質問が選ばれる．そして，それぞれの質問項目に対しては，国レベルの調査結果に基づいてあらかじめ割り当てられた答えの点数表が作成される．それを示したのが，表 3-3 である．同表の各質問項目についての顧客の回答に対応する点数を割り出し，10項目に対応する点数を集計することによって，PPI のスコアが算出されるのである．

表 3-3 では，例示としてある顧客の 26 というスコアが示されているが，そのスコアがどの程度の貧困レベルであるのかが次の問題となる．それを示すのが，表 3-4 の貧困尤度（Poverty Likelihood）表である．同表は，パキスタンの家計調査に基づいて推計されたものであり，26 というスコアは 34.5％の確率でパキスタンの平均的な貧困度を下回る（または 65.5％の確率で平均的な貧困度を上回る）ことが示されている．

PPI を計算する上で，どのような指標が選択されるべきか，あるいはそれぞれの指標にどのようなスコアが割り振られるべきかという問題は，家計の属性と貧困との関係に依存している．そして，それらの関係は各国毎に異なることから，PPI 指標やそのスコアは，すべて各国特有（country specific）のものである．

2010 年時点で，34 ヶ国で PPI が利用可能である．

7. おわりに――東日本大震災とマイクロファイナンス

2011 年 3 月 11 日に勃発した東日本大震災は，東北および関東の沿岸部に甚大な被害をもたらした．道路，港湾，鉄道などの物的インフラストラクチャーや電力，ガス，上下水道などのライフラインが破壊されたのをはじめ，同地域に立地する製造業の生産拠点や流通業，商業なども多大な損害を受けた．

日本政策投資銀行地域企画部地域振興グループの推計によると，岩手，宮城，福島，茨城の被災主要4県で，社会インフラ，住宅，民間設備などの物的ストックの被害額は，16.4兆円に達し，それは同地域の物的ストックの7.9％に相当する規模である．4県の沿岸部に限ってみれば，その被害額は11.8兆円，被害率は17.2％の高率に跳ね上がる．

　被災した巨額の物的ストックの復旧，復興自体が容易ならざるものがあるのは言うまでもないが，今回の大震災で，同様に深刻なのは生活基盤を失った地域住民の問題である．とりわけ三陸海岸およびその近隣の市町村では，伝統的に漁業，養殖業および観光業を主要な産業として，漁師がコモンズとしての漁場を維持してきた．

　このような沿岸地域では，大津波により収入の拠り所が瞬時に失われたのをはじめ，家屋，学校，病院など地域コミュニティーにとって極めて重要な生活関連施設が，壊滅的な被害を受けた．また，原発事故に伴う放射能汚染の問題に起因して，福島県およびその周辺地域の多くの農家や畜産農家が蒙った被害も計り知れない．彼らの生活再建のためには，公的セクター等による多面的な支援が必要であることは言うまでもないが，彼らの自主性や独立性を重視しつつ，自立に向けた行動を後押しするためには，金融面での対応も必要不可欠である．

　しかしながら，個人向けあるいは零細事業者向けの金融は，既存の金融機関による従来型業務の拡充では不十分であり，かつうまく機能しないであろう．なぜならば，銀行に代表される金融機関は，基本的には信用力の高い借り手には好条件のローンを提供し，信用力の乏しい借り手に対するローンは，条件が悪くなるものである．そして，今次災害の被災者の多くは，将来設計に不確実性が高く，多くの財産を散逸し物的担保が十分とはいえない．そのような被災者がローンを申し込んだ場合には，銀行などの伝統的な金融機関が，積極的に良質なローンを提供するインセンティブは決して高くはないのが現実であろう．

　そこで，本章で紹介したマイクロファイナンスの理念に基づいた金融の仕組みの導入および活用が有効となるであろう．マイクロファイナンスの主導者たちは，貧しい人々に小さいながらも事業に取り組む機会を与えることに

よって，その潜在的な能力を開花できると確信していた．さらに，個々のマイクロファイナンスの積み重ねが，顧客の将来基盤を確立し，ひいては共同体のサステナビリティを高めると考えた．大震災からの復興というかつてない重い課題に直面する日本の金融機関は，まさにこのようなマイクロファイナンスの基本理念を肝に銘じた対応が求められる．

今次の大震災からの復興プロセスにおいては，被災者や避難者から，事業資金，住宅ローン，教育ローンなど多様な資金ニーズが出されるであろう．その際に重要なのは，被災者の潜在的な能力や復興に向けての強い意欲や情熱を最大限に生かすという視点であり，その意味でマイクロファイナンスの理念に基づく資金提供チャネルが，確立されることが望まれる．

参考文献

Armendáriz, Beatriz and Jonathan Morduch (2010), *The Economics of Microfinance*, MIT Press.
Awais, Muhammad (2010), "Poverty Measurement Report: Pilot project of Progress out of Poverty Index (PPI) — Microfinance Association of Nepal," Plan International.
Daley-Harris, Sam (2009), *State of the Microcredit Summit Campaign Report 2009*, Microcredit Summit Campaign.
Ford Foundation, CGAP and Social Performance Taskforce (2010), *Poverty Targeting and Measurement Tools in Microfinance: Progress out of Poverty Index and the Poverty Assessment Tool*.
Grameen Bank, Web site, http://www.grameen-info.org/.
Grameen Bank (2009), *Annual Report 2009*.
花崎正晴 (2011),「復興にマイクロファイナンスを活用せよ」伊藤滋・奥野正寛・大西隆・花崎正晴編『東日本大震災 復興への提言——持続可能な経済社会の構築』東京大学出版会，pp. 192-199.
花崎正晴 (2011),「震災復興と金融機能——マイクロファイナンスを中心に」『経済セミナー増刊 復興と希望の経済学』日本評論社，pp. 108-113.
Kurmanalieva, Elvira, Heather Montgomery and John Weiss (2003), "Micro-Finance and Poverty Reduction in Asia: What is the Evidence?" 2003 ADB Institute Annual Conference on 'Micro finance and poverty reduction.'
Sengupta, Rajdeep and Craig P. Aubuchon (2008), "The Microfinance Revolution: An Overview," *Federal Reserve Bank of St. Louis Review*, January/February

2008, pp. 9-30.
Social Performance Management Center, Grameen Foundation (2008), "Progress Out of Poverty Index: An Overview of Fundamentals and Practical Uses."
Social Performance Management Center, Grameen Foundation (2010), "Progress out of Poverty Index™ (PPI™) A Plan for Deployment."

第Ⅱ部

階層の固定化

第4章 教育と格差社会

八 木　匡

1. はじめに

　人々の格差感がどのように生まれてくるのかを考えたときに，格差感が単に所得格差の存在のみによって生じているのではなく，その個人の社会における相対的ポジションの時間的変化（階層間移動性）とか地域社会における相互扶助機能の状態等の様々な要素に強く依存して決まってきていると考えられる[1]．これは所得不平等度と幸福感との関係性の低さを示した内閣府の分析結果[2]とも整合的であり，格差是正政策を議論する上で，格差感の源泉を明らかにすることの重要性を示唆している．

　本章では，格差感に影響を与える機会の平等に焦点を当て，それを規定する要因の１つである，教育機会の平等について分析を行う．機会の平等については社会移動調査（JSSG）を基に，石田（2002）および三輪（2006）において世代間職業階層間移動性の分析を用いて議論が行われており，1970年代におけるホワイトカラー職種層の拡大に伴う階層上昇確率の上昇が中流意識を醸成したのに対し，1990年代では逆にホワイトカラー職種層の縮小傾向が格差意識の拡大をもたらしたという主張がなされている．これらの研究においては，世代間での職業階層移動のみを機会の平等の指標としており，分析範囲は限定的であると言えよう．

---

[1]　格差感の是正のために地域内での相互扶助機能を向上させるといった議論は，大槻（2003）等で主張されているように，異質な個人の集合体である地域住民の相互扶助に対する誘因構造の分析を欠いた場合には危険性を持っている．現実には，貝塚（2005）でも言及されているように，家庭内および地域共同体内での相互扶助機能が大きく低下しているが故に社会保障政策の必要性が高まっていると言ってよい．

[2]　内閣府（2008），pp.58-59参照．

次節で議論する教育の所得に与える影響に関する理論的研究および橘木・八木（2009）の実証分析結果で示されているように，享受した教育水準に生涯所得が強く依存していることを考えると，機会の平等の決定要因を解明する上においては，教育機会の平等を分析する意義は大きいと考えられる．そこで，教育機会の不平等について，しばしば語られる議論について整理しておく．この議論における核心的部分は，高い教育費である．「高い補習費を支払い，高い授業料の名門私立学校に通わせ，有名大学に入ることが，社会での成功にとって不可欠なことであり，このような高額の教育費を負担できる家庭環境に生まれた者でなければ，社会で成功することは難しい」という通念がある一定の説得力をもって広まっている．この通念は，教育が世代間の不平等伝播を抑える役割ではなく，教育機会の不平等が所得分配の不平等を拡大させる役割を果たしていることを意味しており，その真偽を検証する重要性は大きいと言える．

　本章では，日本において教育機会の平等性がどの程度確保されており，教育が格差形成にどのような影響を与えているかを明らかにする．第2節では，この問題に取り組んだ橘木・八木（2009）等の議論を整理し，その重要な含意をまとめる．第3節と第4節では，橘木・八木で十分には扱われていなかった階層間移動性の分析を行い，機会の平等と教育機会の平等との関係性について，議論を深めることを試みる．そして，第5節では，機会の平等が人々の幸福感と公平感にどのような影響を与えるかについて分析を行う．

2. 既存研究が示す教育と格差の関係

　教育が所得格差に影響を与えるメカニズムに関して，2つの重要な主張が存在している．1つは，Becker（1993）等の一連の研究に代表される人的資本理論であり，もう1つはSpence（1973, 1974）に代表されるシグナリング理論である．人的資本理論は，人的資本ストックに応じて労働市場での稼得所得が決定されると考え，家庭内での人的資本投資を最適に行うというものである．それに対し，シグナリング理論は，相対的に低い努力水準で高等教育を受けることができるものが大学進学するため，大卒者は生来的な能力が

相対的に高いことをシグナルとして発しているというものである．ただし，シグナリング理論が人的資本理論を必ずしも否定している訳ではなく，大学時代の勉学が十分に行われていなくとも，学歴によって就職可能な企業が拡がる可能性を示唆していると解釈できる．したがって，機会の平等との関連で見れば，これらの理論は学歴形成によって階層上昇が可能であることを主張しているものである．

　Becker および Spence では，同一の個人を想定したモデルを考察していたが，教育と格差との関係を考えた場合には，分配状態が不平等である設定での理論モデルを検討する必要がある．Galor and Zeira（1993）のモデルでは，分配状態が不平等な設定で，教育機会の公平性と経済成長との関係について分析を行っており，教育投資の収益性と教育機会の多寡によって，世代を通じて低い教育投資水準が続く場合と，世代を通じて高い教育投資水準が続く場合とに分離することにより，人的資本の蓄積が進み経済成長率が高い経済と，人的資本の蓄積が少なく経済成長率が低い経済に2分化することが示されている[3]．この論文は，たとえ生来的な能力が高くとも経済的に不利な状況に置かれている者は，高い教育を受けることができない可能性を示しており，機会の平等が確保されている場合にのみシグナリング理論が成立することを示唆している．

　さらに，アスピレーションの役割も極めて重要と考えられる．親の経済的状況とか親の学歴といった要因は，橘木・八木（2009）で行われた実証分析で示されているように必ずしも決定的ではなく，アスピレーションも重要な要素となっていることが示唆されている．例えば，大卒者のみに学歴を限定した場合には，親の経済的状況は入学した大学のランクに大きな影響を与えていないことが示されている．もちろん，橘木・八木の研究は，親の学歴とか経済的環境が学歴形成に影響を与えないと言っている訳ではなく，分析でも大学進学の有無を説明する上で，親の経済的状況は統計的にも有意かつ重

---

[3]　教育に焦点を置きながら，所得分配状態が経済成長率に与える影響について分析した研究は，内性的経済成長理論が急速に発展した1990年代初頭に数多く行われており，Galor and Zeira（1993）の他，Fernández and Rogerson（1992, 1996, 1998），Glomm and Ravikumar（1992），Perotti（1993）などがある．

要な要因であることを示している[4]．しかし，通念はむしろ同じ大学進学者の中でも，高いランクの大学に入学できるか否かは，補習教育を受ける機会が多いか少ないかで決定されるというものであり，実証結果はこの通念を必ずしも強く支持したものとはなっていない点が重要である．

橘木・八木の研究は，裏を返せば，教育と格差との関係は，それほど決定的なものではなく，様々な意味において流動的であることを示している．この流動的という言葉は，親の経済的状況が悪くとも，高い学歴を得て，社会的成功を収めることができたものも数多くいれば，恵まれた家庭に育ち，高いランクの高等学校を卒業しても，高い偏差値の大学に入学できない者も多くいることを意味している．さらには，たとえ高い偏差値の大学を卒業しても，社会での稼得能力が低い者も多くおり，階層間移動がある程度流動性を持っていることが示唆されている．実際，卒業した大学の偏差値と社会での稼得能力との関係を調べた実証結果は，偏差値60以上の高偏差値大学出身者を除いて，偏差値60未満の大学出身者の間では，社会での稼得能力は出身大学の偏差値とそれほど強い関係性を持っていないことを示している．

実証研究の結果が示唆していることは，教育と格差との関係については，決定論的な立場から議論するのではなく，むしろ，階層間の移動が流動的であるという立場から，階層間移動の実態を詳細に分析することが重要であることになる．例えば，家庭環境等において不利な状況にあった者が，どのようなプロセスで成功していったのか，また逆に，家庭環境において有利であり，高校までは相対的に高いランクに属していた者が，その後相対的ポジションをどのように低下させているか，そして移動状況を決定する要因は何であるのかを詳細に分析することが重要と考えられる．

橘木・八木では，教育と格差との関係性について，他の様々な要因に関しても分析を進めている．ここでは，本章の分析と関連のある点について，分析結果を整理しておく．まず，日本の教育と格差との関連について議論する

---

[4] ゆとり教育の導入によって，学校での授業のみでは十分な学力をつけることが困難となり，補習教育を受けることができる者とできない者との間で学力格差を拡大したという議論については，データが十分存在していないことから実証的検証がこれまで十分に行われてきていないが，橘木・八木では日本の教育政策の変遷を検証するなかで，その可能性を強く支持している．

場合に，日本の教育の特徴が「大衆化されたメリトクラシー」にある点に注意する必要がある[5]．この「大衆化された」という表現は，ブルデューで議論された文化社会資本の世代間移転が学歴形成において重要性を持っていないことを意味する[6]．文化社会資本の蓄積が，学力形成よりもより家庭環境要因によって強く影響を受けるのであれば，「大衆化」という表現は成立せず，文化的蓄積が可能な階級が学歴形成において優位に立つことを意味する．「大衆化されたメリトクラシー」を特徴とする日本の教育制度は，階層間移動をより流動的なものにしていると理解してよいであろう．逆に，ブルデューの記述にある，フランスの大学入学選抜試験における文化的素養の重要性は，大学入学選抜における家庭環境の影響を高め，階層間移動を低める要因になると考えられる．橘木・八木（2009）で行われた，日本における文化的環境の影響に関する実証分析結果は，子供の頃の家庭内における文化的経験は，大学進学に大きな影響を与えていないことを示唆しており，文化的経験の蓄積に基づく世代間の階層間移動の阻害要因は小さいと結論づけることができる．

　世代間の階層間移動を決定する要因の1つに，家庭内での教育投資配分行動がある．橘木・八木の実証研究結果は，家庭内における資源配分は，長兄重視であることが確認され，女の子と男の子では教育投資パターンが異なったものとなっていることを示唆している．これは，長子相続による家系存続を目的としていることと，男女間での労働市場におけるニーズの違いと婚姻におけるニーズの違いを反映していると言える．長子相続的な教育投資配分が行われる場合には，家庭環境の学歴形成に与える影響は，きょうだいの間で異なったものとなると言えよう．日本では，長兄重視の教育投資配分がある程度行われていることから，きょうだい間で世代間階層移動性が異なったものになり，長兄は比較的低い移動性となる可能性が示唆されることになる．また，男女間での教育投資配分の違いは，世代間階層移動の要因が男女間で異なる可能性を示唆することになる．例えば，橘木・八木の実証結果からは男の子に対しては学歴形成を目的とした資源配分が行われ，女の子に対

---

[5] 苅谷（1995）参照．
[6] ブルデュー・パスロン（1991）参照．

しては，婚姻条件を高めるための資源配分が行われている傾向が観察されていることから，男性は学歴形成によって移動性が決定されるのに対し，女性は婚姻状態によって移動性が決定される傾向にあるという仮説が成立し得ることになる．

橘木・八木では，地域間での学力格差についても調べている．実証結果からは，学歴形成において必ずしも大都市圏出身者が圧倒的な優位性を持っているわけではないことが示されている．しかし，高学歴労働者比率の地域間格差は，地域間での高学歴労働者に対するニーズが大きく異なるため，大きくなっている．このことは，地方圏での教育投資の成果が大都市圏に流出していることを意味しているものの，地方圏の若者が教育機会において不平等な扱いを受けている訳ではないことを示唆しているとも言えよう．

次節以降においては，橘木・八木の実証研究結果を基礎に，移動性という側面に焦点をおき，教育が格差に与える影響について，より広い視点で分析することを考える．

3. 階層間移動性の状況

3.1 記述統計

階層間移動性を分析することにより，教育と格差との関係を明らかにするために，まず階層間移動状況を整理しておく．本章では，橘木・八木 (2009) で用いられたデータを用いて分析を行う．このデータの調査概要については附録1で示す通りである．本章では，高校ランクと大学偏差値，年収データを平均0，標準偏差1の分布に標準化する変換を施し，高校から大学，大学から社会という経緯で，分布内での相対的ポジションがどのように変化したかを分析し，階層間移動状況を明らかにする．

まず，本章の分析で用いる主要なデータの記述統計量を表4-1で示す．また，データの就業者比率は，60.9% であり，表4-1では就業者に限定した記述統計も示している．

年収データを標準化する際には，年齢階層間で平均所得が大きく異なることを考慮し，表4-2で示すように年齢階層別に標準化の計算を行った．これ

第4章 教育と格差社会

表4-1 高校ランク，大学偏差値，年収原データの記述統計

	度数	平均値	標準偏差	就業者度数	就業者平均値	就業者標準偏差
本人出身高校ランク	3,777	12.5900	5.33800	2,289	12.9100	5.37900
大学偏差値	1,419	55.6600	11.08900	758	56.5700	11.19700
年収（百万円）	3,949	2.8564	3.04105	2,400	4.1753	3.12556

表4-2 年齢別標準化年収平均

（百万円）

	度数	平均値	標準偏差	標準誤差	平均値の95%信頼区間		最小値	最大値
					下限	上限		
20代	427	2.5328	1.59889	0.07738	2.3807	2.6849	0.17	8.08
30代	753	4.2528	2.87905	0.10492	4.0468	4.4587	0.08	36.00
40代	793	4.8164	3.32156	0.11795	4.5849	5.0480	0.08	36.00
50代	346	4.4863	3.84251	0.20657	4.0800	4.8926	0.25	29.67
60代	81	4.5082	3.07645	0.34183	3.8280	5.1885	0.42	15.00
合計	2,400	4.1753	3.12556	0.06380	4.0502	4.3004	0.08	36.00

表4-3 学歴別標準化年齢別年収（就業者の中での相対的年収ポジション）

本人高学歴ダミー	N	平均値	標準偏差	平均値の標準誤差
非大卒	1,731	−0.1258	0.88777	0.02134
大卒以上	669	0.3255	1.18198	0.04570

によって，年齢の差に基づく年収の差を除去し，同一年齢階層の中での相対的年収ポジションを明らかにすることができる．ただし，標準化の際には，非就業者との相対的なポジションを示す必要もあり，標準化数値は非就業者のデータも含めた形で計算されている．

この標準化された年収の標準偏差を比較すると，20歳代から50歳代まで一貫して標準偏差が増大していることが示されている．これは，年齢の上昇と共に，年収格差が一貫して拡大していることを意味している．なお，最大値は絶対的な年収額ではなく，あくまでも同一年齢階層内での相対的年収ポジションを表しており，標準偏差が小さいほど最大値が大きくなる傾向にある．

ここでは，年齢効果を除去して学歴間の所得格差の状況を把握するため，

就業者の中での標準化年齢別年収を大卒以上と非大卒との間で比較を行う.表4-3で示されているように,非大卒に比べて大卒以上の標準化年収は高くなっており,同一学歴内での年収格差は,大卒以上の方が大きくなっていることが示されている.

3.2 移動性の状況

ここでは標準化ポジションが高校から就業（図4-1,高卒かつ就業者）,高校から大学（図4-2,短大・大卒以上）,大学から就業（図4-3,短大・大卒以上で就業者）にかけてどのように変化しているかを見ることにより,階層間移動状況を明らかにする.これらの図から示されるように,移動状況は正規分布でかなりの程度近似できていることが理解できる.移動状況が正規分布によって近似できることの意味は明らかではないが,階層上昇幅の分布と階層下落幅の分布が一致する必然的理由が存在しないことを考えると,必ずしも自明なことであるとは言えない.所得分布とか資産分布のような社会現象では,むしろ正規分布ではなく,対数正規分布で近似できると言われており,左右対称の正規分布で近似できることは注目に値する.

図4-1と図4-3を比較することにより,学歴別階層間移動性の違いを見ることができる.高卒も短大・大卒以上も共に正規分布に近いことは,同一学歴グループ内では,学歴に関係なく移動方向の頻度が対称的であることを意味しており,移動発生が自然的ランダム事象に近い可能性を窺わせるものである.

図4-1では,高卒者が,就業によって平均的には相対的ポジションを高めていることが示されている.これは,高卒者が大卒者に比して,高校ランクの面では相対的に低いポジションにいることが主たる理由となっていると考えられる.同様に,図4-2で示されるように,高校から大学へは平均すると相対的ポジションが下落している.これも,大学進学するものは比較的高ランクの高校に所属していることが理由と言えよう.図4-3で示されるように,大学から就業では相対的ポジションが平均的に上昇しているが,これは学歴効果によって年収が高くなることを反映している.

これらの点から,移動状況はかなり理論と整合的なものであり,移動状況

第4章　教育と格差社会

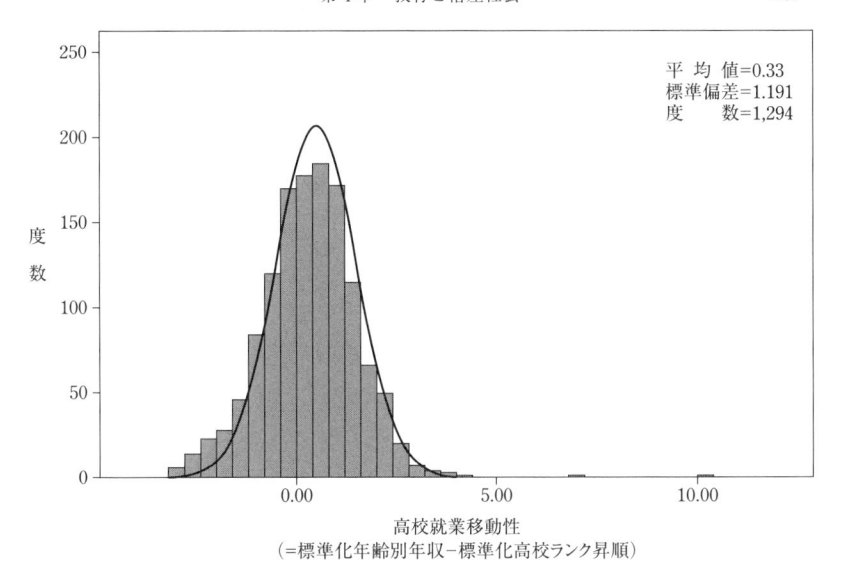

平　均　値=0.33
標準偏差=1.191
度　　数=1,294

高校就業移動性
(=標準化年齢別年収−標準化高校ランク昇順)

図4-1　高校から就業への相対的ポジションの移動性

平　均　値=−0.63
標準偏差=0.994
度　　数=1,376

高大移動性高校昇順

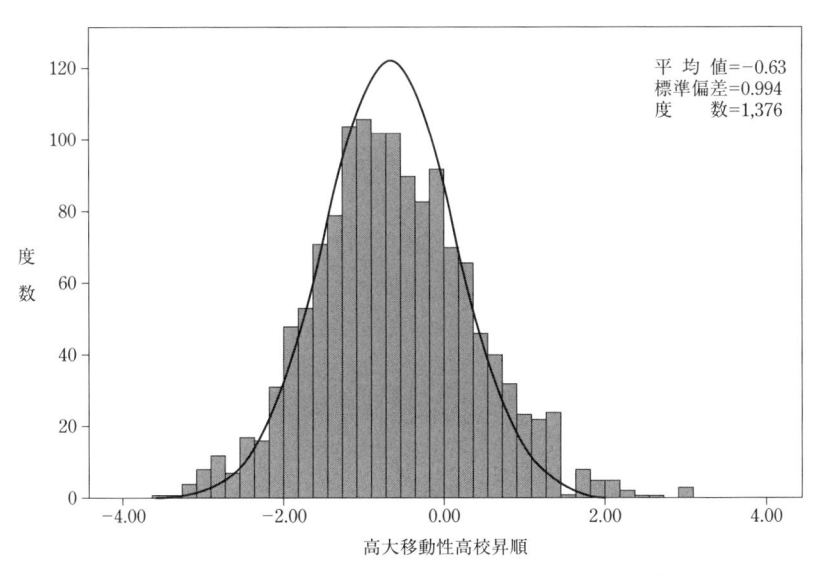

図4-2　高校から大学への相対的ポジションの移動性

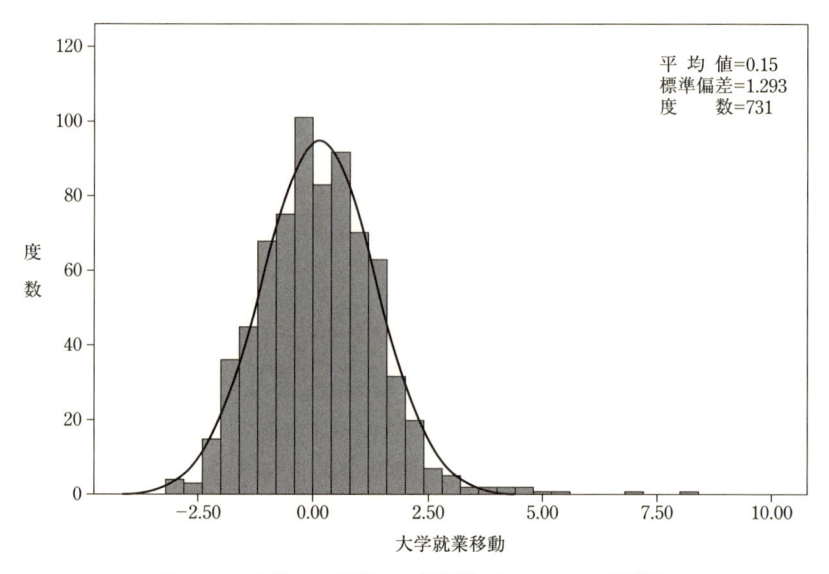

図4-3 大学から就業への相対的ポジションの移動性

を示すデータの信頼性は高いと言ってよいであろう．むしろ興味深い点は，移動幅を示す標準偏差の値の比較であろう．図4-1から図4-3の移動幅の標準偏差を比較すると，最も移動が大きいのは，大学から就業への移動であることが示されている．これは，稼得においては，学力だけではなく，ソーシャル・ネットワーク，コミュニケーション能力等の広範囲な能力と環境要因が重要となるため，学校ランクが高い大学を出ても，必ずしも社会では成功せず，逆に低い学校ランクの大学を出ても，社会で成功することが十分にあることを示唆している．

逆に，最も移動性が低いのは，高校から大学への移動であり，相対的ポジションの連関が強いことを意味している．これは，学力形成が過去の学習の蓄積によることが大きい理由となっている．

4. 相対的ポジションと移動性決定要因

本節では，相対的ポジションの決定要因と相対的ポジションの移動性の決定要因を分析し，移動性がどのような要因によって決定されるかを明らかにする．

4.1 高校での相対的ポジションの決定と高大移動性（高校昇順）の回帰分析

まず，高校での相対的ポジションの決定要因を重回帰分析によって明らかにする．分析結果を表 4-4 で示す．分析結果は次のように整理される．1) 父親と母親の高学歴ダミーが共に有意であり，標準化係数の値から父親の高学歴効果の方が母親よりも強いことが示されている．2) 父親の高度職業ダミーも有意に正であり，父親が高度な職業に就いている場合には，相対的に高いランクの高校に所属する可能性を高めることになる．3) 男性ダミーは有意であり，女性よりも男性の方が，高いランクの高校に所属する可能性を高めることになる．4) 本人 15 歳時の高所得ダミーは正で有意であり，家庭が経済的に恵まれている場合に，高いランクの高校に所属する可能性を高める．5) 本人 15 歳時の低所得ダミーは有意ではなく，家庭環境が恵まれていないことが必ずしも低いランクの高校に所属する可能性を高めていないことを意味している．6) 子供の頃の文化環境主成分が負となっているが，主成分の基礎となる質問項目が，子供の頃親によく本を読んでもらったという質問に対して，「1：よくあった，2：たまにあった，3：ほとんどなかった，4：なかった」といったように，数値が小さくなるほど高い文化環境であったことを意味しているため，子供の頃の文化環境が高いほど，高いランクの高校に所属していることを意味している．7) 子供の頃の補習・習い事主成分は，基になる質問において，補習等を受けている場合に 1 の値を取り，受けていない場合には 0 となるため，子供の頃の補習・習い事は高いランクの高校に所属する可能性を高めていることになる．標準化係数の値を比較すると，この主成分が相対的ポジションを決定する最も重要な要素となっている

表4-4 高校での相対的ポジションの決定

	モデル1			モデル2		
	非標準化係数	標準化係数	有意確率	非標準化係数	標準化係数	有意確率
(定数)	-0.218		0.000	-0.272		0.000
長男ダミー	0.078	0.037	0.156			
長女ダミー	-0.033	-0.016	0.531			
父高学歴ダミー	0.189	0.084	0.000	0.194	0.086	0.000
母高学歴ダミー	0.194	0.068	0.001	0.190	0.067	0.001
父高度職業ダミー	0.210	0.098	0.000	0.218	0.102	0.000
男性ダミー	0.185	0.091	0.004	0.261	0.129	0.000
本人15歳時高所得ダミー	0.100	0.044	0.028	0.122	0.053	0.004
本人15歳時低所得ダミー	-0.063	-0.029	0.145			
子供の頃の文化環境主成分	-0.084	-0.082	0.000	-0.086	-0.085	0.000
子供の頃の補習い事主成分	0.158	0.162	0.000	0.162	0.166	0.000
子供の頃のボーイスカウト主成分	-0.066	-0.069	0.000	-0.068	-0.071	0.000
調整済み決定係数		0.142			0.141	

表4-5 高校から大学への相対的ポジションの移動性決定要因

	モデル1			モデル2		
	非標準化係数	標準化係数	有意確率	非標準化係数	標準化係数	有意確率
(定数)	-0.704		0.000	-0.606		0.000
長男ダミー	0.028	0.014	0.717			
長女ダミー	0.102	0.049	0.221			
父高学歴ダミー	0.107	0.055	0.098	0.097	0.049	0.077
母高学歴ダミー	-0.047	-0.021	0.498			
父高度職業ダミー	0.116	0.060	0.037	0.135	0.069	0.013
男性ダミー	0.388	0.198	0.000	0.318	0.163	0.000
本人15歳時高所得ダミー	0.063	0.031	0.286			
本人15歳時低所得ダミー	0.153	0.065	0.029	0.110	0.047	0.085
標準化高校ランク昇順	-0.512	-0.488	0.000	-0.506	-0.484	0.000
子供の頃の文化環境主成分	-0.036	-0.035	0.238			
子供の頃の補習い事主成分	-0.012	-0.013	0.647			
子供の頃のボーイスカウト主成分	-0.021	-0.025	0.351			
調整済み決定係数		0.232			0.232	

ことがわかる．8）子供の頃のボーイスカウト・ガールスカウト所属は，有意な変数の中で最も小さい影響力ではあるが，相対的ポジションを低めるように効いていることが示されている．これは，学力形成において，学習時間と社会的活動時間がトレードオフの関係にあることを示唆していよう．

次に，高校から大学への相対的ポジションの移動性決定要因を重回帰分析によって分析する．分析結果は表4-5で示されており，重要な点は次のように整理できる．1）10%の有意水準で父親の高学歴効果は正で有意になっているが，母親の高学歴効果は有意ではない．これは，父親が高学歴である場合に，高校時代に学力が伸びることを示唆している．2）5%の有意水準で父親の高度職業効果が有意に正に効いている．標準化係数で比較すると，父親の高学歴効果よりも強い効果であることが示されている．この結果に関しては，父親の職業が高度である場合には，高校時代におけるアスピレーションが高まるという解釈が考えられる．3）男性ダミーが有意に効いており，女性よりも男性の方が，高校時代に伸びるという結果が導かれている．4）最も興味深い結果として，本人15歳時低所得ダミーが正で有意に効いていることである．これは，高校ランクをコントロールした場合には，家庭環境が経済的に恵まれていないものの方が，高校時代に伸びることを示唆しており，家庭環境が恵まれないことは逆に勉学に対するアスピレーションを高めることを示唆している．

表4-6と表4-7をみると，表4-7で示されるように，大学から就業に移動するパターンを決定する要因として，男性ダミー，15歳時高所得ダミー，子供の頃の補習・習い事主成分が正で有意となっている．特に，標準化係数を比較すると，標準化大学偏差値についで男性ダミーが大きな値となっている．これは，就業者のみにデータを限定している状況でも，同じランクの大学を出ても女性よりも男性が同年代グループの中で相対的に高いポジションを得ることができることを示しており，その要因を探る必要がある．

15歳時の高所得ダミーが，表4-6で示された大学偏差値の決定要因では有意ではなかったにも関わらず，大学から就業への移動性では有意になっている点が重要と考えられる．大学から就業における移動性決定要因を考える上で，子供の頃の家庭環境が能力形成を通じて影響を与える部分は，すでに

表4-6 入学した大学偏差値の決定要因

	モデル1			モデル2		
	非標準化係数	標準化係数	有意確率	非標準化係数	標準化係数	有意確率
(定数)	-0.581		0.000	-0.469		0.000
長男ダミー	0.012	0.006	0.885			
長女ダミー	0.100	0.047	0.282			
父高学歴ダミー	0.117	0.058	0.100	0.134	0.067	0.033
母高学歴ダミー	0.050	0.022	0.511			
父高度職業ダミー	0.201	0.101	0.001	0.209	0.104	0.001
男性ダミー	0.559	0.279	0.000	0.494	0.246	0.000
本人15歳時高所得ダミー	0.087	0.042	0.180			
本人15歳時低所得ダミー	0.151	0.063	0.050	0.092	0.038	0.196
子供の頃の文化環境主成分	-0.066	-0.062	0.051	-0.084	-0.079	0.010
子供の頃の補習習い事主成分	0.027	0.030	0.338			
子供の頃のボーイスカウト主成分	-0.050	-0.058	0.045	-0.049	-0.057	0.044
調整済み決定係数		0.078			0.078	

表4-7 大学から就業への移動性決定要因 (就業者のみの標本)

	モデル1			モデル2		
	非標準化係数	標準化係数	有意確率	非標準化係数	標準化係数	有意確率
(定数)	-0.506		0.001	-0.494		0.000
長男ダミー	0.087	0.034	0.459			
長女ダミー	-0.046	-0.015	0.779			
標準化大学偏差値	-0.717	-0.553	0.000	-0.738	-0.564	0.000
男性ダミー	0.823	0.299	0.000	0.886	0.318	0.000
父高学歴ダミー	-0.010	-0.004	0.927			
母高学歴ダミー	0.053	0.018	0.635			
父高度職業ダミー	0.043	0.017	0.647			
本人15歳時高所得ダミー	0.172	0.064	0.087	0.204	0.074	0.019
本人15歳時低所得ダミー	-0.057	-0.019	0.612			
子供の頃の文化環境主成分	-0.035	-0.025	0.497			
子供の頃の補習習い事主成分	0.148	0.126	0.001	0.147	0.123	0.000
子供の頃のボーイスカウト主成分	-0.048	-0.045	0.182			
調整済み決定係数		0.343			0.356	

表 4-8 高校から就業への移動性決定要因（就業者のみの標本）

	モデル 1			モデル 2		
	非標準化係数	標準化係数	有意確率	非標準化係数	標準化係数	有意確率
（定数）	-0.532		0.000	-0.562		0.000
長男ダミー	-0.060	-0.025	0.389			
長女ダミー	-0.055	-0.020	0.526			
男性ダミー	0.814	0.333	0.000	0.822	0.334	0.000
父高学歴ダミー	-0.085	-0.026	0.277			
母高学歴ダミー	0.021	0.005	0.815			
父高度職業ダミー	0.067	0.024	0.296			
本人15歳時高所得ダミー	0.020	0.006	0.788			
本人15歳時低所得ダミー	0.022	0.009	0.708			
子供の頃の文化環境主成分	-0.069	-0.055	0.016	-0.083	-0.067	0.000
子供の頃の補習習い事主成分	0.029	0.022	0.360			
子供の頃のボーイスカウト主成分	-0.014	-0.012	0.601			
標準化高校ランク昇順	-0.968	-0.701	0.000	-0.943	-0.668	0.000
調整済み決定係数		0.589			0.551	

大学偏差値といった変数に反映されていると理解することができる．説明変数に大学偏差値をすでに含んでいることを考えると，子供の頃の家庭環境が移動性に正の影響を与えるという結果に対して，いくつかの解釈が可能であろう．

1つの解釈は，子供の頃の家庭環境を表す変数が，社会的ネットワークの強さ，コネクションといった側面における有利性の代理変数となっており，これらの側面で優位にあるものが，就業上において有利になるというものである．15時歳時点での補習・習い事主成分も，子供の頃の家庭環境を反映していると考えられ，15歳時の所得と同様な効果を有していると考えられる．

表 4-8 で示されるように，高卒者に標本を限定した高校から就業への移動性決定要因分析では，男性ダミーと子供の頃の文化環境主成分が正で有意となっている．この男性ダミーの持つ意味は，大学から就業移動性で述べた点と同じと言える．文化環境主成分が大学から就業では有意ではなかったのが，高校から就業で有意になっている点に関しては，高卒労働者にとっては

これが社会的ネットワークの強さ，コネクションといった側面の代理変数になっている可能性が考えられる．

5. 学歴形成と幸福感

本節では，幸福感の決定要因を分析することにより，学歴形成および移動性が幸福感にどのような影響を与えるかを明らかにする．過去および現在の家庭環境および経済的環境にどのような影響を受けるかを調べることは，人々が感じている「幸福感」をどのような政策によって高めることができるかを検討する上で重要であると判断できる．このような幸福感分析は，Easterlin (1974, 2001)，Frey and Stutzer (2002)，Ferrer-i-Carbonell and Frijters (2004) をはじめとして，これまでにも多くの研究者によって進められてきている．Easterlin (2001) では，特にアスピレーション（願望・向上心）が幸福感に与える影響を強調しており，アスピレーションの変化が，ライフサイクルを通じて見た場合に，所得と幸福感とが必ずしも比例しない理由としている．また，日本でも大竹 (2004)，佐野・大竹 (2007) を中心とした大阪大学の研究グループによって幸福感研究が進められており，特に失業・労働が幸福感に与える影響を中心に分析が行われている．

幸福感分析を行うことの経済学的意義は，次のようにまとめることができる．第1に，国民の幸福感を向上させる政策とは何かを検討し，これまでの政策の効果を評価するための情報を与える．第2に，貧困対策，所得再分配政策の効率性を高めるための情報を与える．第3に，直接税と消費税とのバランスを再検討する等，税制改革を検討する上での情報を与える．第4に，コミュニティ機能の活性化策など，幸福感を高めるために有効な政策を新たに提示したり，教育機会の平等化のための具体的な政策を提示したりすることを可能にする[7]．もちろん，これらの政策的意義の他に，社会の到達目標の設定，社会構築の理念の提示とか，ビジネスの方向性を提示するといった意義も存在すると言えよう．

既存研究とは異なり，本章の分析で注目したのが移動性である．もちろ

---

7) Frey and Stutzer (2002) では，第1から第3の意義を示している．

ん，既存研究が移動性と幸福感との関連について全く触れていない訳ではない．例えば，Frey and Stutzer の中では，移動性が大きな社会ほど，貧困者は階層上昇期待を持ちやすいため，幸福感は相対的に高くなることを指摘しているが，移動性と幸福感との関連について詳細な分析を行っている訳ではない．本章では，教育，格差，移動性という問題を関連づけて分析していく．Easterlin（2001）でも，教育が所得レベルに影響を与えて，それが幸福感に影響を与えるメカニズムを指摘しているが，幸福感がアスピレーションと達成感との差によって影響を受ける場合には，教育が幸福感に与える影響は，移動性を考慮することでより複雑なものとなると考えられる[8]．そのため，順序回帰分析の説明変数に，15歳時点での相対的所得ポジションと現在の相対的所得ポジションの変化を表す就業者世代間年収移動と高校就業移動性を含めた．

本章での幸福感評価は，表 4-9 で示されるように，4 段階評価の主観的満足感で与える．このような主観的満足感を幸福感指標として扱うことの妥当性については，Easterlin（2001）および Frey and Stutzer（2002）で詳細に議論されており，4 段階評価で得られたデータの計量経済学的分析手法に関しては Ferrer-i-Carbonell and Frijters（2004）が詳細な検討を加えており，序数的効用を前提とした順序回帰モデルと基数的効用を前提とした線形回帰モデルとの間で結果に大きな差が存在していないことを示している．

まず表 4-9 で示されている幸福感指標の分布の特徴を整理する．最も「満足」の比率が高くなっているのは，家族関係満足度であり，約 4 分の 3 が「やや満足」か「満足」と回答している．逆に「やや満足」と「満足」の和が最も低いのが家計状態満足度であり，68.3% が「やや不満足」または「不満足」と回答している．地域満足度も「満足」と「やや満足」の和が 73.9% と高くなっている．健康状態については，「やや不満足」と「不満足」の和が 44.6% であり，半数近くが満足していないことが理解できる．余暇満足度は，「満足」と「やや満足」の和が 62.3% となっている．生活全般満足度は，ほぼ半数の 52% が「満足」と「やや満足」と回答しているにとどまり，

---

8) Michalos（1991）では，アスピレーションと達成レベルとの乖離が幸福感を決定するとしている．

表 4-9 幸福感分布

(%)

	地域満足度 (4,159)	余暇満足度 (4,122)	家族関係 満足度 (4,080)	家計状態 満足度 (4,133)	健康状態 満足度 (4,134)	生活全般 満足度 (3,890)
1. 満足	22.0	14.8	27.8	5.3	12.1	7.1
2. やや満足	51.9	47.5	47.5	26.3	43.4	44.9
3. やや不満足	19.6	29.0	19.0	39.9	35.2	27.2
4. 不満足	6.6	8.8	5.6	28.4	9.4	20.8
合　計	100.0	100.0	100.0	100.0	100.0	100.0

注:( )内は有効回答数.

表 4-10 満足度項目間相関係数

	地域満足度	余暇満足度	家族満足度	家計満足度	健康満足度	生活満足度
地域満足度	1	0.397**	0.288**	0.181**	0.210**	0.280**
余暇満足度	0.397**	1	0.453**	0.375**	0.287**	0.440**
家族満足度	0.288**	0.453**	1	0.295**	0.280**	0.395**
家計満足度	0.181**	0.375**	0.295**	1	0.307**	0.587**
健康満足度	0.210**	0.287**	0.280**	0.307**	1	0.381**
生活満足度	0.280**	0.440**	0.395**	0.587**	0.381**	1

国民の半分が生活に満足していないという結果となっている.

　生活全般満足度が低くなる理由を探る第1ステップとして，生活全般満足度との相関係数を調べる．表4-10で示されるように，最も強い相関係数を有しているのが，家計状態満足度である．また，最も相関係数が小さいのが，家族関係満足度と地域満足度との関係である．したがって，生活全般満足度を決定する重要な要因が家計満足度であることが予想される．

　本章では，より詳細に幸福感決定要因を探るために，表4-11および表4-12で示される順序回帰分析を行った．表4-11では，就業者に限定したサンプルでの分析結果を示し，表4-12では全サンプルによる分析結果を示している．

　まず就業していることの効果を除去して分析するために，就業者サンプルに限定した分析を行う．分析結果として次の点が明らかになっている．まず，共通して言えることは，健康状態がすべての満足度に対して5%有意水準で正の効果を持っており，健康満足度が高い人ほど，すべての満足度が高

表 4-11 就業者に限定した満足度決定要因

		地域満足	余暇満足	家族満足	家計満足	生活満足
しきい値	[選択肢=1（満足）]	-1.631	-1.455	3.233	-3.664	-0.079
	[選択肢=2（やや満足）]	0.754	0.953	5.309**	-1.452	2.753
	[選択肢=3（やや不満足）]	2.345	3.094	7.110**	0.226	4.181*
位置	標準化年齢別年収	-0.570**	-0.249	-0.062	-0.873**	-0.732**
	高校就業移動性	-0.026	0.009	-0.150**	0.029	0.009
	標準化15歳相対年収	0.474*	0.247	0.271	0.434*	0.541**
	就業者世代間年収移動	0.468*	0.257	0.299	0.527**	0.531**
	本人文化的生活主成分（値が小さいほど文化的活動が活発）	0.107*	0.243*	0.156*	0.054	0.173**
	健康状態（1が満足）	0.352**	0.548**	0.483**	0.478**	0.846**
	子供の数	-0.006	-0.003	-0.064	0.024	0.036
	年齢	-0.003	-0.019**	0.005	-0.018**	-0.002
	[本人高度職業ダミー=0.00]	0.118	-0.159	-0.001	0.139	-0.065
	[本人高学歴ダミー=0.00]	-0.074	0.309*	0.173	0.140	0.179
	[父高学歴ダミー=0.00]	0.334*	0.046	0.095	0.168	0.085
	[母高学歴ダミー=0.00]	-0.447*	0.129	0.215	-0.059	0.294
	[既婚ダミー=0.00]	-0.831	-0.744	0.809	-0.950	0.033
	[離婚ダミー=0.00]	-0.760	-0.585	0.975	-1.328	-0.132
	[死別ダミー=0.00]	-0.204	0.397	1.416	0.075	0.445

注：*は10%有意水準，**は5%有意水準．

くなっている．これは，健康が生活の質を高める基本となっていることを示唆している．以下では，健康以外の要因に絞って満足度決定要因を分析する．

(1) 地域満足度

5%有意水準の変数は標準化年齢別年収であり，年収が多いほど地域満足度が高くなることが示されている．子供の頃に相対的に貧しいほど，地域満足度が高くなっている．しかし，子供の頃に比べて豊かになった人は，地域満足度が低くなっている．これらの結果は，一見矛盾した結果であるように思われるが，必ずしもそうではなく，現時点での相対所得と子供の頃の相対所得の効果を除去した後に，子供の頃から階層上昇した人は相対的に地域満足度が低いことを示している．また，文化的生活が豊かであるほど，地域満足度が高くなっている．父親が高学歴でないことは，地域満足度を低める

表 4-12 全サンプルを用いた満足度決定要因

		地域満足	余暇満足	家族満足	家計満足	生活満足
しきい値	[選択肢=1（満足）]	-1.120	-0.084	1.576	-2.562	-0.020
	[選択肢=2（やや満足）]	1.319	2.374	3.699**	-0.241	2.822*
	[選択肢=3（やや不満足）]	2.923*	4.425**	5.479**	1.490	4.188**
位置	標準化年齢別年収	-0.454**	-0.125	0.100	-0.615**	-0.464**
	高校就業移動性	-0.014	-0.049	-0.115**	0.066	0.030
	標準化15歳相対年収	0.408*	0.192	0.004	0.338	0.332
	就業者世代間年収移動	0.408*	0.229	0.050	0.451**	0.381*
	本人文化的生活主成分 （値が小さいほど文化的活動が活発）	0.068	0.224**	0.119**	0.057	0.117**
	健康状態（1が満足）	0.303**	0.507**	0.445**	0.533**	0.736**
	子供の数	0.099	0.155**	0.111*	0.106	0.126*
	年齢	-0.013**	-0.027**	0.002	-0.022**	-0.003
	[本人高度職業ダミー=0.00]	0.137	-0.170	-0.007	-0.020	-0.143
	[本人高学歴ダミー=0.00]	-0.104	0.155	-0.020	0.120	0.172
	[父高学歴ダミー=0.00]	0.280*	-0.158	0.039	0.171	0.125
	[母高学歴ダミー=0.00]	-0.149	0.390*	0.294*	0.116	0.141
	[既婚ダミー=0.00]	-0.377	0.211	0.219	-0.076	0.489
	[離婚ダミー=0.00]	-0.364	0.337	0.475	-0.877	0.174
	[死別ダミー=0.00]	0.047	0.970	0.314	0.461	0.340

注：＊は10％有意水準，＊＊は5％有意水準．

が，母親が高学歴でないほど，地域満足度を高めているという逆の結果が出ている．ただし，本人の高学歴とか，高校就業移動性は有意ではなく，地域満足度の決定要因とはなっていないことが示されている．

(2) 余暇満足度

5％有意水準の変数は本人文化的生活主成分と年齢であり，文化的生活水準が高いほど余暇満足度が高く，年齢が高くなるほど余暇満足度が高くなることが示されている．本人の非高学歴ダミーが10％有意水準で正である点は，高学歴でないほど余暇に対する満足が低いことを示唆している．

(3) 家族関係満足度

5％有意水準の変数は高校就業移動性と本人文化的生活主成分であり，高校から就業にかけて階層上昇している者ほど家族満足度が高くなり，本人の

文化的生活が豊かであるほど家族満足度が高くなっている．階層上昇をしていることは，家族関係を良くする可能性を示唆していると言え，家族と共に文化的生活を豊かにしている場合には，家族関係満足度が高くなると理解できる．

(4) 家計状態満足度

5% 有意水準の変数は，標準化年齢別年収と就業者世代間年収移動，そして年齢である．年収が多ければ，家計状態の満足度が上昇するのは当然であろう．年収をコントロールした後に，就業者世代間年収移動が大きいほど家計満足度が低い理由は，15 歳時に相対的に低いポジションにいるほど，移動幅が大きくなる傾向があり，現在も経済的に低いポジションにいる可能性が相対的に高いことを反映していると考えられる．標準化年齢別年収と就業者世代間年収移動をコントロールした後に，標準化 15 歳時相対年収が 10% 有意水準で正となっている点は，子供の頃に豊かであるほど，現在の家計状態に対する満足度が低く，子供の頃貧しいほど，現在の家計状態に対する満足度が高いことを意味している．これは，消費におけるラチェット効果が働いていることを反映していると考えられる．年齢が高くなるほど家計満足度が高くなるのは，若年層で家計状態に不満足な者の比率が大きくなっていることを反映していると考えられる．

(5) 生活全般満足度

生活全般満足度は，相関分析で予見されたように，家計状態満足度と似た決定要因となっていると判断できるが，家計状態満足度にはない決定要因として，本人文化的生活主成分が入っている．これは，生活全般満足度は，家計状態が良好で，文化的に豊かな生活が送れている場合に高まることを示唆している．標準化 15 歳時相対年収の有意性が家計状態満足度の 10% 水準から 5% 水準まで上昇していることは，子供の頃に貧しかった場合には，家計状態の満足度以上に現在の生活に対する満足度が上昇していることを意味している．この結果は，重要な示唆を与えていると考えられ，幸福感が相対的なポジション変化によって影響を受けていることを示している．

次に，全サンプルを用いた満足度決定要因を調べる．就業者サンプルでの結果と差異が生じている点に焦点を置いて整理していく．就業者サンプルと全サンプルの結果の違いは，非就業者の特性を反映していると解釈できる．その中でも，特に注目すべき差異として，子供の数である．非就業者の多くが主婦であると考えられるため，子供の数の上昇が余暇を圧迫し，余暇満足度を下げる結果が出ている．また，家族満足度も子供の数が増えると低下する結果となっており，子育てのストレスが存在していることを窺わせている．また，母親が非高学歴であることが，余暇満足度と家族満足度を下げている点は，自分自身が母親になった時に，高い教育に基づいた適切なアドバイスを受けているか否かに影響していることを示唆していると言えよう．

幸福感に与える本人学歴の効果は，就業者についても，非就業者についてもほとんど影響を与えていないことが示されている．このことから，学歴の効果は，年収への効果と文化的生活レベルを通じてのみ幸福感に影響を与えており，それ以外では余暇満足を除いてほとんど影響を与えていないと考えられる．本人の文化的生活主成分は，非高学歴者で 0.087，高学歴者で -0.213 と 1% の有意水準で有意に高学歴者の方が文化的に豊かな生活をしていることが計算されており，文化的生活レベルが地域満足，余暇満足，家族満足，生活満足にプラスの影響を与えている点を考慮すると，学歴形成によって，経済的および文化的に豊かになり，それによって幸福感を高めていると理解できる．そして，高学歴であるというステータス自体が幸福感に影響を与えている実証的な事実を確認することはできなかったと結論づけることができる．

6. おわりに

本章では，学歴の格差および幸福感への影響を，移動性に着目して分析した．その結果，これまで十分に理解されてきていなかったいくつかのメカニズムの存在が浮き彫りにされることとなった．その 1 つが，学歴形成における家庭環境の効果と，就業における家庭環境の効果の違いである．これまでは学歴効果を通じて，家庭環境は就業に対して影響を与えると考えられてき

たが，今回の分析では，学歴効果以外にも家庭環境がコネクションとかネットワークといった要因によって，就業に直接影響を与える効果が存在していることが示唆された．また，幸福感形成に与える影響においても，ステータスとしての学歴ではなく，文化享受能力等の能力形成を通じた幸福感への影響が存在していることが示唆された．これらの結果は，日本社会がどのような意味において学歴社会であるのかという問題を考える上で，重要な含意を持っていると言えよう．

附　録

　橘木科研では，郵送法ではなく，インターネットによるアンケート調査を実施した．その最も大きな理由は，郵送法の場合に大きな問題となる低回答率によるサンプルセレクションバイアスを回避するためである．特に，本研究では，回答に抵抗を感じる出身高校および出身大学，子供の頃の家庭環境，現在の所得および家庭環境，転職経験等の個人情報を質問項目に含んでおり，郵送法を用いた場合には，回答率が大きく低下することが予想される．さらに重要なのは，回答しない者の高校ランクおよび大学ランクの分布と回答した者の高校ランクおよび大学ランクの分布が異なる等のサンプルセレクションバイアスが十分に予想され，郵送法では作成するデータに大きなバイアスが生じる可能性が高い．また，面接法では十分な標本数を確保できず，更には，個人情報を秘匿するため調査に協力しない者が多く出ることが十分に予想される．

　今回実施したインターネット調査では，配信数に対して約8割の回収率を達成しており，低回答率に基づくサンプルセレクションバイアスはほぼ回避できていると判断できる．作成したデータの概要は次の通りである．標本の男女比率は，それぞれ50.4%と49.6%であり，都市規模分布については100万人以上大都市比率が24.1%，100万未満の県庁所在地が17%，その他都市が46.6%となっている．平均年齢は39.7歳，標準偏差は11.7歳となっている．本人学歴については大卒以上が35.4%となっており，年収につい

ては，平均が272万円で，350万円から1,000万円が29.8％，1,000万円以上が2.7％となっている．平均年収については，全国消費実態調査平成16年版での勤労者世帯平均530万円と比べても低くなっているが，年収平均が低く出ているのは，平均年齢が38歳と若干低くなっていることと，無職の回答者の比率が高くなっていることに起因していると考えられる．ただし，本研究では，現在の日本の分配状態を正確に捉えることが主要な目的ではなく，家庭環境，教育経験等が格差形成にどのようなメカニズムでどのような影響を与えるかを明らかにすることが目的となっているため，本データは重要な情報を与えていると判断している．

なお，Gooリサーチによるインターネット調査は，次のような方法によって調査精度の向上を行っている．（1）回答所要時間を測定し，回答時間が短い回答の5％を無効回答として削除することにより，回答の信頼性を確保している．（2）回答データを目視によって確認し，有効回答のみを集計し，精度の高いデータが納品される．（3）モニター品質も，不正回答を排除する仕組みを作ることにより確保している．例えば，家族会員制を認めておらず，なりすまし登録を防止する仕組みを持っている．

附表4-A　橘木科研データ概要

調査名	階層化する日本社会に関するアンケート
調査期間	2004年11月（第1回），2005年11月（第2回），2006年11月（第3回）
回答率	第1回本調査配信数8,961 うち回収数6,813（76.0％） 第2回本調査配信数6,657 うち回収数5,502（82.6％） 第3回本調査配信数5,434 うち回収数4,158（76.5％） 同一調査対象への調査を行い，パネルデータを作成．
調査対象	Gooリサーチ・消費者モニター
調査方法	インターネットアンケート

参考文献

Becker, Gary (1993), *Human Capital: A Theoretical and Empirical Analysis, with Special Reference to Education*, 3rd ed., University of Chicago Press, Chicago.
ブルデュー，P., J.C.パスロン (1991),『再生産——教育・社会・文化』(宮島喬訳) 藤原書店.
Easterlin, Richard A. (1974), "Does Economic Growth Improve the Human Lot? Some Empirical Evidence," In Paul A. David and Melvin W. Reder (eds.), *Nations and Households in Economic Growth: Essays in Honor of Moses Abramowitz*, New York: Academic Press, pp. 89-125.
Easterlin, Richard A. (2001), "Income and Happiness: Towards a Unified Theory," *Economic Journal*, 111 (473), pp. 465-484.
Fernández, R. and R. Rogerson (1992), "Human Capital Accumulation and Income Distribution," NBER Working Paper, No. 3994.
Fernández, R. and R. Rogerson (1996), "Income Distribution, Communities, and the Quality of Public Education," *The Quarterly Journal of Economics*, Vol. 111, No. 1, Feb., pp. 135-164.
Fernández, R. and R. Rogerson (1998), "Public Education and Income Distribution: A Dynamic Quantitative Evaluation of Education-Finance Reform," *The American Economic Review*, Vol. 88, No. 4, Sep., pp. 813-833.
Ferrer-i-Carbonell, A. and Frijters, P. (2004), "How Important Is Methodology for the Estimates of the Determinants of Happiness?" *Economic Journal*, 114, July, pp. 641-659.
Frey, B. S. and A. Stutzer (2002), "What can Economists Learn from Happiness Research?" *Journal of Economic Literature*, Vol. XL, pp. 402-435.
Galor, O. and J. Zeira (1993), "Limited Income Distribution and Macroeconomics," *Review of Economic Studies*, Vol. 60, pp. 35-52.
Glomm, G. and B. Ravikumar (1992), "Public versus Private Investment in Human Capital: Endogenous Growth and Income Equality," *Journal of Political Economy*, Vol. 100, No. 4, pp. 818-834.
石田浩 (2002),「世代間移動からみた社会的不平等の趨勢——JGSS-2000 にみる最近の傾向」JGSS 研究論文集 1.
貝塚啓明 (2005),「税制改革・社会保障改革と所得再分配政策」財務省財務総合政策研究所『フィナンシャル・レビュー』, May, pp. 150-159.
苅谷剛彦 (1995),『大衆教育社会のゆくえ——学歴主義と平等神話の戦後史』中公新書.
Michalos, Alex C. (1991), *Global Report on Student Well-Being*, Volume 1: Life Satisfaction and Happiness. New York: Springer.
三輪哲 (2006),「JGSS 累積データ 2000-2003 にみる現代日本の世代間社会移動パターン」日本版 General Social Surveys 研究論文集 5　JGSS で見た日本人の意識と

行動,pp. 47-58.
内閣府(2008),『国民生活白書』.
大竹文雄(2004),「失業と幸福度」『日本労働研究雑誌』No. 528,pp. 59-68.
大槻知史(2003),「生活構造論の拡張による「都市における住民と地域社会との関係」についての新たな分析枠組みの提示――「地域互助」による生活課題解決の可能性を探る基礎として」立命館大学『政策科学』11巻1号,pp. 61-71.
Perotti, Robert (1993), "Political Equilibrium, Income Distribution, and Growth," *The Review of Economic Studies*, Vol. 60, No. 4, pp. 755-776.
佐野晋平・大竹文雄(2007),「労働と幸福度」『日本労働研究雑誌』No. 558,pp. 4-18.
Spence, M. (1973), "Job Market Signaling," *The Quarterly Journal of Economics*, Vol. 87, No. 3, pp. 355-374.
Spence, M. (1974), *Market Signaling*, Cambridge: Harvard University Press.
橘木俊詔・八木匡(2009),『教育と格差――なぜ人はブランド校を目指すのか』日本評論社.

第5章 中央・地方と格差社会

林　宜嗣

1. はじめに

　地域間格差が拡大していると言われる．しかし，個人間に比べて地域間の格差については，十分な検証が行われないままに，感覚的なとらえ方がなされることが多い．個人間格差の場合，税や社会保障といった再分配政策が国民生活に直接に影響を及ぼすのに対して，地域の場合には，格差は経済・財政・福祉・インフラ等，多面的であり，かつ地域は人や企業の活動の場であるため，再分配政策の影響は間接的であることが多いからだと考えられる．
　だが，地域をとりまく環境が大きく変化し，民間経済主体が活動する場の持続可能性すら危ぶまれるようになってきた今日，地域間格差の実態と発生のメカニズムを把握し，地域再生のために必要な政策を打ち立てることが喫緊の課題となっている．
　戦後わが国は，「国土の均衡ある発展」をスローガンに，国土政策や地域政策を展開してきた．しかしその多くは，国の財政を通じた事後的な再分配政策であり，一時的には効果があったとしても，地域再生による根本的な格差是正には結びつかなかったことは歴史が教えている．「国土の均衡ある発展を見直すべきだ」という主張も最近では散見されるが，目標それ自体が誤りだったわけではなく，政策に問題があったと考えるべきであろう．低成長期に入ったわが国においては，財政に依存した再分配には限界があり，地域間格差是正策は，格差を発生させている要因にメスを入れ，地域の自立を実現するものでなくてはならない．本章は，こうした視点から，地域間格差の実態を明らかにした上で，格差是正のための条件を検討しようとするものである．

2. 地域経済と格差

2.1 地域の経済活動を決定づけるもの

　地域間格差は様々な側面で現れるが，その多くを決定づけるのは地域の経済力である．図5-1は地域経済活動の決定要因を供給面と需要面に分けて示したものである．生産には労働，土地，資本といった資源が必要であり，その大きさが供給面から地域の経済活動の規模を決定する．

　生産された財・サービスは，その地域内に住む人々の消費，域内企業の設備投資，公共事業（政府投資）向けに売られるが，その他にも，日本国内の他地域に売られたり（移出），海外にも輸出される．ところがこれとは逆に，地域内の人々の消費や企業の設備投資に必要な財・サービスが自地域内で調達できるとは限らない．国内の他地域や国外から調達すれば，移入・輸入として需要は漏れてしまう．その他にも，域内の人々が稼いだ所得はすべてが使われるわけではなく，貯蓄や税金として需要から漏れる部分がある．地域

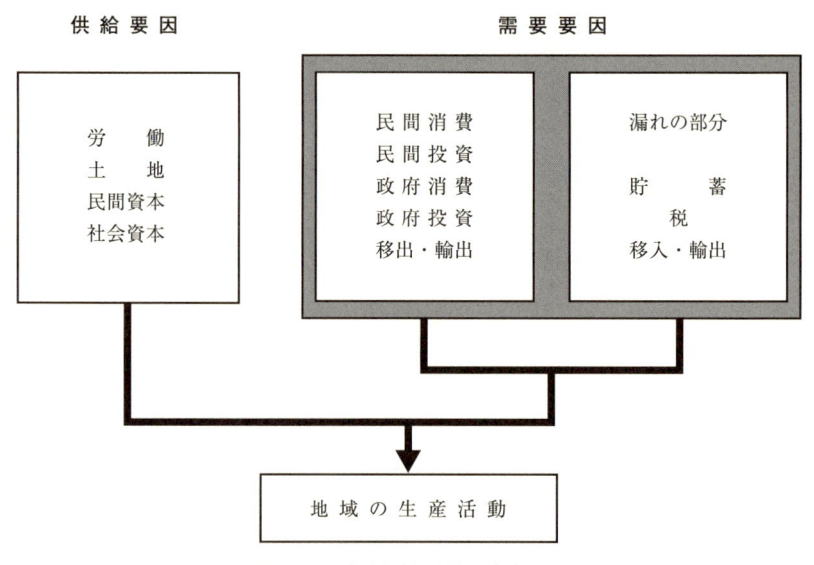

供給要因	需要要因	
労　働 土　地 民間資本 社会資本	民間消費 民間投資 政府消費 政府投資 移出・輸出	漏れの部分 貯　蓄 税 移入・輸入

↓

地域の生産活動

図5-1　地域経済活動の決定要因

経済にとっては，域内産業に対する需要が大きいほど，また，域外への需要の漏れが小さいほど望ましいことになる[1]．ところが，地方の経済は民間部門における大きな需要の漏れを公共部門における政府支出という需要で補っているのが実情である．

実際には地域経済の変動要因を需要面と供給面とに明確に区分することは不可能であり，両者が相互に影響しあいながら地域は成長したり，衰退したりする．地域内に豊富な資源が存在するからといって，経済活動が活発になるわけではない．地域で生産された財・サービスが売れなくては意味がないからである．逆に，需要が大きくても，十分な生産能力が備わっていなくては需要に応えることはできない．

2.2　地域間格差は収束するという考え

地域経済成長の原動力は供給面にあり，労働や資本といった生産要素の増加こそが地域の成長を可能にする．これは新古典派の地域成長理論として展開されてきた基本的な考え方である[2]．

地域の産出量を Q，資本ストックを K，労働を L，技術（他の要因もあるが，ここでは技術としておく）を A とし，生産関数は，

$$Q = AF(K, L)$$

と表されるとする．「生産は規模に関して収穫一定」を仮定すると，経済成長率（$\Delta Y/Y$）と労働の増加率（$\Delta L/L$），資本の増加率（$\Delta K/K$），技術進歩率（$\Delta A/A$）の間には，つぎの関係がある．α と $1-\alpha$ は，資本と労働の産出量に対する寄与度である．

$$\frac{\Delta Y}{Y} = \frac{\Delta A}{A} + \alpha \frac{\Delta K}{K} + (1-\alpha)\frac{\Delta L}{L} \tag{1}$$

---

[1]　需要重視の理論には，移出・輸出需要こそが地域経済の活動にとって重要だとする経済基盤説（Economic Base Theory）等がある．

[2]　Armstrong and Taylor（2000）には，地域経済の成長に関するさまざまな考え方が整理されている．

生産は資本と労働の両方を使って行われるため,資本ストックが1%増加しても,産出量は1%増加するわけではない.資本と労働の増加率をそれぞれ x, y とすると,経済成長率に与える影響は,資本は $x\alpha$%,労働は $y(1-\alpha)$%ということになる.

ここで上の式の両辺から $\Delta L/L$ を差し引くと,

$$\frac{\Delta Y}{Y} - \frac{\Delta L}{L} = \frac{\Delta A}{A} + \alpha \left(\frac{\Delta K}{K} - \frac{\Delta L}{L} \right) \qquad (2)$$

が得られる.左辺は労働者1人当たり生産量の増大を,右辺の ($\Delta K/K - \Delta L/L$) は資本と労働の増加率の差を表している.資本が労働よりも大きく増加すると,労働者1人当たり資本ストック(資本装備率)は増加する.

新古典派は,労働,資本といった生産要素が素早く,そして自由に地域間を移動できれば,地域間所得格差は収束していくと主張する.つまり,労働者1人当たり資本が大きい地域では労働生産性は高く,賃金水準が高くなるが,資本の生産性は低く収益率も低い.逆に,労働者1人当たり資本が小さい地域では資本の収益率は高く,賃金率は低い.こうして,資本装備率が高い地域には労働者が流入し,賃金率は低下するとともに,資本が流出するために資本の収益率は上昇する.他方,資本装備率が低い地域では,資本の流入によって収益率は低下し,労働者が流出することで賃金率は上昇する.

地方経済に大きな影響を及ぼしている東京一極集中を新古典派の立場からとらえるなら,生産要素の移動によって長期的にはその報酬は地域に関係なく等しくなり,この時点で東京一極集中に歯止めがかかるということになる.そしてこの時にGDP(国内総生産)は最大になるのである.ここから,新古典派は,東京一極集中は経済活動の不活発なところから活発なところへの移動であり,その流れを止めるべきではないと主張する.そして,地域間所得格差収束のためには,地域経済に関する情報を完全にするとともに,生産要素の移動がスムーズに行われるように交通手段や通信網を整備することこそが重要だということになる.その上で,さらに再分配が必要であるなら,東京で生まれた所得を事後的に再分配する方が効率的だと考える.

2.3 地域間格差は収束しないという考え

しかし現実には，労働をはじめとする生産要素の移動はそれほどスムーズに起こるわけではない．生まれ故郷に執着して生きていく人もいるし，現実には女性や高齢者の可動性はそれほど高くはない．貧しい地域に残るのは移動したくてもできない人々や企業ということになる．技術進歩も全地域に均等に普及するのではなく，技術進歩を受け入れ易い産業構造を持ち，また進歩した技術を使いこなせる人材を多く抱える発展地域に先に普及する傾向がある．

地域経済の成長にとって重要な役割を果たす「集積の利益」についても[3]，集中が集積の利益をさらに拡大し，生産における優位性をますます高める可能性もある[4]．「集中が進むといずれは集積の不利益が発生し，その時点で集中は止まる」という主張は，経済圏域が拡大しないことを前提としている．交通インフラの整備や同一圏域内での分散政策が行われるなら，経済圏域が拡大し，集積の不利益は発生しにくい．

こうした状況下では，東京への生産要素の移動が起こっているにもかかわらず，格差はいつまでも縮まらない．さらに，経済のソフト化・サービス化やグローバル化の波に東京がうまく乗ったように，最終需要の構成の変化に対応できる産業構造を持つことによって，かえって資本蓄積が増えるということも起こり得る．このように，生産要素の地域間移動によって確実に地域間格差が消滅するという保証はないのである．

また，仮に人口1人当たりの所得格差が縮小していくことが認められたとしても，はたして地域間不均衡の問題を1人当たり所得格差に還元して考え

---

[3] 集積の利益は一般に「地域特化の経済性」と「都市化の経済性」の2つに区分して考えられている．地域特化の経済性は特定の地域に同じ種類の産業に属する多くの企業が互いに近接して立地することから得られる経済的な便益であり，都市化の経済性とは，ある特定の都市地域に業種の異なる多くの企業が集中して立地することによって得られる経済的利益である．

[4] 集積の利益に関する研究としては，アメリカにおける13都市地域の製造業について集積の利益が存在することを検証したFogarty and Garofalo（1988），アメリカの24都市地域における製造業を対象に，全要素生産性の地域間格差と集積の利益の関係を検証したMullen and Williams（1990）等がある．

ることができるかという問題もある．

「市場における諸力の働きは多くの場合，諸地域間の不平等を減少させるよりはむしろ増大させる傾向がある」という，地域不均衡論を展開したのはミュルダールである[5]．産業の集積した地域が競争上，他地域に比べて有利な立場に置かれるとか，あるいは原材料の産地や港に近いといった歴史的偶然によって発展した地域は，他地域の犠牲のもとにその発展を加速化するというのである．

開発地域が発展すれば，他地域に対して農産物需要の増大や技術進歩の刺激を提供するといったプラスの影響（波及効果 spread effect）を及ぼす．しかし同時に，発展地域は未発展地域から労働や資本を吸収し，それによって未発展地域の経済発展は妨げられるというマイナスの影響（逆流効果 backwash effect）をもたらす．こうした社会に内在する循環的累積的な因果関係を通じて，発展地域と他地域との経済的不均衡はますます拡大していく可能性がある．現在のわが国の状況を見るかぎり，ミュルダールの考えが当てはまる．

3. 日本の地域間格差

3.1 長期的趨勢

それではわが国の地域経済の格差はどのように推移しているのだろうか．図5-2は変動係数という指標を用いて都道府県の人口1人当たり県内総支出格差の変化を見たものである．変動係数は，値が小さいほど分配が平等なことを示している[6]．図から高度経済成長期を通じて格差が大きく縮小していることがわかる．この時期，人口は地方圏から大都市圏に大移動し，また地方圏での工場立地も進んだ[7]．その後，それまで続いていた地方圏から大都市圏への人口移動がストップした．このような動きを見るかぎり，高度経済

---

5) Myrdal (1957).
6) 変動係数＝標準偏差÷平均で求められる．
7) 地方での工場立地は大都市抑制と地方分散政策の影響も大きい．その結果，地方圏での1973年から80年にかけての工場移転は774を数えた．

第5章　中央・地方と格差社会

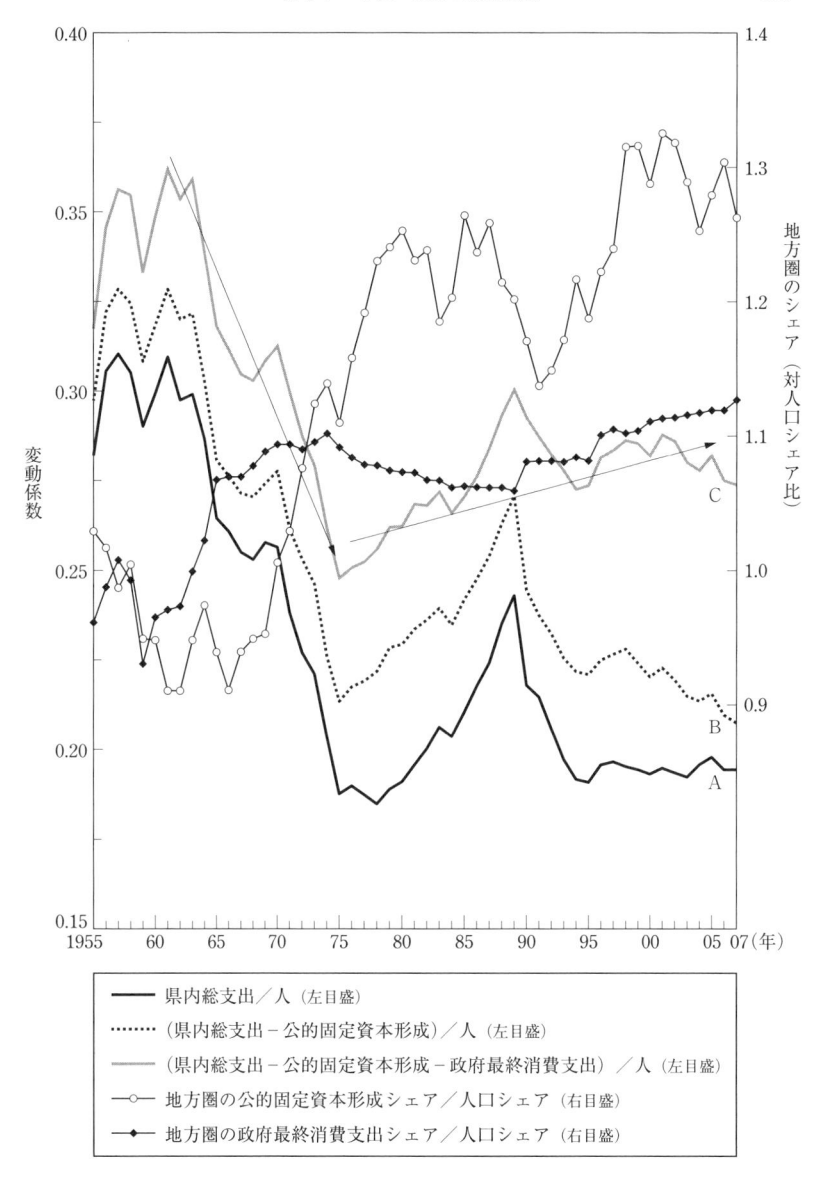

図5-2　地域間格差の長期趨勢

出所：内閣府『県民経済計算年報』より筆者作成．

凡例：
- ―― 県内総支出／人（左目盛）
- ……… （県内総支出－公的固定資本形成）／人（左目盛）
- ―― （県内総支出－公的固定資本形成－政府最終消費支出）／人（左目盛）
- ―○― 地方圏の公的固定資本形成シェア／人口シェア（右目盛）
- ―◆― 地方圏の政府最終消費支出シェア／人口シェア（右目盛）

左軸：変動係数
右軸：地方圏のシェア（対人口シェア比）

成長期においては，新古典派の地域間不均等収束説がわが国でも当てはまるようにも見える．

しかし，高度経済成長が終わり，わが国が安定成長期へと移行した1970年代後半に入ると，人口の大都市特に東京圏への移動が再燃し，それと符合する形で地域間格差は拡大し始めるのである．この理由をどこに求めればよいのだろうか．

1980年代に入ると，国際化，ソフト化・サービス化をはじめとする大きな潮流と，それを受けとめるための東京のリストラクチャリング，そして集中の利益の活用等の理由で，東京が持つ労働や資本を引きつける力は急激に大きくなっていった[8]．つまり，動学的なフレームワークをとるかぎり，生産要素の移動による地域間格差の縮小を相殺して，逆に格差を拡大するような要素が生まれたと考えられるのである．

バブル経済の崩壊後の90年代前半においては，再び地域間格差は縮小している．しかし，この縮小は民間経済のパフォーマンスによって実現したというよりは，むしろ公共投資をはじめとした財政活動に大きく依存したものであった．以下では，地域経済がいかに財政活動の影響を受けて変動したかを検証してみよう．

3.2 財政活動と地域格差

県内総支出は「民間最終消費支出＋政府最終消費支出＋民間総固定資本形成＋公的総固定資本形成＋移輸出－移輸入」で求められ，人口1人当たり県内総支出の格差は財政支出の規模及び地域配分の影響を受ける．

図5-2において，県内総支出から公共投資（公的固定資本形成）を除いた格差がBで示され，そこからさらに公共部門の経常的な活動による支出（政府最終消費支出）を除いた格差がCで示されている[9]．図にはあわせて，公共

---

[8] 筆者の推計によると，2006年度ベースで，資本の限界生産性は最高の三重県で0.231であり，東京都は0.213（第8位）であった．資本は可動性が大きく全国で大きな差は存在しない．しかし，労働の限界生産性は，第1位の東京が5.098であり，第2位の滋賀県4.472を大きく上回っている．

[9] 公共投資をはじめとした財政活動は波及効果を生む．したがって，「財政活動がなかったら」という前提を置くなら，実現する県内総支出は公共投資額や政府最終消費支出を除いた額よりも小さくなるが，ここでは直接の財政需要のみを控除した．

投資および政府最終消費支出についての地方圏の対全国シェアを示した[10]．ただし，対全国シェアは人口についての地方圏の対全国シェアとの比で示している[11]．

　AとBの変動係数を比較することによって公共投資の格差是正効果を知ることができる．70年代に入ると地方圏への公共投資の配分が増え，その結果，地域間格差は縮小している．特に70年代後半には，財政活動がなかったなら拡大したであろう民間経済活動の地域間格差（C線で表される）は，公共投資が地方圏に大きく配分されたことによって是正されている．

　しかし，80年代に入ると，国の財政再建への取り組みの中で地方圏の公共投資予算が削減された．大都市圏の公共投資は，削減が困難な生活関連型にシフトしていたからである．80年代後半には，公共投資が増加に転じるものの，地方圏向けは大都市圏ほどには増加せず，地方圏のシェア（人口シェアとの比）は低下していった．その結果，民間部門における地域間格差の拡大を相殺できず，人口1人当たり県内総支出の地域間格差は拡大していくのである．

　バブル経済の崩壊後は，経済対策によって公共投資は増加し，それとともに地方圏のシェアが上昇した結果，民間経済の格差を縮小する効果を発揮するようになった．しかし，90年代の後半になると，地方圏の公共投資シェアの上昇は止まり，横ばいに推移したために，格差是正効果は次第に減少している．代わって，B線とCの線の幅の動きから明らかなように，政府最終消費支出の格差是正効果が強まっている．

　以上の長期的な地域間格差の趨勢から，以下の点を指摘することができる．

　第1に，高度経済成長期においては，民間経済活動の格差（C線で表される）は新古典派の考えるとおり，縮小する傾向にあった．

---

10)　地方圏は総務省『行政投資』の区分を用いた．茨城・栃木・群馬・山梨・長野・埼玉・千葉・東京・神奈川，岐阜・静岡・愛知・三重，滋賀・京都・大阪・兵庫・奈良・和歌山以外の道県が地方圏に分類されている．

11)　地方圏の人口の対全国シェアに対する比で示したのは，①変動係数が人口1人当たりであること，②地方圏の公共投資（政府最終消費支出）のシェアが一定でも，地方圏の人口が減少し，人口シェアが低下しているなら，公共投資（政府最終消費支出）の地方圏への配分は大きくなっていると考えているからである．

第2に，高度経済成長に終わりを告げた70年代の後半以降は，民間経済の格差は横ばいか，やや拡大する傾向にある．

第3に，公共投資（の配分）は地域間格差を是正する効果を持っている．特に，70年代の後半においてその効果は大きく現れた．

第4に，財政におけるソフト面の活動（政府最終消費支出）も格差是正の役割を果たしている．特にバブル経済が崩壊した90年代以降には，格差是正の主な役割を果たすようになっている．

3.3 地域格差の変動要因

ここで人口1人当たり県内総生産格差の変動要因を検証することによって，財政活動が格差是正にどのように寄与してきたかを見てみよう．そのために，1955年度から2007年度を観察期間とし，変動係数を①公的固定資本形成の地方圏のシェア÷地方圏の人口シェア，②地方圏の政府最終消費支出シェア÷地方圏の人口シェアによって説明する回帰式を求めたところ，

$$変動係数 = 0.8568 - 1.1694 \times \frac{公的固定資本形成の地方圏シェア}{人口の地方圏シェア}$$
$$(15.80) \quad (-7.71)$$

$$- 0.4089 \times \frac{政府最終消費支出の地方圏シェア}{人口の地方圏シェア}$$
$$(-6.47)$$

自由度修正済み決定係数 = 0.852

という結果が得られた．

この式を用いて変動係数の対前年度変化分を公的固定資本形成シェアの変化要因，政府最終消費支出シェアの変化要因，その他要因に分解したものが図5-3である．公的固定資本形成要因は，1970年代においてはおおむね毎年度，変動係数を小さくする（地域間格差を是正する）方向に働いている．しかし，80年代には地方圏のシェアが低下したことによって変動係数を大きく（地域間格差を拡大）した．そして90年代以降も変動係数に大きな影響を

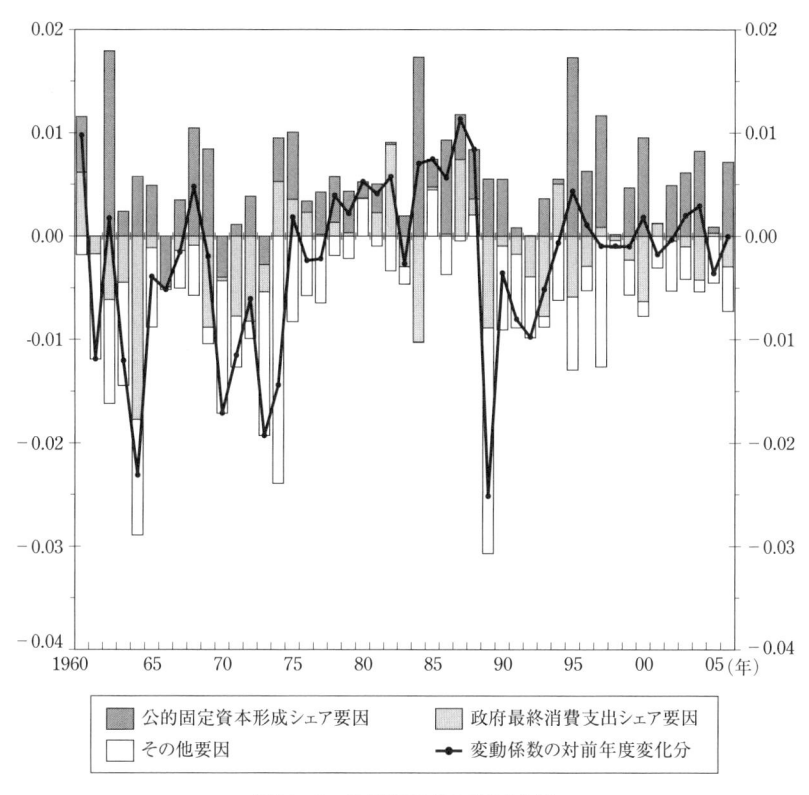

第5章　中央・地方と格差社会　　153

図5-3　地域間格差の要因分解

出所：内閣府『県民経済計算年報』より筆者作成．

与えているものの，その影響はきわめて不安定である．

政府最終消費支出に関しては，高度経済成長期に至るまでは格差を是正する方向に働いていたが，その後は，地方圏のシェアがほぼ横ばいであったために変動係数には影響を与えていない．しかし，89から90年度，95から96年度にかけては，地方圏のシェアが上昇したことによって変動係数を小さく（格差を縮小）する方向に働いている．

地域間格差の変動要因を，経済復興期（1955～60年度），高度経済成長期（1960～75年度），安定成長期（1975～90年度），低成長期前期（1990～00年度），

表5-1 期間別に見た地域間格差の変動とその要因

年	Δ変動係数	公的固定資本係数シェア要因	政府最終消費支出シェア要因	その他要因
1955〜60	0.0176145	0.0137078	−0.0016568	0.0055635
1960〜75	−0.1119348	−0.0272140	−0.0518017	−0.0329191
1975〜90	0.0302929	−0.0103885	0.0048357	0.0358458
1990〜00	−0.0247921	−0.0200674	−0.0122052	0.0074805
2000〜07	0.0008581	0.0044501	−0.0066291	0.0030371
1955〜2007	−0.0879612	−0.0395120	−0.0674571	0.0190078

出所:内閣府『県民経済計算年報』より筆者作成.

低成長期後期(2000〜07年度)に区分して観察したものが表5-1である.

経済復興期には格差は拡大したが,それには公的固定資本形成要因が大きく影響している[12].高度経済成長期にはすべての要因が格差を縮小させているが,特に財政活動における地方圏のシェアの高まりの影響が大きい.安定成長期には,経済の国際化・ソフト化にともなって,その他要因が格差を拡大させたことに加えて,政府最終消費支出の地方圏のシェア低下が地域間格差を拡大している.バブル崩壊後の低成長期前期には,経済対策にともなって公共投資の地方圏のシェアが高まったことを主な要因として格差は縮小した.しかし,低成長後期に入ると公共投資の縮減によって公的固定資本形成要因は地域間格差を拡大したが,代わって政府最終消費支出要因が格差を縮小させた.

以上のように,高度経済成長期を除けば,その他要因は地域格差を拡大する方向に働き,その格差拡大を財政活動が是正するという構造を読み取ることができる.財政活動が地域間格差に大きく影響してきたのがこれまでの歴史であったと言えよう.

---

[12] この時期には,京浜,中京,阪神,北九州という戦前からの既成工業地帯の復興と近代化を図るために資金や資源が集中的に投入された.その結果,四大工業地帯へ工場は集中して立地し,その後の重化学工業化の進展もあって集中にいっそうの拍車がかかった.1960年に池田内閣によって策定された国民所得倍増計画は,四大工業地帯への工場立地の抑制と,工業活動を太平洋ベルト地帯に分散することを謳った.ただ,国民所得倍増計画はあくまでも成長政策であり,工業分散の受け皿は投資効率の良い地帯に限定された構想であった.

4. 地域における「負の連鎖」

4.1 容れものとしての地域

　地域は住民や企業といった民間経済主体が活動するための「容れもの」である．この容れものはハード・インフラである社会資本，ソフト・インフラである制度や組織によって構成される．社会経済情勢が変化し，生産方法や生活様式が変化すると，住民や企業が容れものに対して求めるニーズや条件は変化する．特に，急激かつ大規模に社会経済情勢が変化するわが国においては，地域という容れものと，民間経済主体の諸活動の条件との間に重大なミス・マッチが生じることが多く，放置しておくと機能低下は免れない．

　このようなミス・マッチが発生する場合，それへの対応には2つのルートが存在する．1つは容れもの自体を民間活動にふさわしいものに作り直すことであり，都市再開発，社会資本の整備，制度の変更などが該当する．いま1つは，民間経済主体がよりふさわしい新しい容れものを求めて移動することである．

　容れものを民間活動にあわせて再構築することには様々な障害がともなう．民間経済主体は市場メカニズムによって素早く行動するのに対して，インフラ整備や制度改革といった容れものの改造は政治メカニズムによる意思決定が必要であるため時間がかかるうえに，それを政策化するには財源が不足しているため，場合によっては実現不可能なことすらある．また，政策は住民の集合的な決定によって行われることから，自分の望んでいる結果が得られる保証はない．特に自治体の規模が大きくなれば，住民一人ひとりが政策決定に及ぼす影響力は小さくなる．このため，多くの場合，民間経済主体は前者のルート，つまり新しい容れものを求めて移動することを選択する．

　現在の地域が民間経済活動にとって特に不都合がなくても，他により魅力ある地域が存在し，移動することによる便益が移動コストを上回る場合にも地域間移動は発生する．つまり，経済主体の地域間移動は容れものとしての地域の魅力の相対的な大小がきわめて重要になる．東京一極集中もこうしたプロセスの中で発生していると言える．

4.2 累積的衰退モデル

このことを示しているのがボーモルの「累積的衰退」モデルである[13]．最初に，住民がその地域に定住し人口が一定規模を維持するという安定的な状態にある地域を想定しよう．ここで，他地域に有利な就職先が生まれるなどの理由で，そこに移り住みたいという気持ちが住民に起こったとする．

これをきっかけとして他地域への人口流出が始まるが，働き手の流出は地域の平均所得を引き下げることになる．平均所得の低下は行政水準の低下などを通じて地域の居住地としての魅力を低下させ，このことが新たな人口流出を招く．その結果，地域の平均所得がさらに低下し，地域の魅力がさらに低下して新たな人口流出を引き起こすのである．こうして平均所得の低下→地域の魅力低下→人口流出→平均所得の低下→……と累積的に衰退が続いていく．ただ，水に石を投げたときの波紋が小さくなっていくように，人口流出の規模は時間の経過とともに小さくなり，これ以上には人口は移動しないという新たな均衡状態に到達する．

このモデルが指摘する重要な点は，社会保障的な財源移転で地域住民の平均所得を一時的に引き上げたとしても，結局はそこから再び安定的な均衡状態に至るまで累積的衰退のプロセスに陥るということである．平均所得を高い水準に維持するためには，継続的に財源移転を注入し続けなくてはならない．つまり，公共投資や地方交付税は衰退をとどめる上で一時的な効果しかないのである．この点は，公共投資や地方交付税が縮減されると，たちまち地方が衰退し人口の流出が生じるという過去の歴史が教えている．

4.3 負の連鎖——3つの側面

ボーモル・モデルは，初期均衡状態にある地域にマイナスの外的ショックが加えられると，新たな均衡状態に至るまで累積的な衰退が生じるというものであり，縮小均衡のプロセスを説明するものである．しかし，現実には，人口や企業の流出による地域の衰退がさらなる流出を引き起こし，その結

---

[13] Baumol（1963）は中心都市の衰退をとりあげているが，地域の問題に当てはめることができる．

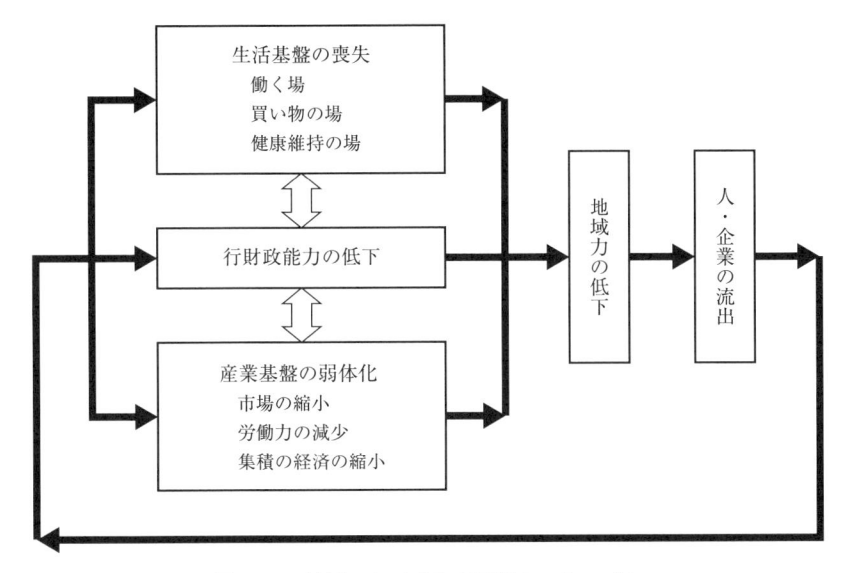

図5-4 地域における負の連鎖のメカニズム

果，地域力のいっそうの減退によって流出がいつまでも続くという「負の連鎖」とも言うべき状況に直面しているところも多い．

図5-4に示すように，負の連鎖は3つの側面で生じている．第1は生活基盤の喪失によるスパイラルである．「地元で働きたいが職がない」．若者は大都市の大学を出て，地元に戻ることなく大都市で就職する．生活にとって最も重要な雇用の場の喪失は地域力を根底から揺さぶっている．人口減少は地域の市場規模を縮小させ，収益が悪化した企業は撤退を余儀なくされる．シャッター商店街と呼ばれるように，地方の中心市街地の衰退は著しい．企業活動の停滞，とりわけ商業機能の縮小は地域住民の消費生活を貧しくし，地域力の減退につながっている．

どこでも，だれでも，負担可能な料金で，一定のサービスを受けることができると定義されるユニバーサル・サービスにも格差が目立っている．住民が安心して生活するために不可欠な医療サービスもその一つである．国民は等しく医療サービスを受ける機会が与えられるべきだとしても，民間医療機関の場合，患者がいない土地での診療業務は困難である[14]．このように人口

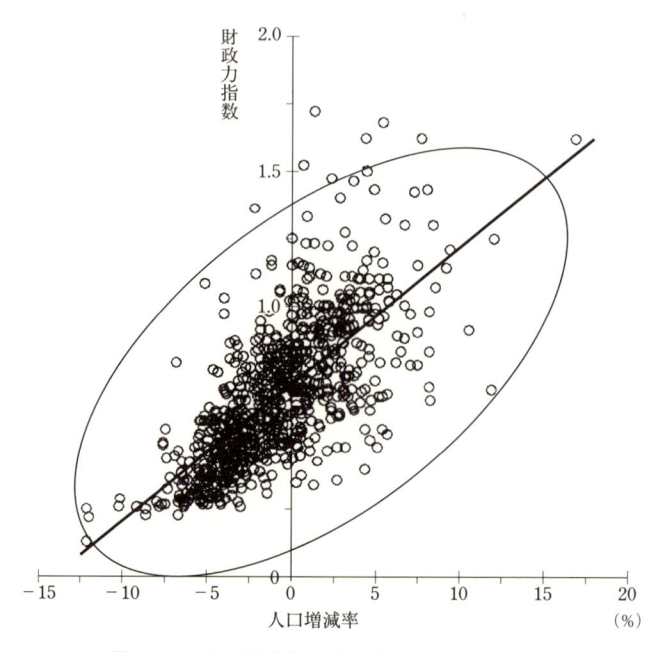

図 5-5　人口増減率と財政力の関係（全国の市）

注：人口増減率は 2003 年 3 月 31 日から 07 年 3 月 31 日．財政力指数は 06 年度．
出所：総務省『市町村決算状況調』より筆者作成．

流出は住民にとっての生活基盤を喪失させ，さらなる人口流出を発生させる．

　第 2 は企業活動基盤の喪失・弱体化にともなう連鎖である．人口減少は企業に対して市場の縮小という需要面から打撃を与えるだけでなく，供給面に与える影響も大きい．人口減少とりわけ若者の流出は，高齢化とあいまって生産活動に不可欠な労働力を減少させる[15]．企業の流出は地域経済にとって

---

14)　2004 年度において，人口 1,000 人当たり医師数は全国平均で 2.11 人であるが，1,538 市町村（全市町村の 85%．東京都特別区は 1 団体と計算）が平均を下回り，1 人未満は 770 市町村（同 42.6%），16 町村には医師がいない．

15)　例えば，秋田県は，2005 年から 35 年にかけて 31.7% の人口減少が予測されている（国立社会保障・人口問題研究所予測）が，年齢別人口予測を基に筆者が推計したところ，同期間中の労働力人口の減少率は 42.9% に達する．

重要な役割を果たす「集積の利益」をも弱めてしまう．こうして企業は地域から流出し，雇用の場の喪失は人口流出を加速化する．

第3は財政力の低下にともなうスパイラルである．行政サービスには受益者（住民）が多いほど1人当たり経費が割安になるという「規模の経済性」が作用するものが多い．このことは裏を返せば，人口が減少する自治体では1人当たり経費が割高になることを意味している．また，人口や企業の流出は地方税源の縮小に直結する．

財政力の低下による負の連鎖を遮断してきたのが地方交付税である．しかし，近年の減額によって地方交付税の財源保障機能は弱まっている．しかも，地方交付税はあくまでも事後的な地域間再分配手段であり，財政力それ自体を強化するものではない．地方交付税とならんで，これまで負の連鎖を遮断する手段として用いられてきたのが公共投資であるが，予算の縮減によって遮断効果は弱まっている．

このように，人口や企業の流出は地元財政に対して収支両面からダメージを与え，財政力を弱めることになる．図5-5は全国の市を対象に人口増減率と財政力指数の関係を示したものである．人口減少率の大きい自治体ほど財政力が弱くなっている．財政力格差を放置すると行政サービス水準の格差となり，人口流出に結びつきかねない．

5. 地域間格差是正のために

5.1 東京一極集中の是正

「東京が成長するのは市場メカニズムによるものであり，集中のデメリットがメリットを上回れば，自然に東京一極集中には歯止めがかかるはずだ．だから，人や企業の流れを無理矢理止めるべきではない」と考える人は多い．また，「世界経済に占める日本の地位の低下を防ぐためにも，東京を成長エンジンとする必要があり，資源は東京に集中投入すべきである」という主張も聞こえてくる．

しかし，一見，妥当な考えのようだが，重大な落とし穴が隠されている．市場メカニズムは「私的利益が私的費用を上回る」かぎり東京への集中を継

続させる.しかしこの計算の中には,東京集中によって発生する社会的利益や社会的費用は含まれていない.たしかに新たに立地した企業もそれによって発生する混雑に無関心ではないだろう.しかし,その企業が私的費用として感じるのは平均費用であって,すでに立地している企業や住民に及ぼす外部費用については無関心である[16].東京で勤務する人々の長時間通勤にともなうコストの一部は交通費の支給によって保障されるものの,肉体的・精神的苦痛は個人負担となっている.東京在住の人の中には,東京を脱出したいと考えている人も多いにもかかわらず,働く場が東京に集中しているために,望みは叶わない.

また,東京一極集中の社会的費用の中には人口を送り出す地方の側で発生するものもある.過疎化によって山林の手入れが行き届かなくなり,山崩れなどの災害が発生するといったことである.また,人口の減少によって行政サービスの供給コストが割高になるということもある.

つまり,東京一極集中による問題はその結果として発生する社会的費用に対して適切な負担を求めることができないという,「市場の失敗」に原因がある.

また,「東京を成長エンジンに」という発想は,インフラ整備をはじめとして財源を東京に投下することを正当化し,そのことによって集積の不利益の発生が埋没し,さらに集中の余地を大きくするという,東京拡大の連鎖を生じさせることになる.以上の理由から,地域を再生の軌道に乗せるためにも,地元での地域再生努力に加えて,東京一極集中に歯止めをかけるための取り組みが必要なのである.その1つが国と地方の関係を,現在の中央集権型から地方分権型に転換することである.

5.2 中央集権の限界

国は大都市集中の抑制と工場等の地方分散政策,補助金,税制,融資などの優遇措置をテコとした地域指定方式による産業立地の推進,公共投資の地方への重点配分等々,あらゆる手段を講じてきた.にもかかわらず,地方の衰退に歯止めはかかっていない.この最大の原因は,一方で東京一極集中の

---

[16] 林(1993)を参照.

要因を放置したままで，結果の平等を主軸とした地域政策を行ってきたことにある．

　地域の活性化は本来，それぞれの地域自らが取り組むべき課題である．ところがわが国の場合，高度経済成長期を通じて発生した過密・過疎問題の解消と国土の均衡ある発展という国レベルの視点からとらえられ，地域活性化が国の政策課題として展開されてきた．地方の産業振興は大都市の抑制，成長産業の地方への分散が政策の中心であったため，地方の側としては，既存の地域資源に付加価値をつけて発展させることによって活性化を図るというよりは，むしろ地方への分散政策の力を借りて成長産業をいかに地元に誘致するかに政策の中心を据えてきたといってよい．

　地域活性化策が十分に効果を発揮できなかった原因は，意思決定と財源措置を国が行い，地方は地方の財源を追加して事業を執行するという中央集権システムにある[17]．

　中央集権システムの第1の問題は総合的な政策形成を困難にしていることである．土地利用，交通，住宅，社会資本，福祉……．これらはすべて，地域というシステムを円滑に機能させるためのサブ・システムであり，このうちのどれが欠けても地域の機能は低下する．また，それぞれのサブ・システムは独立して存在するわけではなく，相互に関連しながら地域という容れものを形成している．また，財源には制約があるから，一方で地域づくりをコントロールしながら，サブ・システムに優先順位を付けることも必要となろう．

　地方自治法第1条の2が，「地方公共団体は，住民の福祉の増進を図ることを基本として，地域における行政を自主的かつ総合的に実施する役割を広く担うものとする」と規定しているのも，サブ・システム相互の有機的な関係を念頭に置きながら，それらを地域づくりのビジョンに沿った形で作り上げていく役割を自治体に託しているからである．現在の縦割り行政をなくし，地域政策を総合的・一体的に実施し，政策の効果を高めるためにも，地方分権改革が不可欠である．

　中央集権システムの第2の問題は地域で発生している問題を的確に認識で

---
17)　林（2009）を参照．

きないことである．高度経済成長期においては，人口移動は地方から東京・大阪・名古屋の三大都市圏への移動であった．したがって，「大都市 vs. 地方」という比較的単純な構図を前提に，工場等制限法をはじめとした「大都市抑制」プラス「地方への誘導」という国土政策で対応することが可能であった．しかし，一極集中が重層化し，地域間格差が複雑な形で発生している今日，全国画一的な国の政策として問題に対処することはきわめて難しくなっている[18]．

また，かつては地方で発生した過疎問題は，大都市における過密問題と表裏の関係にあったために，大都市から地方への人口や産業の分散は，大都市，地方の双方に利益となるものであった．しかし，少子化によって人口減少社会に入り，大都市ですら人口が減少する時代においては，過密と過疎の同時解消という，大都市と地方の双方を同時に満足させる「解」を見出すことは困難になっている．それは同時に，国が主導する大都市から地方への地域間再分配をこれまで通り実施することが難しくなっていることを意味している．

全国的な問題としての東京一極集中には国が対応する必要はあるが，各地域において生じている問題は，それぞれの地域が地元の事情を踏まえて対処しなくては，きめ細かな対応は不可能となっている．

中央集権システムの第3の問題は政策の実行に時間がかかることである．地域政策は地域の実情を的確に判断した上で，迅速な実施が不可欠である．場合によっては，民間活動の変化を予測し，事前に対応することも必要となる．

東京で発生する問題は各種メディアを通じて素早く政府に伝えられる．特に政治家や官僚が問題を見聞きする機会の多い東京の場合，ほぼリアル・タイムで情報が伝わり，迅速な対応がなされる．しかし，東京以外で発生する問題は地元議員や首長の陳情という形を取らざるを得ず，問題への認識は遅れてしまう．

---

18) 全国的には東京一極集中が，広域経済圏単位では札幌，仙台，福岡などの地方中枢都市に，県単位では県庁所在都市に，都市圏単位では都心回帰といったように，集中が重層化し，複雑化している．

このように，現行の中央集権システムの下では，地域政策の意思決定が，問題が発生した地元ではなく東京で行われることが多いため，発生した問題に関しての「認識ラグ」が生じるだけでなく，実際に地域で政策を遂行する間に「実施ラグ」も起こる．さらには，現行では政策に必要な財源の多くを国に依存しているため，実施ラグを大きくするばかりか，国の財政事情によっては実施すらできないこともある．

中央集権システムの第4の問題は政策実験が困難なことである．地域政策には試行錯誤も必要である．具体的な政策目標を立て，それを実現するための政策手段を選択し実施する．その効果を政策立案に反映させる Plan-Do-Check-Act という政策のマネジメント・サイクルを地域再生に活用しなくてはならない．つまり，様々な政策実験が必要なのである．しかし，国が政策の企画・立案を行う中央集権システム下では大胆な実験にはためらいが生じやすい．失敗すれば，その被害が甚大になるからである．

6. おわりに──地域間格差と地域連携

地域の再生は，各地域（都道府県や市町村）が自己完結的に，つまり地域において必要なものがその地域内で充足できるような社会を想定しているわけではない．ヒト・モノ・カネの移動にほとんど制約のない現代社会においては，各地域内だけで循環し，収束する経済を想定することは不可能である．

消費生活や企業の活動が多様化・高度化してくると，そのニーズを地域内の資源のみに依存することは不可能になる．したがって，複数の地域が消費者や企業のニーズに応えるべく，相互に補完しながら地域のニーズを満たしていく必要がある．つまり，地域連携である．

新産業のインキュベーターとしての役割が期待される自治体であるが，新産業を育成するには，複数地域の共同作業が不可欠である．特に過疎化の進む農山村等においては，単独で産業振興や雇用を確保したり，情報通信システムや流通システムなど高次の施設整備を行ったりするには限界がある．各地域が持つ地域資源を単独で売り出すのではなく，複数地域の資源を有機的に結び付けて，広域的に整備した情報通信システムや流通システムを通じて

全国に売り出すことの重要性がこれからは増大するだろう.

道州制もこの考え方に則ったものである. 道州制を単なる行財政制度改革の枠内でとらえるのではなく, 東京一極集中が進む中で, 住民生活や企業活動の容れものである地域の再生を目標としたシステム改革としてとらえなくてはならない[19]. 地域間格差を是正するためには, 地方分権改革と地域連携を同時に進めることが必要なのである.

参考文献

Armstrong, H. and J. Taylor (2000), *Regional Economics and Policy*, 3rd Edition, Blackwell Publishers.
Baumol, W. J. (1963), "Urban Services: Interactions of Public and Private Decision," in Howard G. Shaller (ed.), *Public Expenditures Decisions in the Urban Community*, Resources for the Future, pp. 11-14.
Fogarty, Michael S. and Gasper A. Garofalo (1988), "Urban spatial structure and productivity growth in the manufacturing sector of cities," *Journal of Urban Economics*, Vol. 23, pp. 60-70.
林宜嗣 (1993), 『都市問題の経済学』日本経済新聞社.
林宜嗣 (2008), 『新版 地方財政』有斐閣.
林宜嗣 (2009), 『分権型地域再生のすすめ』有斐閣.
林宜嗣・21世紀政策研究所監修 (2009), 『地域再生戦略と道州制』日本評論社.
Mullen, John and M. Williams (1990), "Explaining total factor productivity differentials in urban manufacturing," *Journal of Urban Economics*, Vol. 28, pp. 103-123.
Myrdal, K. G. (1957), *Economic Theory and Underdeveloped Regions*, Duckworth. (小原敬士訳 (1959), 『経済理論と低開発地域』東洋経済新報社)

---

19) 地域の活性化のための道州制については, 林・21世紀政策研究所 (2009) を参照.

第6章　環境と格差社会

内山　勝久
細田　裕子

1. はじめに

　2010年の夏は全国的に猛暑が続いた．気象庁の発表では2010年6月〜8月の全国の平均気温は，統計を開始した1898年以降の113年間で第1位の高い記録となった．報道によると8月6日には全国900ヶ所以上の観測点のうち，最高気温が35度以上の猛暑日を179ヶ所で観測したほか，熱帯夜も各地で連日続いた．9月に入ってからも，最高気温が9月の観測史上第1位を更新する地点が相当数に上り，気温の点では記録ずくめの夏となった．

　2000年頃には，熱中症に関する報道はときどき見られる程度であったが，2010年はほぼ毎日熱中症に関する注意情報と被害に関する報道が行われた．2010年の猛暑による熱中症の被害状況を総務省消防庁の統計で見ると，7月1日〜9月30日の全国における救急搬送者数は5万3,843人に上り，うち高齢者が2万5,003人（46.4%）であった．2009年の同期間には救急搬送者数は1万2,971人，うち高齢者は5,308人（40.9%）にすぎなかった．熱中症による死亡者を見ると2010年7月〜9月は167人であり，16人だった2009年の約10倍となった[1]．

　2010年の熱中症の被害者を見ると，人数の多さもさることながら，高齢者の割合が高かったことや，各種報道によると，経済的に困窮し冷房機能のない住居に居住する人なども散見されたことが特徴的である．こうした人た

---

[1] 厚生労働省「平成22年人口動態統計（概数）」（2011年6月1日発表）によると，2010年（1〜12月）の熱中症による死亡者数は，1964年以降で最多の1,718人であった．総務省消防庁による統計は救急搬送後の初診時の症状に基づき計測しているのに対し，厚労省の統計では救急搬送者以外も広く含むものとなっている．

ちは，いわば生物学的弱者や経済的弱者など社会的に弱い立場にある人たちであり，この年の猛暑は過酷な環境に脆弱な人々に多くの被害をもたらしたと推察できる．

　この猛暑の遠因とも疑われているのが深刻さを増している地球規模の気候変動である．地球温暖化による被害者は主として将来世代の人たちと考えられており，そのなかでも気候変動に対してもっとも脆弱なのは沿岸域や河川氾濫原域に居住する人々，あるいは内陸部で水不足に直面する人々であると一般的には理解されている．さらに，被害者の多くは適応能力の乏しい社会的弱者であるという点が共通認識として形成されつつある．ところが，こうした地域では，将来ではなく現在において既に海面水位の上昇が報告されており，沿岸地域や小島嶼国では国土の冠水が生じている．ツバルなどでは国民の移住なども検討されており，環境難民となる事態も懸念されている．また，アジアやアフリカの内陸部では砂漠化が進行している．そして，こうした被害者の大多数は経済的に豊かとは言い難い．

　ところで，近年わが国では格差への関心が高まっている．格差には所得格差をはじめ様々な態様があり，その実態把握が進められている．また，望ましくない格差については是正のための措置も検討されている．経済格差と環境問題の関係については，従来は開発経済学の分野が中心となって発展途上国における貧困問題と環境破壊との関係が研究されているにすぎなかった．

　開発経済学等に基づくオーソドックスな知見によると，貧困が環境破壊の原因であると説明されることが多い．すなわち，発展途上国においては経済的に恵まれない状態であるがゆえに環境を破壊し，その被害に自ら直面する事例が少なからず存在する．こうした点を踏まえて，気候変動問題など地球環境問題に関する国際会議の場においても，発展途上国からは環境改善のためには貧困の克服こそが最優先課題であるとの主張もしばしばなされている．一方，貧困ゆえに環境を破壊するという因果関係だけでなく，環境破壊が貧困あるいは経済格差をもたらすという関係も考えられ，環境と経済は相互依存関係にあるのが実態であろう．

　環境破壊は途上国だけの問題ではなく，世界のあらゆる国・地域で重要な課題になっている．わが国をはじめとする先進諸国も例外ではない．上記の

猛暑の例や気候変動の例にも見られるように，国家の発展段階に関わりなく，環境悪化や破壊が生じると，その被害者あるいは影響を受けやすいのは，多くの場合経済的に貧しい社会的弱者であるという事実が観察されている．しかもその環境問題は被害者が自ら招いたものではなく，外部から予期せぬ形で一方的に到来する場合も多い．

本章では，経済格差をもたらす要因の1つとして環境問題に着目する．従来あまり焦点が当てられず，必ずしも十分に捉え切れていなかった環境と経済格差の問題について，これまでに蓄積されてきた様々な分野の知見に基づきながら多面的に展望することにしたい．利用可能なデータに限界もあることから，詳細な実証分析には立ち入らず，ここでは主として問題の基本的な性格や課題の指摘などを行うにとどめたい．

本章の構成は次の通りである．次節では経済活動と環境問題の関係について伝統的な説明やその後の研究成果に基づく説明を概観する．第3節では，環境破壊から生じる被害の特徴を検討する．第4節では，環境破壊によって被害者が受ける経済的な影響の経路や格差の形成プロセスを概観する．第5節では，環境と格差がもたらす影響に関する議論について多様な視点から提示する．第6節は結語である．

2. 経済活動と環境問題

2.1 途上国の貧困と環境に関する従来の視点

発展途上国における貧困と環境問題の関係については，主として開発経済学の分野で既に相応の研究蓄積がある．その文脈では，貧困が環境破壊の原因であるとする説明がこれまで伝統的に行われてきた．その考え方は図6-1のような構図にまとめられている．この中から主なストーリーを採り上げると次のようになる（諸富他，2008）．

第1は，急速な人口増加に伴うものである．貧困層は一般に生態的に脆弱な土地に居住し，移動耕作や焼き畑などの生産性の低い生業に従事し，自然資源への依存度が高い．基本的医療サービスの普及等により貧困層において人口が急増すると，食糧や燃料需要が増加することになる．これは耕作地や

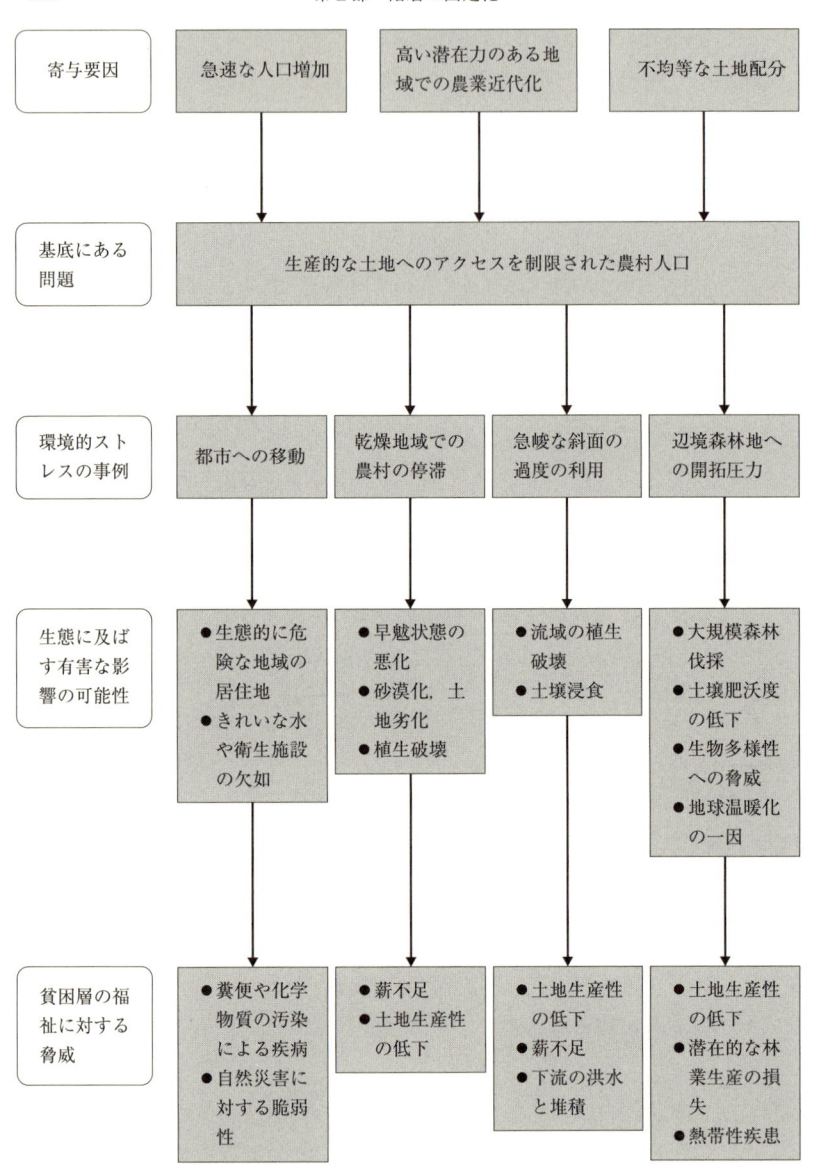

図 6-1 貧困と環境破壊の関係

寄与要因	急速な人口増加	高い潜在力のある地域での農業近代化	不均等な土地配分

基底にある問題	生産的な土地へのアクセスを制限された農村人口

環境的ストレスの事例	都市への移動	乾燥地域での農村の停滞	急峻な斜面の過度の利用	辺境森林地への開拓圧力
生態に及ぼす有害な影響の可能性	●生態的に危険な地域の居住地 ●きれいな水や衛生施設の欠如	●早魃状態の悪化 ●砂漠化，土地劣化 ●植生破壊	●流域の植生破壊 ●土壌浸食	●大規模森林伐採 ●土壌肥沃度の低下 ●生物多様性への脅威 ●地球温暖化の一因
貧困層の福祉に対する脅威	●糞便や化学物質の汚染による疾病 ●自然災害に対する脆弱性	●薪不足 ●土地生産性の低下	●土地生産性の低下 ●薪不足 ●下流の洪水と堆積	●土地生産性の低下 ●潜在的な林業生産の損失 ●熱帯性疾患

出所：Leonard et al.（1989），諸富他（2008）．

薪炭材需要の増加をもたらし，森林等の自然資源への利用圧力を高めることになる．森林の農地への転換や過剰伐採，あるいは放牧地の酷使などは土壌流失などをもたらし，その結果，洪水や干ばつの増加，砂漠化などが引き起こされる．農業生産性は低下し，生業と生計の基盤を奪う．生業と生計を維持するために貧困層は自然資源への依存をさらに高めることになり，環境破壊を加速する．

第2は，農業の近代化に伴うものである．途上国ではモノカルチャー型の農業形態をとる国も多いが，これら一次産品の価格が国際市場の変動を受けて低迷すると，比較優位をもつ換金作物への作付け転換と近代化した農業の導入がなされる傾向がある．こうした行為は自然資源に対する利用圧力を高め，環境破壊を発生させる要因となりうる．また，近代的な農業手法の導入は生産性の向上をもたらすものの，他方で農業労働者への需要を減らす可能性があり，結果として貧困層を増やす．増加した貧困層はさらに辺境の脆弱な土地に移動せざるを得ない．

これらいずれの場合にも，貧困に起因する無計画な森林伐採などの自然資源の採取により，代替的な生産手段に乏しく自然資源に多くを依存せざるを得ない貧困層は生産基盤を喪失する．さらなる貧困と環境の悪化に陥ることになり，貧困と環境破壊の悪循環となる．環境難民として居住地を海外に求めるケースも想定される．環境破壊により生産的な土地から排除された貧困層は，より脆弱な限界地の開発を行い，さらなる環境破壊を招くか，あるいは経済的な糧を求めて都市に移住し脆弱な土地に居住する．都市は元々失業率が高く，先進国のように経済成長が雇用を吸収するわけではないため，農村部の貧困と疲弊に起因して都市部へ移動した人たちは就業機会に恵まれず，都市スラムを形成することも少なくない．

こうした観察結果をもたらす要因の1つは，貧困層が近視眼的であるためと説明されている．すなわち，長期的視点に立って自然資源に対する適切な管理や投資を行わないため，将来の成長を支える潜在的基盤までも失うことになり，貧困と環境破壊の悪循環に陥る．このため知識も資本もない貧困層に対しては，利用可能な自然資源を持続的かつ適切な方法によって管理するよう誘導すべく，十分な教育と情報の提供が必要だとされる．

2.2 環境クズネッツ曲線

環境破壊は言うまでもなく途上国だけの問題ではなく，先進国にも存在する．たとえばわが国では特に高度成長期においては多様な公害問題を経験した．大きな被害をもたらした各種の公害は産業活動が生み出す外部不経済として捉えられる．現在の環境問題の多くは経済成長に伴い発展した工業を中心とする産業による汚染であり，産業の外部不経済である[2]．

開発経済学や環境経済学の文脈でしばしば登場する概念に，環境クズネッツ曲線仮説がある．これは経済成長と環境汚染との間に逆 U 字型曲線の関係が描けるという仮説であり，縦軸に何らかの環境負荷の指標，横軸に 1 人あたり所得の水準をとったとき，ある水準までは両者の間に右上がりの関係が認められ，経済成長の初期段階では環境汚染が進行するが，その水準を超えると今度は両者の関係が右下がりになり，環境改善が進むというものである．経済成長・発展に伴い環境改善がもたらされることから，持続可能な発展の可能性を示唆する概念となっている．この仮説はデータの観察による経験則から生まれたものであって，理論的，実証的に研究が進められている．これまでの研究成果によると，仮説が成立するかどうかは対象とする環境負荷指標によって異なる．たとえば二酸化硫黄や窒素酸化物では逆 U 字型曲線を観察できるとする分析結果が多いが，二酸化炭素では観察できないか，観察できたとしても転換点をもたらす所得水準は極めて高いとする結果が多い．

逆 U 字型になる理由についてはいくつかの要因が挙げられている．環境規制などの環境保全政策や制度の導入，製造業からサービス業への移行など産業構造や消費の構成変化，あるいは所得の増加につれて社会における環境に対する選好が強まり，環境保全のための投資を行うようになるなどが主な要因と説明されている．

環境クズネッツ曲線仮説は非常にナイーブな仮説なので，様々な問題点も

[2) 他方，発展途上国の貧困層は農林業や漁業，牧畜業に従事し，自然資源に大きく依存している点が特徴となっている．自然資源への依存度が大きいがゆえに各種の環境破壊がもたらされることになるが，これは素朴な形態の農林業の外部不経済として考えることもできよう．

含んでいる．たとえば，世界では発展途上国が圧倒的に多いため，各国の所得分布の相違を踏まえると，世界全体では多くの汚染物質について単調増加局面にあり，汚染物質排出量は当面増加すると考えられる．また，先進国における逆U字曲線の右下がり局面は，途上国の右上がり局面とセットになっている可能性がある．すなわち，汚染集約的な企業による貿易や直接投資の影響を考慮すれば，先進国での環境改善は環境規制の緩い途上国を中心とする他国での排出という犠牲の上に成立している可能性も考えられる．さらに，途上国にとって問題になるのは，経済発展のためには環境汚染はやむを得ないという誤った解釈がなされる場合があることである[3]．経済発展の初期段階において環境汚染が許容され悪化すると，汚染源の近隣に居住する住民を中心に致命的な，あるいは生涯後遺症の残る被害をもたらす場合もあることは言うまでもない．

仮説の成立を示唆する逆U字曲線が観察されたとしても，所得の低い発展途上国への適用には留意が必要である．観察事実は主として先進国の過去の経験に基づくものであり，途上国がこの経験通りに発展するとは限らない．また，先進国の経験が妥当するとしても，途上国は先進国のような高い所得水準に至っていないために逆U字曲線の右上がりの局面に位置し，汚染物質排出が増加していることになる．途上国のなかには急速な経済発展を遂げつつある国もあり，環境クズネッツ曲線の右上がりの部分に位置する場合には，所得が増加しても環境問題は解決せず，むしろ悪化する場合もあり得る．産業の外部不経済が今後懸念すべき課題となる可能性が高い．

2.3 市場経済化・グローバル化と環境問題

2.1節で述べたように，貧困層は近視眼的で，長期的視点に立って自然資源に対する適切な管理や投資を行わないため，将来の成長を支える潜在的基盤までも失うことになり，貧困と環境破壊の悪循環に陥るとの見解がある．

---

[3] わが国でも高度成長初期の頃に，経済成長を優先するために公害問題がしばしば黙認されてきた経緯がある．1958年に制定された水質二法（水質保全法，工場排水規制法）には，いわゆる「調和条項」が存在した．調和条項とは，生活環境の保全は経済発展と調和する範囲で進める，というものである．調和条項は1967年制定の公害対策基本法にも置かれていたが，1970年のいわゆる公害国会で削除された．

しかし，その後のフィールドワークを基にした研究成果などによると，貧困層の割引率は必ずしも大きいわけではないことも明らかになりつつある．貧しい共同体は，資源保全ができないわけではなく，むしろ，資源保全を目的としたかなり精巧な規則やこれに準ずるルールをもっている場合が少なくない．環境の悪化が生計能力の低下につながることを，共同体の過去の経験や伝承などから十分に理解している場合も多い．このような共同体にとっては，環境破壊は自らが引き起こしたものではなく，共同体の外部から予期せぬ形で一方的に押し寄せてきていることになる．

この点において，経済活動の市場化は環境破壊を引き起こす要因の1つである可能性がある．Dasgupta（2001）は，貧しい共同体が非市場的な枠組みのなかに存在するとすれば，「市場の拡張が非市場制度を破壊し，ある弱い立場の集団の暮らし向きを悪化させうる」（訳書249頁）と述べている[4]．

貧困諸国の農村共同体では，概して非市場的相互作用は互酬性のような社会規範によって維持され，それは共同体の長期的関係を支えるものとなっている．ところが，ひとたび企業のような市場的要素が共同体の近傍に出現し，市場と非市場的制度が併存するようになると，その後は経済活動の利便性の点から市場化が進行し，市場的要素が相対的な地位を高めやすい．共同体に属するある構成員にとって，共同体内で長期的関係に基づいて協調的な生活を営むよりも，近隣企業で働くことから得られる利得が高いと考えるならば，共同体を離脱することになる．こうして非市場的制度の下にある共同体から市場経済に多くの人口が移動するようになると，やがて共同体は崩壊する．共同体によって維持管理されていたコモンズ（自然資源などの共有資源）も荒廃し，環境破壊を招く可能性がある[5]．

市場への接近や関わりがあったとき，特に近年の途上国にとってはグロー

---

[4] 以下の記述の多くはDasgupta（2001）に負っている．
[5] 多くの国では経済発展やそれに伴う各種社会制度の改革によって，歴史的に見て適切に管理されてきたコモンズの私有化や国有化が進められてきた．しかし，私有制度も国有制度も環境保全を保証するものではない．適切な維持管理を必要とする自然資源などは，宇沢（2000）が提唱する社会的共通資本として管理することの重要性，すなわち，公有・私有にかかわらず，社会全体にとって共通の財産として，社会的な基準にしたがって管理・運営すべきであることを示唆していると言える．

バル化の波に接したときに環境問題が発生している[6]．こうした環境破壊は，市場経済化の過程で外部不経済として引き起こされ，被害を受けるのは市場経済に無縁だった人，あるいは外縁にいた人たちとなっている．市場のグローバル化とともに外部不経済は大きくなり，それが内部化されない限り被害は深刻になっている[7]．このように，市場制度の発展やグローバル化の進行は，元々非市場的経済制度の下で独自の伝統的なルールに基づき，共有資源を利用しながら自給自足的・安定的に持続可能な生活を営んでいた，相対的に弱い立場にある，いわば経済発展に無関係な人たちに対して大きな影響を与え，非市場的共同体を崩壊させ，コモンズや自然資源を荒廃させてきたと考えられている[8]．

3. 環境問題と被害

3.1 環境問題の性格と被害

本節では主として環境問題から生じる被害の特徴や構造について展望する．ここで被害に着目するのは，被害の波及経路や水準が被害者の経済的状況に大きな影響を及ぼし，格差を形成する要因の1つと考えられるからである．

1972年にストックホルムで開かれた「国連人間環境会議」で主な議題となったのは，ローカル（地域的・局所的）な環境破壊であった．これは1950年代から60年代にかけて展開された工業化・都市化に伴って排出された有

---

[6] 一部の多国籍企業では，環境破壊による様々なリスクを未然に回避するため，企業が有する多様なリソースを活用し，途上国への進出，操業にあたっての貧困の改善，環境破壊の防止などコモンズを破壊しないような取り組みを意識しているケースも散見されるが，そのような例はまだ数少ない．

[7] Stiglitz（2006）は，グローバル化自体は悪くなく，これによって必ずしも環境が悪化したり不平等が広がったりするわけではないが，適切に管理されないグローバル化はこうした望ましくない結果をもたらすし，現にそのようになっている旨を述べている．

[8] 一般に地球環境は全人類にとっての共有資源として捉えられている．地球環境問題，すなわちグローバル・コモンズの荒廃は，ローカルなコモンズと同様に外部不経済の要素のほか，共有地の悲劇として知られる社会的ジレンマの側面も有する．地球温暖化は温室効果ガスという外部不経済をもたらすものを過剰に生産し，大気という共有資源を過剰に利用し汚染している状態である．

害物質によって引き起こされた公害に象徴されるものであり,自然環境を直接毀損し,人体に不可逆的な危害を加えるものであった.

これに対して,1992年にリオ・デ・ジャネイロで開催された「環境と開発に関する国連会議(地球サミット)」では,主要な議題は地球温暖化や生物多様性の喪失,砂漠化の進行など地球規模の環境に関わるものであった.この間にローカルな環境破壊が完全に解決されたわけではもちろんないが,越境型汚染や地球規模の環境破壊の出現など,環境問題の性格が大きく変化したことを象徴している.

前節で採り上げた経済と環境の関係は,主としてローカルな環境破壊を背景としたものであった.環境問題の性格が変化して地球環境問題の深刻化が主要な関心事になると,被害の範囲は広がりを見せ,全地球的な被害が懸念されることになる.しかしながら,その被害を真っ先に受けるのは,地球温暖化問題における現在の小島嶼国のように,特定の地域,さらにその中の特定の階層の人々に集中する傾向が見られる.すなわち,環境問題の性格や被害の範囲の広さに関わらず,被害を受けやすいのは多くの場合生物的・経済的に弱い立場にある社会的弱者であるように思われる.

3.2 被害の特徴

まず,環境破壊による被害の一般的な特徴を概観しておきたい.被害に関する特徴の第1は,それが絶対的,不可逆的な損失を生み出す点にある.わが国でも四大公害病の例を引くまでもなく,被害者のなかに死者が出たり,あるいは生涯後遺症が残ったりするケースが少なくなかった.また,地球環境問題,たとえば地球温暖化では,気候変動を通じて地球的な規模で生態系に影響を与えることが懸念されている.高温化による健康被害はもちろん,海水面の上昇で国土が水没し,国家や国民の資産が失われることも予測されている.

第2には,生物的・社会的弱者に被害が集中する傾向がある点である.わが国でも公害被害は一般に,成人男子に比べ汚染に対する抵抗力が弱いとされる女性や子どもに集中して見られたという.また,経済力の乏しい社会的弱者は居住地の周辺に環境汚染が発生しても,移住費用が負担できないなど

の問題や，移住できたとしても移住先での就業機会に恵まれないなどの要因のために，速やかな移動が困難な場合が多い．地球温暖化でも現に被害を受けているのは小島嶼国や沿岸部の脆弱な土地に居住する弱者である点は前述のとおりである．

さらに付言すれば，こうした弱者の人たちは概して「声が小さい」，すなわち被害を自ら社会に訴える力が弱い面がある．汚染者と直接交渉する力もない．経済力の乏しい人たちは条件の悪い土地や恵まれない住環境に居住している場合も多く，大気汚染や水質汚染の被害の影響をまともに受けることになる．こうした被害状況をアピールするための外部支援がなければ，泣き寝入りを余儀なくされる被害者も少なくない．

被害の第3の特徴として，被害の影響が何世代にもわたる長期的なものとなる可能性を指摘できる．地球温暖化問題では，自然環境の利用から便益を享受するのはわれわれ現在世代であるが，その破壊による被害を受けるのは主として将来世代となる．後述するように，被害が長期的影響をもたらす場合には，世代間の不公平が拡大することが重要な問題となる．

3.3 国際的な環境問題と被害構造

わが国が主として高度成長期に経験した公害問題では，被害構造は加害者対被害者のように両者を分離して考えることができる場合が多かった．これに対し，近年国際的な拡大を見せる環境問題は，被害構造も複雑な変化を示している．ここでは国際的な環境問題を，地球規模の共有資源が汚染される問題と国家間の環境問題の2つに大別して考えてみる．前者は気候変動やオゾン層の破壊などに代表される問題である．砂漠化の進行や生物多様性の喪失なども含まれる．後者は酸性雨や国際河川の汚染のような越境汚染問題，あるいは汚染源の国際移転のような公害輸出問題に象徴される．

被害構造の点では，次のような特徴を有している．第1に，加害者と被害者の分離可能性の相違から生じる点である．前者は加害者と被害者を区別できず，多くの場合その被害が直接的・間接的に地球上のすべての人々に及ぶ．汚染物質自体は二酸化炭素のように無害である場合も多いが，経済活動によって大量に排出されストックが膨大になると地球的規模の自然環境の均

衡を攪乱する．砂漠化の進行や地球上の生態系に対して深刻な影響を及ぼすことになり，その結果人類や生物の生存を脅かす．一方，後者では加害者と被害者とを区別することが可能であり，概して特定の国の住民が被害を受けている[9]．この意味においてはローカルな環境問題の被害構造に似ている．

第2に，両者に一般的に共通する特徴としては，国際的な環境問題として報道などを通じて情報を受信することにより問題の所在そのものは十分認識している場合であっても，被害を実際に受けない限り他人事のように考えやすい点がある．地球温暖化は問題の深刻さは理解していても被害を体感しにくい面がある．この種の問題は往々にして先進国と途上国の対立を生みやすく，問題解決には困難が立ちはだかり，対策が将来世代に先送りされることが多い．越境汚染問題では，被害を実際に受けている国の国民は問題を身近なものとして具体的に捉えることができるが，その他の国の居住者には意識されにくい．国家間の問題であることが解決を一層困難にする．加害国は実際に被害を受けていないために環境対策に消極的になる傾向をもち，この場合，被害国にとっては国内環境問題の解決よりもより大きなコストがかかることになる．

4. 被害と経済格差の形成

4.1 健康被害と経済的影響

ローカルな環境破壊，とりわけ公害によるもっとも深刻な被害は地域住民の生命が失われることであろう．人命を失うまでに至らなくとも，健康被害の影響は生涯にわたる場合が多いだけに深刻である．ここでは環境破壊という外生的なショックがもたらす被害波及と格差形成のプロセスについて，経済的影響に着目しながら展望する．

飯島（1993）は健康被害に始まる被害の連関を図6-2のようにまとめている．ここでは環境破壊の結果として地域住民に健康被害が発生すると，多く

---

[9] 地球規模の共有資源が汚染される環境問題においても，たとえば気候変動問題では，既述のように，小島嶼国など特定の国の住民が現に被害を受けている例もあり，ここでの分類のしかたは厳密なものではない．

第6章　環境と格差社会　　177

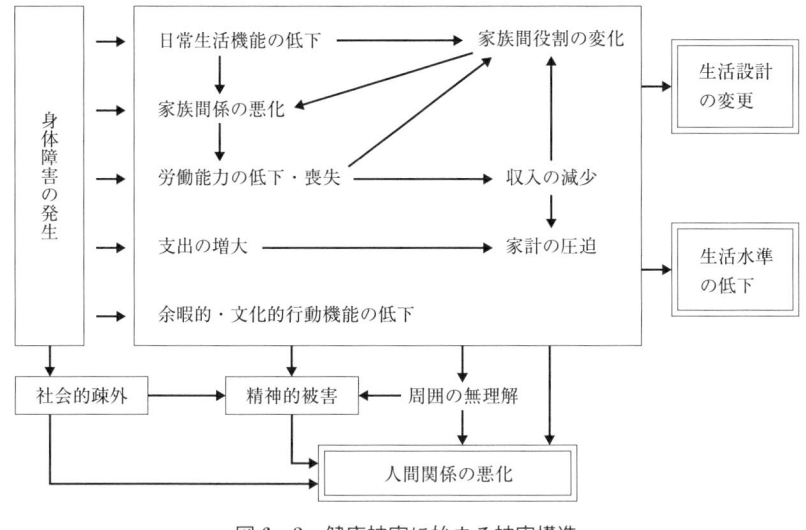

図6-2　健康被害に始まる被害構造

出所：飯島 (1993).

の場合影響は被害者本人の健康問題だけにとどまらないことを示している．すなわち，最終的には本人とその家族を含めた人たちが生活設計の変更や生活水準の低下，人間関係の悪化などを余儀なくされ，生活を営む上でのもっとも基本的かつ重要な要素を喪失する状態となる．また図6-2では，健康被害は様々な影響を誘発するが，被害者の家計に与える影響，すなわち，健康被害の発生が労働能力の低下をもたらし，その結果収入が低下する点が重視されている．

　成人における健康被害は何らかの形で労働に影響を及ぼす可能性が高い．現在の仕事を継続できない，あるいは軽作業への移行，職務上の地位の変化など就業形態の変更を伴う可能性もある．こうした変化は収入の低下を伴うケースが多いと考えられる．収入の低下だけではなく，健康被害者にとっては治療のための支出も多額になる．とりわけ公害による健康被害では，医学的に経験のない症状である場合や因果関係の認定に時間を要する場合も多い．その間の補償は期待できないため，被害者は自費による負担を余儀なくされることになる．

収入の低下や医療費支出の増加により被害者の家計に大きな負担がかかるようになると、家族の誰かがこれを補完しなければならなくなることから、家族内での役割が変化する。被害者に対する介助や介護が必要になる場合もあれば、家計を支えるために就業機会を求める場合もある。あるいは、子どもが進学を断念したり、就学中の子どもが退学して就職したりしなければならなくなることもある。健康被害を受けた者が主たる家計支持者であった場合には、こうした家族内の役割の変化はさらに顕著になる。環境破壊の結果、被害者が不幸にして亡くなった場合には、介助や介護の負担はなくなるものの、遺族の精神的な被害は大きくなる。また、遺族内の役割の変化を通じた影響は健康被害の場合と同様に生じることとなる。

このように環境破壊は健康被害や人命の喪失を通じて被害者とその家族に大きな経済的負担をもたらす。家族の将来展望をも奪う可能性があり、それが子どもの教育に影響を及ぼす場合には、3.2節で被害の特徴の3点目として指摘したように、経済的な格差が世代間にわたって残る可能性が高い[10]。

4.2 居住環境と経済格差

健康被害の程度がそれほど重くなく、ほぼ従来どおりの就業が可能となる場合には、家族に及ぶ負の影響は少ないと考えられる。もし重度の健康被害に見舞われるならば、前述のように労働能力の著しい低下を招き、経済的困窮に陥ることになる。この場合、従来の生活水準を維持できず、たとえば中流層から下位の階層への移動、あるいはさらに貧困層への転落が生じ、さらにそれが将来世代に伝播する可能性も高い。

反対に、被害者またはその家族が属する社会階層が相対的に上位層にある場合は、従前の生活水準を維持できる可能性が高い。つまり、一般的に所得水準の高い家計は、医療費の保険によるカバーや良質の情報の獲得、人的ネ

---

[10] こうした被害構造は環境破壊によるものばかりでなく、大規模な自然災害や事故などの外生的ショックの多くについても妥当すると考えられる。環境破壊において特徴的な点は、自然災害であれば政府が、事故であれば原因者がすみやかに被害者に支援や補償など必要な対応がとられるのに対して、環境破壊では汚染者がそれを認めたがらないなど因果関係について関係者が非協力的になるケースが多く、その場合被害者には必要な補償が入らないことに伴う負担の長期化を余儀なくされる点である。

ットワークの活用等により健康被害を軽減できる可能性があるなど[11]，環境変化に対する適応能力も高い傾向にあると考えられる．

　実際にはこうした相対的に高い社会階層に属する家計は，被害を受ける可能性が低い地域に居住している場合が多い．所得水準の高い家計は居住地の選択を自由に行う余裕があり，多くは地価の高い良好な住環境を有する地域を居住地として選好する．

　公害などの環境破壊に関するわが国での経験を振り返ると，被害が集中して発生していたのは工場集積地域に近接する農村・漁村や住宅地であった．一般的傾向として，工場集積地域近隣の住宅地は，環境が良好とは言い難いために地価や家賃が低く，また古い住宅が多かったり住宅そのものの構造や設備が必ずしも堅牢ではなかったりするために，大気汚染や騒音，振動などに弱い．移転に係る様々な費用が大きいなどのため居住地に関する選択肢の幅が狭く，こうした環境を受け入れざるを得ない相対的に低所得の層が多く居住している．低所得ゆえに環境変化に対応した住宅の改築も困難である．

　表6-1は，1969年から78年にかけて「公害健康被害の補償等に関する法律」の指定を受けた地域のうち，2008年度末現在で被害の現存認定者数が多い一部の市区について認定者数の推移を示したものである．これらの市区では全域あるいは特定の地域で大気汚染による著しい環境劣化が見られた．表6-2は各市区の1人あたり課税対象所得額を，人口1人あたりと納税義務者1人あたりについて整理したものである．表6-2の上段は表6-1に示されたいわゆる大気汚染地域であり，表の下段はこれらの市区に近いが同法律では対象外の，住環境に比較的恵まれていると言われている市区である．これらの表により，健康被害と所得水準の関係について大まかな状況を把握すると次のようになる．

　まず表6-1を見ると，認定者数に変動はあるものの最近にかけて減少している．その要因は様々なものが考えられるが，各市区のシェアは概ね安定して推移しており，被害者の地域間移動はあまり見られないものと推測することもできよう．また，各市区が同法に基づく指定を受けた年に近い1973年

---

11)　たとえば自身や家族の私的な人間関係のなかに医師など医療従事者がいれば，質の高い医療情報を得やすくなる．

表6-1 公害健康被害の補償等に関する法律の地域別現存被認定者数の推移（第一種地域）

(人, %)

年度末		1979	構成比	1988	構成比	2008	構成比
東京都	板橋区	1,750	2.3	2,610	2.4	1,664	3.8
	足立区	3,509	4.5	5,393	5.0	1,719	3.9
	江戸川区	1,853	2.4	4,085	3.8	1,634	3.7
神奈川県	川崎市	3,334	4.3	3,478	3.2	1,739	3.9
大阪府	大阪市	20,316	26.2	19,973	18.6	7,819	17.7
	東大阪市	1,413	1.8	3,887	3.6	1,453	3.3
	堺市	3,265	4.2	4,305	4.0	1,911	4.3
兵庫県	尼崎市	5,031	6.5	5,633	5.3	1,449	3.3
第1種地域（全国）計		77,493	100.0	107,207	100.0	44,223	100.0

注：合計の数字は，表に記載以外のその他の地域も含む．
出所：環境省『平成22年版環境統計集』．

表6-2 1人あたり課税対象所得額

(千円)

			人口1人あたり			納税義務者1人あたり		
	年度		1973	1988	2008	1973	1988	2008
大気汚染地域								
	東京都	板橋区	435.4	1,445.80	1,885.00	1,148.40	3,289.10	3,750.00
		足立区	366.6	1,215.80	1,572.00	1,104.80	2,955.60	3,414.00
		江戸川区	376.6	1,305.00	1,787.00	1,133.20	3,118.30	3,681.00
	神奈川県	川崎市	449.3	1,504.40	2,035.00	1,152.90	3,479.30	4,101.00
	大阪府	大阪市	379.7	1,130.90	1,402.00	1,098.00	2,866.10	3,327.00
		東大阪市	392.8	1,125.50	1,362.00	1,154.30	2,901.90	3,257.00
		堺市	394.1	1,118.10	1,408.00	1,217.50	3,119.80	3,483.00
	兵庫県	尼崎市	386.7	1,094.90	1,387.00	1,115.10	2,835.50	3,216.00
非大気汚染地域								
	東京都	世田谷区	591	2,156.30	2,932.00	1,587.90	4,755.60	5,447.00
		杉並区	588.7	1,983.80	2,540.00	1,525.90	4,395.40	4,724.00
	神奈川県	鎌倉市	579.4	1,949.40	2,282.00	1,651.20	4,701.10	4,763.00
	兵庫県	西宮市	473	1,561.40	1,970.00	1,401.60	3,956.70	4,462.00
		芦屋市	880.3	2,195.00	3,008.00	2,415.00	5,409.20	6,452.00

注：「大気汚染地域」に掲載した地域は「公害健康被害の補償等に関する法律」による指定地域のうち，現存被認定者数が比較的多い地域．市町村合併の処理については，2008年度末時点の行政区域を基準に過去に遡及して調整した．
出所：環境省『平成22年版環境統計集』，総務省『市町村税課税状況等の調』等より筆者作成．

度について表 6-2 を見ると，大気汚染地域に属する東京都区部や川崎市の所得は，世田谷区の概ね 3 分の 2 から 4 分の 3 程度でしかなかった．阪神地域でも同様の傾向が観察され，大気汚染地域の所得は高級住宅地と言われる芦屋市の 4 割から 5 割程度でしかなかった．さらに，こうした傾向は，35 年後の 2008 年度においてもあまり縮小していない．推測の域を出るものではないが，被害認定者の多くは同じ居住地にとどまり，所得格差が世代を通じて残存している可能性をうかがわせる[12]．

4.3 途上国の環境政策と格差形成

途上国のなかにも様々な発展段階の国がある．そのため途上国の環境問題も，注 2 で触れたような素朴な農林業の外部不経済だけではなく，国家の開発・発展を優先する立場から急速な工業化を中心とする産業構造の転換が図られている国においては，工業化に伴う環境破壊などの外部不経済が発生している．急速に工業化が進んでいる国では，環境対策が追いつかず，そのために経済格差が生じるケースがしばしば観察されており，途上国特有の問題となっている．

このような途上国国家の多くが開発独裁と言われるように，成長政策を阻害するような環境問題の存在自体を認めないケースも少なくない．そこでは環境関連の行政組織は有効に機能していないため，たとえ環境政策が成文化されていたとしてもそれが実行されていないこともある．環境破壊の被害者は，仮に被害を訴えることができたとしても，司法制度の基盤が弱いため裁判などでの対応は困難となる．このため汚染者である企業側から必要な補償を引き出すことは期待できない．

したがって被害者は居住地の移動ができない限り継続して環境破壊を受けることになり，企業から補償を受けることもないため生活水準は一層低下することになる．一般的な傾向として，被害者は土地などの資産を保有せず十

---

[12] これらの地域には当該法の指定を受ける以前から何らかの格差要因が存在し，表 6-2 はそれを踏まえた上での企業や住民の合理的行動の結果として観察されたものである．したがって，表 6-2 は環境破壊から経済格差への因果関係を示すものとは必ずしも言えず，両者の相互依存の結果としての居住環境と経済格差の状況を示しているにすぎない点，解釈には留意が必要である．

分な教育も受けていない社会的弱者が多いため，不安定な職業に就かざるをえない．ここで生活が破綻することになると，多くは仕事を求めて都市部へ流出するが，そこで生活を再構築できる可能性が乏しいことは，農村部を追われて都市部に流入してくる貧困層と同様である．結果として低い生活水準の悪循環から抜け出すことができず，社会的・経済的弱者の状態が世代を通じて伝播していくことになる．

4.4 情報格差と経済格差

これまで述べてきたように，多くの国が経験してきた公害問題では，被害をもっとも早くかつ重く受けるのは社会的弱者であり，貧しい人，立場の弱い人にリスクが集中する傾向がある．その場合被害実態は無視されやすく，被害が大きな社会問題となる頃には地域環境の崩壊がかなりの程度進んでいるという実態が観察される場合が少なくない[13]．

四大公害病などわが国の公害問題においては，被害の発見からしかるべき対策がとられるまでの時間が長期にわたる場合が多かった．この間にも汚染物質は排出され続け，被害は拡大し，地域の自然やコミュニティの多くは崩壊した．また，被害者は被害のコストを自ら賄い，後に加害者や行政から補償を受けることが可能になっても，被害者としての認定を受けるためのハードルは高く，補償が被害のコストを埋め合わせるに十分とは言い難い場合もあった．このため被害者家族の経済的負担は重い状態が続いた．

加害者が企業である場合には，当該地域で企業城下町を形成していることも多く，この場合は企業と地域行政との「距離」が近いこともあって，自治体による環境規制の制定やエンフォースメントが十分に機能したとは言い難い面があった．従業員も企業側の立場にあり，被害者との分断を生じやすい．

このように被害の状況が社会的に顕在化するまでに時間を要することの一因としては，情報の収集力や把握能力がある加害企業側と，被害の原因や汚

---

13) 3.2節で述べたように，環境破壊の被害者は被害状況を訴える力が弱い傾向がある．自力で弁護士に依頼して救済の道を求めることは費用負担が制約となってほとんど行われない．また，治療のための高度な医療を受けることも同様の理由で困難である．このため被害者団体が組織されたり，支援団体が組織されたりすることが救済のための有益な手段となりうる．

染の程度，とるべき対応等について知識の乏しい被害者側との間には情報面における非対称性が著しいことがある[14]．これまでわが国では，貧しい地域に雇用をもたらす代わりにリスクを負わせてきた面があったと言えなくもない．地域住民は情報量の不足，判断能力の不足もあって，自身がさらされている環境リスクを正しく判断できない．雇用の恩恵を受けている場合には判断基準にバイアスを与えてしまう可能性もある．加害者側が有する情報が十分開示されないと，被害の拡大と長期化につながる可能性がある．情報格差による被害の拡大と格差の形成は，ローカルな環境破壊だけでなく，今後地球環境問題でも特定地域に被害が発生する場合には起こりうる可能性があることにも留意が必要である．

5. 環境と格差がもたらす影響

5.1 世代間の格差

前節ではローカルな環境破壊を例に，被害に伴う経済的影響が格差を形成し，将来世代に波及しうる可能性を見てきた．同様の懸念は地球環境問題でも存在する．

地球温暖化の被害を深刻に受けるのは主として将来世代と考えられている．各国政府間で国際協調の道が模索されているが，交渉は現在のところ膠着状態にある．国際協調の結果として得られる合意内容次第では，各国の経済成長に与える影響などを通じて将来の各国の所得面や環境面などの格差を引き起こす要因ともなりかねない．

環境破壊から被害を受ける社会的弱者を救済し，格差を是正する必要が求められるが，公平性の観点から救済すべきなのは，自分自身の意思とは無関係な力によって大きな負担を余儀なくされる人たちであると考えられる．将来世代はこうした条件を満たしており，救済を必要とする弱者といえる．つまり，現在世代と将来世代の格差が今後大きな問題となる可能性が高い．

---

14) 国際的越境汚染問題である欧州の酸性雨問題では，被害国であるスウェーデンやノルウェーによる国際的な働きかけも大きかったが，加害国であるイギリスも先進国であったことから，情報の非対称性の程度も小さく，解決までの時間は比較的短かったと言えるかもしれない．しかし，これは稀な例であろう．

「持続可能な発展」については，国連ブルントラント委員会による「将来の世代の欲求を充たしつつ，現在の世代の欲求も満足させるような発展」という定義が広く使われている．この定義を巡る解釈も様々だが，基本的なコンセプトとして国際的に共通認識を持たれているのは，「世代間の公平性」を担保することが重要かつ不可欠であるということを示した点であろう．

気候変動問題に代表される，汚染者と被害者を分離できない環境問題に対応するため，近年の環境政策では経済的手法を駆使して効率性の基準から問題の解決あるいは緩和を試みようとしている．しかし静学的，動学的な資源配分の効率性が達成されたとしても，これは世代間の公平性を実現するわけではない．環境資源を現在世代と将来世代の間でどのように分け合えばよいのか明確な基準はなく，公平性の実現や格差の是正は容易ではない．

世代間の公平性の実現，あるいは格差の是正を困難にしている要因の1つとして挙げられるのは次のような点である．すなわち，環境汚染の原因となった過去世代がすでに存在しないこと，加えて，被害者となる将来世代がまだ存在しないことである．このため，世代間の公平性の観点からは，現在と将来の資源配分問題の意思決定に，現在世代ばかりでなく将来世代も参加すべきであるが，それが不可能となってしまう．この場合，意思決定に参加できない将来世代の代理人を現在世代が務めようとすると，公平性が損なわれ格差が拡大するおそれがある．将来世代は現在世代の意思決定に参加することなく，負担だけを負わされることになる．生まれる時代を選択することもできない．このため現在世代の適切な対応が必要となる．

5.2 世代内の格差

世代内の格差について検討することが重要であるのは，格差そのものが現在世代の社会の安定化に直接的な影響をもたらす点があるのはもちろんであるが，加えて市場経済制度の下における現在世代の分配が公平性を欠く（世代内公平性が満たされない）と，世代間の連鎖を通じた将来世代の分配は，不公平の程度が拡大する傾向にあり，さらなる格差の要因となる点である．

UNEP（2002）は，環境問題に関わる（世代内）格差として，次の4つの視点を挙げており，これらは（世代間の格差に関わる）持続可能な発展に対して

深刻な脅威となると述べている．第1は，環境面の格差であり，先進国と途上国が享受できる自然環境，都市環境などの格差である．第2は，政策面の格差であり，政策立案能力や政策の次元の格差，政策を実施できる能力の有無の格差である．第3は，脆弱性のギャップであり，環境が及ぼす変化や災害の危険に関する脆弱性の差である．第4は，生活様式の格差であり，世界人口のごく一部である富裕層の過度な消費と，大部分を占める貧困層との格差である．このうち，最後の点は環境と所得格差，経済格差について述べており，これが将来にわたって脅威となりうることを示している．

概して所得水準の違いによって，関心のある環境問題は異なると言われている．高所得者層は野生動物の保護，生物多様性の保全，気候変動とエネルギー問題，飲料水（ミネラル水）の水質などの問題に関心が高いのに対し，低所得層は大気汚染や水質汚染による健康被害，有害廃棄物とその処理場などの問題に関心が高い．また，こうした高所得層に属する人あるいは国・地域は環境変化への適応性が高いのに対し，低所得層に属する人，国・地域は環境問題に対処する余裕に乏しい．4.2節で採り上げた居住地域の選択も所得水準の違いによってもたらされる世代内の格差と位置付けられよう．

このような意識の相違や適応能力の差異が問題解決の支障となりうる．また，世代内の格差は，自然資源の利用から得られた富が主として市場経済のなかで活動している富裕層あるいは先進国に属する人々に帰着し，環境破壊の被害を受けている低所得層あるいは途上国に還元されていない点が背景にあるとの指摘もされている[15]．

世代内の公平性の実現，あるいは格差の是正には，効率性の観点から主として市場メカニズムを活用した経済的手法に基づく環境政策や，国際的には先進国から途上国への資金援助により行動様式を変化させる（環境配慮行動に誘導する）インセンティブを与える方法が採用されている．資金援助は政治的にも受容しやすく，以前から国際協定の締結とセットで多用されている．しかし，これは世代内では実現可能であったとしても，世代間では資金

---

[15] Stiglitz（2006）は，グローバル化を機能させるためには，先進国を中心とする国際社会が資源を有する途上国に手を貸す場合，資源価値の取り分を最大化させるだけでなく，安定と成長を同時に実現でき，成長の果実が幅広く共有されるよう配慮すべきである旨述べている．

の受け手となる将来世代が存在しないため，世代間の格差を直接是正する手法とはなりにくい．

5.3 環境正義

環境破壊によって被害を受けるのは経済的に貧しい社会的弱者が多く，一般的にそうした人たちの住環境は相対的に劣っており，こうした環境格差がさらなる経済格差を作り出している．

アメリカにおいては1970年代以降，産業発展に伴う環境負荷が，ある特定の地域における住民，あるいは人種的マイノリティ，社会的弱者等の経済格差の底辺に属する層に累積する傾向があるという問題が顕在化して，しばしば深刻な議論や論争が引き起こされてきた．

アメリカでは伝統的な自然保護思想に基づく保護・保全を中心とした環境運動が展開されていた．このような運動を通じて政策形成に関わる環境団体を主として支えていたのは，中流階級以上の白人を中心とする比較的裕福な層であり，特に男性であった[16]．

スーパーファンド法制定（1980年）の契機となったラブ・キャナル事件では，地元の化学工業企業による土壌汚染により，多くの住民が転居を余儀なくされた．また，この事件をきっかけに環境保護団体の草の根的運動が活発になり，組織がより強固になっていった．こうした組織では，従来のような比較的裕福な階層ではなく，それまで運動経験のなかった主婦らが新たなリーダーとして台頭し運動の中心となるなどの変化が見られたのが特徴的である．

1982年に発覚したノースカロライナ州のPCB埋め立て事件は，アフリカ系貧困層がコミュニティを形成する地域にPCB廃棄物埋め立て計画が持ち上がったことに端を発する．当時有害廃棄物処分施設の建設が，経済的に比較的裕福な白人が居住する地域よりも人種的マイノリティや貧困層など社会的弱者が多く居住する地域に著しく偏っていたことが背景にある．経済的に

---

16) アメリカにおける環境思想は19世紀末に大きな2つの流れが形成された．1つは自然を手つかずのまま残す「保護派」であり，もう1つは自然を人間の管理下におき再生可能な範囲で利用する「保全派」である．いずれも運動の中心は中流階級以上の白人であった (Dunlap and Mertig, 1992)．

有利な立場にある白人は良好な環境を享受でき，経済的に恵まれない人種的マイノリティの人々は有害な環境を強いられることで環境破壊の犠牲者になっていることが問題となった．

こうした迷惑施設の押しつけなど，人種差別的な土地利用計画の決定，社会的弱者が居住する地域において住民を排除した形で行われる開発など環境面を犠牲にした問題は「環境差別」あるいは「環境レイシズム」と呼ばれ，1980 年代の後半から 90 年代初めにかけて多くの事例が報告されるとともに抗議運動も活発化して，政府もその存在を認めるようになった．「環境正義」あるいは「環境的公正」は人種，民族，性別，経済力に関わらず良好な環境を平等に享受する権利を有するという概念であり，環境面での格差を克服する運動として重要な役割を果たしている．

環境正義を掲げた草の根的環境運動が奏功して，1992 年にはアメリカ連邦環境保護庁に環境正義局が開設されたほか，1994 年にはクリントン大統領によって「環境正義に関する大統領令」が発出されるなどの成果を得ることができた．

環境正義の概念は，アメリカにおける人種問題を背景に，環境保全と社会的正義の同時追求の必要性を強調している点が特徴的ではあるものの，環境格差と経済格差の関係から派生した問題と考えられる．類似の問題は世界の国や地域でも顕在化しつつある．

女性がリーダーとなる草の根的な環境保護運動や，そこから生じた環境情報格差の是正，弱者支援の仕組み，被害者の発言力の向上などは，高度成長期のわが国においては見られなかった動きである．近年，環境問題の深刻化に伴いわが国でも環境 NPO/NGO が台頭し，こうした活動を支援するネットワークが広がりつつあるが，こうした活動は格差是正の観点からは望ましいと思われる．

6. おわりに

本章では，環境破壊による被害者は多くの場合社会的弱者であるという視点に基づき，環境問題と経済活動の関係や格差の形成，および環境と格差が

もたらす影響について，既存研究を中心に展望した．要点をまとめると次のようになる．

経済的に恵まれない状態を原因として環境破壊を招くプロセスとしては，第1に，貧困層に人口爆発が生じると，その人口を養うために自然資源を過剰に利用するなど地域の共有資源が崩壊するもの，第2には，共有資源に依存した非市場的経済制度の下で活動を行ってきたコミュニティが，市場経済に接することによって，その活動に巻き込まれ，結果として共有資源が荒廃していくというものである．逆に，環境破壊は汚染源近隣の恵まれない住環境にある居住者に，健康被害による医療費など被害に伴うコストの負担を長期にわたって強いることとなり，必要な補償も得にくいため，それが所得格差を招くというプロセスもある．こうして生じた現在世代の所得格差は後世代にまで残る可能性がある．

このように，格差問題の観点から環境破壊が望ましくない理由の1つは，外部不経済のコスト負担を被害者が余儀なくされる場合があることである．医療費の重い負担等により家計が圧迫され，被害者の子弟が高等教育を受ける機会を制約されることになると，人的資本の蓄積が乏しくなり，生産性の低下を通じて将来の所得稼得能力が低く抑えられ，格差が将来世代に伝播することになりかねない．公害問題と同様に，地球環境問題でも被害を受けやすいのが貧しい途上国である傾向があるとすると，そのコストは被害国あるいは被害者自身が負うことになり，さらに将来世代に波及しかねない．

被害のコストを誰が負担すべきなのか．外部不経済に伴う社会的費用，共有地の悲劇など一種の混雑現象に伴う費用など，市場の失敗に対する適切な負担，および居住地選択の余地を拡張するための制度設計が求められる．また，環境破壊による被害者に対しては，結果として生じた経済格差を是正するような再分配の機能が組み込まれておらず，社会的公平の視点が欠如している状況とも言える．このため，環境変化に対応できるようなセーフティネットの構築や脆弱性の改善，適応能力の向上を進めていく必要がある．

様々な環境問題に対する政策対応の1つとして，いずれは環境税の導入が避けられないとの認識が広まっている．環境税についてどのような制度設計にすべきかについては必ずしもコンセンサスが得られているわけではない．

一般的な環境税は環境利用に対する対価の支払い，あるいは環境毀損に対するペナルティとして捉えられており，所得再分配を目的としたものではない．また，得られた税収の使途についても特段の定めはない．ここで別の目的にも配慮した多面的な性格をもつ課税のあり方を検討することも有意義であろう．つまり，環境税として得られた税収の一部を再分配政策に活用しようとするものである．環境の改善と既存の税制が有する歪みを是正するこうした効果は「二重の配当」として知られている[17]．

宇沢（2009），Uzawa（2003）では地球温暖化問題を踏まえて「比例的炭素税」と「大気安定化国際基金」の組み合わせを導入すべきと提唱している．これらはともに，先進国と途上国との経済格差是正の観点を有しており，二重の配当の延長線上に位置付けて理解することも可能であろう．

比例的炭素税は，1人あたり国民所得に比例した各国別に異なる税率の炭素税を賦課するものである．一律の税率を要求する教科書的なピグー税では，現実問題として先進国は課税負担に耐えることができるとしても，途上国には過度な負担となりうる．比例的炭素税の目的はこうした現実を踏まえて，大気という社会的共通資本の利用に対する対価を支払い，先進諸国と途上国との間に存在する経済格差にも配慮しながら，地球温暖化の抑制に長期的な観点から最適な形で役立てようとするものである．

また大気安定化国際基金は，各国が比例的炭素税として得た総税収から育林に対する補助金を差し引いた純税収の一定割合を拠出することで成立するものであり，集まった拠出金はある一定のルールに基づき途上国に分配されることになる．先進国と途上国の経済格差是正に配慮したものである．

比例的炭素税と大気安定化国際基金の実現化には，適切かつ詳細なルールについて国際合意を得ることが必要になり，これには相当の困難を伴うと予想される．しかし，大気の安定化と経済格差是正を通じた国際社会の安定化に向けて検討が必要な課題として注目すべきであると言えよう．

---

17) 二重の配当が成立するか否かについては理論的，実証的分析に基づく議論が続けられている．

参考文献

Dasgupta, P. (2001), *Human Well-being and the Natural Environment*, Oxford University Press. (植田和弘監訳 (2007), 『サステイナビリティの経済学——人間の福祉と自然環境』岩波書店)

Dasgupta, P. (2003), "Population, Poverty, and the Natural Environment," Mäler, K.-G. and J. R. Vincent eds., *Handbook of Environmental Economics*, Volume 1, pp. 191-247, North Holland.

Dunlap, R. E. and A. G. Mertig eds. (1992), *American Environmentalism: The U.S. Environmental Movement, 1970-1990*, Taylor & Francis. (満田久義監訳 (1993), 『現代アメリカの環境主義——1970年から1990年の環境運動』ミネルヴァ書房)

飯島伸子 (1993), 「環境問題と被害のメカニズム」飯島伸子編『環境社会学』有斐閣, pp. 81-100.

石弘之編 (2002), 『環境学の技法』東京大学出版会.

Leonard, J. H. and contributors (1989), *Environment and the Poor: Development Strategies for a Common Agenda*, Transaction Books.

宮本憲一 (2007), 『環境経済学 新版』岩波書店.

諸富徹・浅野耕太・森晶寿 (2008), 『環境経済学講義——持続可能な発展をめざして』有斐閣.

Stiglitz, J. E. (2006), *Making Globalization Work*, W. W. Norton & Company. (楡井浩一訳 (2006), 『世界に格差をバラ撒いたグローバリズムを正す』徳間書店)

橘木俊詔 (2006), 『格差社会——何が問題なのか』岩波書店.

橘木俊詔 (2010), 『日本の教育格差』岩波書店.

内山勝久 (2009), 「持続可能な発展と環境クズネッツ曲線」宇沢弘文・細田裕子編『地球温暖化と経済発展——持続可能な成長を考える』東京大学出版会, pp. 159-184.

United Nations Environment Programme (UNEP) (2002), *Global Environment Outlook 3*. (http://www.unep.org/geo/geo3.asp)

宇沢弘文 (2000), 『社会的共通資本』岩波書店.

Uzawa, H. (2003), *Economic Theory and Global Warming*, Cambridge University Press.

宇沢弘文 (2009), 「地球温暖化と持続可能な経済発展」宇沢弘文・細田裕子編『地球温暖化と経済発展——持続可能な成長を考える』東京大学出版会, pp. 135-157.

除本理史 (2007), 『環境被害の責任と費用負担』有斐閣.

米本昌平 (1994), 『地球環境問題とは何か』岩波書店.

第Ⅲ部

格差社会を越えて

第7章 格差社会の政治経済学

金 子 勝

1. はじめに

　本章の課題は，新しい政治経済学的アプローチに基づいて格差や貧困問題の特徴を明らかにすることである．このアプローチによる制度分析にはいくつかの特徴がある．それは格差や貧困の問題に対して，いついかなる政策を採るべきか，という問題と表裏一体になっている．ここでは，さしあたり4つの特徴を上げることができるだろう．

　まず第1は，政治も経済も非連続的に変化する面をもつが，新しい政治経済学的アプローチでは非線形的な変化（ここでいう非線形的変化は自然科学でいう非線形科学の意味であって，経済学でいう非線形モデルとは異なる）を重視し，それを起点に制度が形成されていく歴史過程を描くことに重点を置く．事実，しばしば戦争，革命，恐慌といった非連続的な変化とともに，法律の体系，政府のあり方，税制や社会保障など，社会や経済の基本的な制度やルールが形成されてくる．こうした大きな変化は，統計的手法あるいは計量経済学的手法では描きにくい．変化する現象はそれが一定収束するまで実証できないがゆえに，急激な変化の過程においては「実証」結果と称するものが過去を正当化するだけに終わり，かえって政策を打つタイミングを失わせる効果を持つことがある．また理論的にみても，ゲーム理論のように交渉に基づく契約アプローチは，戦争，革命，恐慌といった非線形的な変化を描くことは難しい[1]．

　第2は，株主と経営者の関係（しばしばプリンシパルとエージェントの関係で表現される）だけでなく，労使間の分配関係を考察の範囲から除外しない．

---

1) North（1981）は，イデオロギーの役割などの実証性の限界について自覚的に述べている．

事実,最近は大恐慌期に見られたように企業内の内部留保が非常に増加する傾向にあり,また株主配当を高める傾向にあるが,これは企業利潤が本源的生産要素に分配し尽くされる新古典派的な前提と著しく異なっている.

　第3は,この政治経済学的アプローチでは,方法論的個人主義の立場に立たず,家族,地域社会といった「共同性」を分析の射程に組み込む.貧困問題は単に個人間の所得格差と捉えるだけでは不十分である.コミュニティからの社会的排除によって貧困が固定化され,家族の「解体」傾向に伴って貧困が多様化していくからである.こうした傾向は欧州諸国において強く意識されるようになっている.ちなみに,宇沢弘文氏が強調するコモンズといった概念もこうした問題と深く関係していると思われる.

　第4に,このアプローチでは,制度の多様性を重視する.それぞれの国の歴史的経緯ゆえに,その国に固有の制度の体系が生まれる.進化ゲーム論に基づく比較制度分析にも「歴史的経路依存性」や「制度的補完性」といった概念が存在する[2]が,先に述べたように,新しい政治経済学アプローチは方法論的個人主義(あるいは要素還元主義)の立場に立っておらず,先端の生命科学によって基礎づけられる.ヒトゲノム解読以降のゲノム科学の最新の研究成果を踏まえると,素朴な遺伝子決定論とは異なり,遺伝子はネットワークを組み変えながら多重なフィードバック関係を形成し,それが進化する.こうした考え方に立つと,市場は「制度の束」であり,その多重な調節制御の仕組みが進化すると考えられる.このアプローチでは,この多重な調節制御の仕組みそれ自体を分析の対象としているのである[3].

2. 非線形的な変化

2.1　格差論争と政治経済学アプローチ

　まず統計的実証科学の限界という問題から見てみよう.周知のように,「格差論争」は橘木俊詔氏と大竹文雄氏との間の論争を中心に行われた[4].

---

2)　たとえば,青木(1995, 2001)などを参照.
3)　金子・児玉(2004)を参照.
4)　橘木(1998),大竹(2005),「中央公論」編集部編(2001)などを参照.

第 7 章　格差社会の政治経済学　　195

論争が始まった 1990 年代末以降の格差と貧困の拡大をみれば，データの使い方など細かい点を除くと，橘木氏の主張が概ね妥当であったと筆者は考えている．

　政治経済学的アプローチから見た格差論争の問題は，社会構造が大きく変化する時，エビデンスサイエンス（実証科学）が大きな限界を露呈するという点にある．特にシステムそのものを揺るがすようなリスクが頻発するような時には，そうした方法論上の問題が取り返しのつかない事態を促進してしまうことが起こりうるからである．実際，大竹氏は，後に若い世代における格差の拡大自体を強調するようになったが，この時点では勤労世代では 40 代における格差を重視していた．そして大竹氏は，格差は高齢化（あるいは単身世帯や 2 人世帯の増加という世帯構成の変化）が主因であると主張した．内閣府をはじめとする政府が，大竹氏の格差＝「高齢化」説を支持したために，若い世代の雇用の破壊と格差の急速な拡大が起きていたにもかかわらず，事態は放置されることになった．その結果，若い世代での格差が証明された時は，いわゆる「ロストジェネレーション」が大量に生み出されてしまった．日本では新卒一括採用が一般的であるために，「ロストジェネレーション」はいったん非正規雇用に陥ると，回復不能なほどの不利益を被ってしまう．しかも，大量の若者が非正規雇用化することは，それに連動して年金の空洞化や国民健康保険制度の未納・滞納問題を引き起こす一因となる．

　社会構造が大きく変わっていく時に，萌芽の段階にある重要な変化も実証できないという理由から見逃されてしまうことになる．大きな変化を見る場合，最も大事なのは，対象となる現象の背後に，いかなる本質的なメカニズムを想定するのかという点にある．その観点からすると，配分するパイを一定として，同世代内や世代間の雇用および所得の分配を考える発想そのものに問題がある．1990 年代末以降，若年層において急速に格差が拡大しているが，もし非正規雇用を増やさなければ，若い世代の失業率はもっと高くなっていただろうという主張や，あるいは同世代内の配分に焦点を当てながら，同時に中高年以上の世代が年功賃金の利益を享受しているために，若い世代が不利益を被っているという主張[5]は，世代間の配分問題に過剰に焦点

---

5)　たとえば，玄田 (2004).

を当てすぎている.

　新古典派のように企業の利潤は各生産要素に要素報酬率が均等になるように配分され尽くし,あたかも企業は点のように実体にないもの(単なる株主の集合体)と考えると,こうした発想に陥りやすい.株主をプリンシパルそして経営者をエージェントとして企業組織をとらえる場合も,せいぜい株主と企業の間の配分しか出てこない.

　政治経済学的アプローチ,とりわけラディカル派は,労使のコンフリクトを含めて利潤の分配関係を重視してきた.効率賃金仮説も広い意味で,その一種と考えることができるだろう.この観点からすると,2000年代以降,労働分配率が急速に低下してきた点が問題になる.図7-1は内部留保が製造業および非製造業のいずれでも着々と積み上がり,図7-2はとりわけ「構造改革」路線がとられた小泉政権期に内部留保が急速に蓄積されたことを示している.この時期は株主への配当も増加している.こうした労使間の分配関係に着目すれば,もし労働市場の規制緩和が行われなければ,もっと若年層の失業者が増えただろうという主張の根拠は疑わしくなる.

　当時は,バブル崩壊の景気低迷の中で,輸出主導による景気回復が優先された.輸出企業にとっては,為替レートと労賃が大きな要因となる.そのために円安誘導と労働市場の規制緩和が実施されてきた.そして実際に,この時期は,かろうじて名目成長率がプラスに転じたが,その多くは輸出(外需)による貢献が大きかった.

　当時の「構造改革」論では,企業の成長を回復させることを優先し,その企業利益がやがてトリクルダウン効果により労働者の賃金も上昇するというシナリオが描かれていたが,企業が内部留保をため込む行動をとったために,トリクルダウン・シナリオは実現しなかった.なし崩しの不良債権処理策がとられると,企業は金利負担を軽減しようとし,また経営破綻を恐れて内部留保をため込む行動をとる.株価を維持するには,企業行動として内部留保をため込むと同時に,株式配当を増やさなければならない.しかも,当時は企業のフリーキャッシュフローを重視する国際会計基準が導入された.こうした中で,非正規雇用の増大や賃金の抑制傾向が,内需を抑制し,デフレ経済の一因になったと考えられる[6].ちなみに,このように内部留保をた

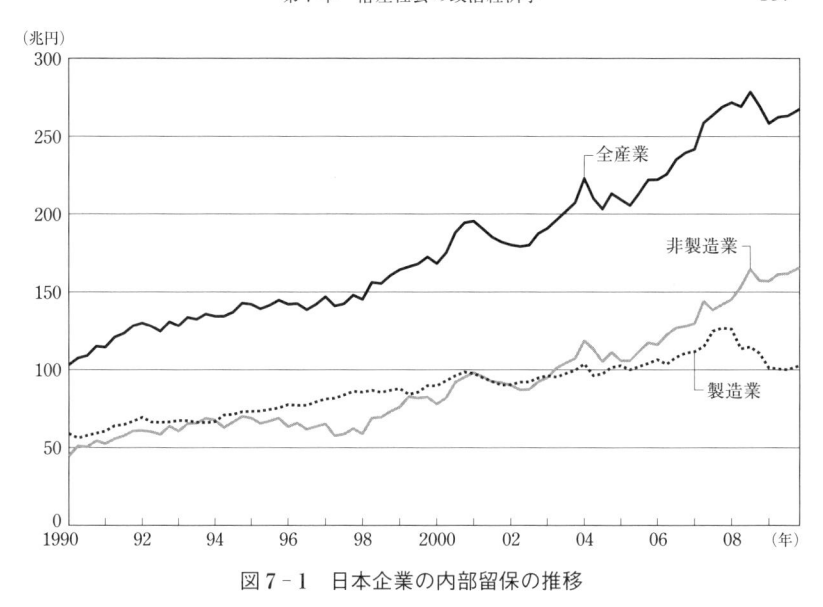

第7章 格差社会の政治経済学　　197

図7-1　日本企業の内部留保の推移

出所：日経 Needs および財務省「法人企業統計調査」より作成.

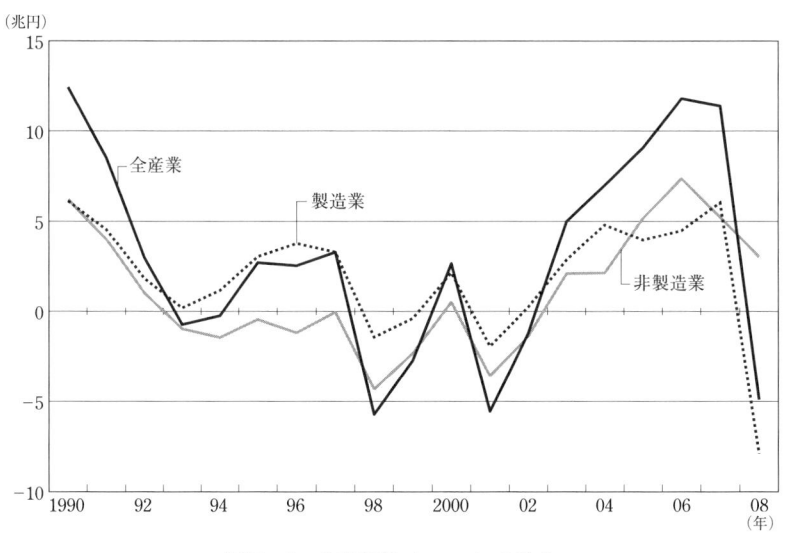

図7-2　内部留保（フロー）の動き

出所：財務省「法人企業統計調査」より作成.

め込み，自己金融を強める企業行動は1930年代の大恐慌期の米国企業にも見られたが，リーマン・ショック以降も似た傾向が現われている．

2.2 経済学には病理学的アプローチがない

格差論争に見られる問題点は，均衡論的枠組みを前提とした経済学には病理学的アプローチが存在しないという方法論上の欠陥が出た典型的な事例だと考えられる．

生命体や社会を観察していると，いつも，「病気」や「衰退」のきっかけは小さな異常事態の発生から始まる．それを例外的なケースで「たいしたことはない」として放置すると，生命体や社会の中にある多重なフィードバックの仕組みが働かなくなって「病気」や「衰退」に陥ってしまう．

通常は統計のはずれの5%に含まれる異常値は省かれてしまうが，こうした場合，むしろ逆に，はずれの5%こそが病気や衰退にとって重要な意味を持つことがある．それゆえ，筆者がいう病理学的アプローチでは，特異で極端な現象，通常は統計学のはずれの5%として除外されてしまうような異常事例を重視するのである．つまり社会病理現象が広がる時，あるいは経済システムが持続可能性を失う時には，20世紀的な統計理論の常識とは全く逆の発想が必要になるのである．

こうした病理学的アプローチが必要とされるのは，1980年代半ば以降，チェルノブイリ原発事故，イラク戦争と石油問題，度重なるバブル崩壊とリーマンショックに見られる世界金融危機，福島第1原発事故，地球温暖化問題など，しばしばシステム全体を揺るがすようなリスクが発現するようになっているからである[7]．ところが，従来の「実証科学」の立場に当てば，非線形的変化の前兆として起きる異常事例を問題にすると，データ的な裏づけのない「非科学的」な主張であるとして斥けられる傾向が生じる．つまり「実証科学」がこの異常事例の見逃しを正当化する役割を負うことになる．そして「実証された」時には，すでに取り返しのつかない不可逆な事態に陥

---

6) 金子（2003, 2008）などを参照．
7) こうしたリスクが起きるようになったことを社会学的に考察したものに，Beck（1986）がある．

ってしまうのである．

　その先駆けとなった，1986年に起きたチェルノブイリ原発事故を例に考えてみよう[8]．チェルノブイリ原発事故の後，通常100万人の子どもに1人しか発症しないはずの小児甲状腺ガンが4,000人以上の子どもに発生したにもかかわらず，実証科学的には「証拠はない」とされ，事態は放置された．ロシア政府もIAEA（国際原子力機関）も，自らを正当化するために，この実証科学の「成果」を利用した．

　小児甲状腺ガンが原発事故の影響であるとWHO（世界保健機関）に認められたのは，事故から20年たった2005年のことであった．先述したように，問題はその背後にある本質的なメカニズムにある．この場合，放射能に汚染された牧草を食べた牛のミルクを飲んだ乳幼児が，甲状腺ガンにかかったのである．食物連鎖（生物学的濃縮）によってリスクが広がってしまう事例は，水俣病でもあったことだが，実証された時は，すべては後の祭りであった．

　ところが，こうした大きな非線形的な変化を見ようとすると，複雑な要因が絡んでおり，膨大な情報の中で何が原因なのか分かりにくい．しかも，データがそろわないので「科学的」には実証できないことになる．しかし，実は，非線形的な大変化が起きるときは，むしろ物事を動かしている本質的な摂動因子が見えてくる．多数の要素から特に重要な要素を抜き出して，大きな変化をとらえることを「縮約」という[9]．日頃は気づかない経済や社会を動かす本質的なメカニズムが，先行する異常な事象に引きずられて，我々の視野に入ってくるのである．

　それゆえに，この非線形的変化を分析する「縮約」に注目して本質的なメカニズムに迫っていくには，まず異常事例を軽視せずに，そこからいかにして病理現象が生ずるのかを明らかにするために過去の症例のパターン，すなわち歴史のパターンに注目しなければならないのである．

2.3　制度は非線形的に変化する

　従来の経済学は，あらかじめ「均衡」に達することを前提にした因果連関

---

8)　金子・児玉（2010），第1章参照．
9)　蔵本（2007）．

とモデルでできている．そのために，供給サイドにせよ需要サイドにせよ，アプリオリに想定した「均衡」に戻すための処方箋しか存在しない．だが，近代の歴史を振り返ると，重要な諸制度は必ずしも平常時の民主主義的プロセスや市場メカニズムを通じて選択されてきたわけではない．特に格差や貧困に関わる諸制度に関しては，戦争，大恐慌，大災害など，社会が危機に陥るとき，人々が英知を絞って，この危機に対処する中から，様々な新しい制度や仕組みが生まれてきた．それゆえ，政治経済学的アプローチが主に分析対象とする事象は，複雑で非線形的な変化となる．

それはある種の「進化」に似ているが，ダーウィンの「自然淘汰」論は社会ダーウィニズムによって歪められて解釈されている．制度の進化の過程は，社会ダーウィニズムが想定する「種」内部の弱肉強食的な競争淘汰ではなく，環境変化に対する「種」全体の「適応」である．生命体も社会も多重な調節制御の仕組みを進化させて，環境変化への「適応」の幅を大きくして，「種」が生き残ってきたのである[10]．

実際，過去を振り返ってみれば，福祉国家の原型となった諸制度はこうしてできてきた．ドイツのワイマール憲法の生存権規定や普通選挙権，女性に選挙権を与えた英国国民代表法も第一次大戦を契機としていた．「ゆりかごから墓場まで」で有名なベバリッジ報告は第二次大戦中の1944年に出された．大恐慌は，失業保険や雇用政策，地域間の財政力格差を是正する財政調整制度（一般補助金）などを生んだ．米国のジョンソン元大統領が打ち出した「偉大な社会」構想はベトナム戦争が背景にあった．

こうした支出の「転位効果」に応じて，新しい税制が導入されてくる[11]．今日の大型間接税（付加価値税）の原型である取引高税は第一次大戦を契機に欧州で導入された．また源泉徴収制度を含む大衆課税的な累進所得税も，この2つの世界大戦を通じて生まれてきた．戦争や大恐慌のような社会的危機であれば，増税も社会的に容認されやすいからである．

ちなみに，経済の基盤となるエネルギーの転換も大きな戦争や事故・災害

---

10) Leakey (1979) 参照．なおヒトゲノム解読以降の生命科学を踏まえた方法論については，金子・児玉 (2004) を参照．
11) 転位効果については，Peacock and Wiseman (1961), Musgrave (1969) などを参照．

を通じて促進されてきた．石炭から石油へのエネルギー転換についで，現在，石油や原子力から再生可能エネルギーへの大きな転換が始まっている[12]．新興国が経済成長を続ければ，大きな油田の発見がないかぎり石油生産はピークに達し，そのうえ地球温暖化の危機がもたらされるからである．その意味で，今まさに世界金融危機，エネルギー危機，地球温暖化の危機という3つの危機が重なった転換期となっている．それゆえ現代経済学には，こうした非線形的変化を描く方法こそが求められているのである．

3. 社会的包摂かインセンティブか

3.1 家族や地域の崩壊が貧困の多様化をもたらす

歴史的転換期には，「複雑で動くモノ」を分析することが先端科学の課題になる．そして，これまでのように要素還元主義（自然科学）や方法論的個人主義（社会科学）を前提に，原子・分子レベルや個人の効用に還元していけば，全体が分かるのだという考え方をいったん捨てないかぎり，この先端的課題は解けない．

実際，現実に起きている貧困や格差問題を解決するには，方法論的個人主義を前提とすると，必ずしも有効な処方箋は出てこない．

たとえば，貧困を個人ベースの所得の問題と捉えるなら，全ての人々に差別なく最低所得を保障するベーシック・インカムが有効ということになる．ベーシック・インカムについては，論者によってかなりニュアンスが違っているが，ミーンズテスト（資産調査）や稼得能力の調査なしに，国や地方自治体が個人を単位にして現金給付を定期的に支給するものとしよう[13]．たしかに，ベーシック・インカムは普遍給付という積極的側面があるのは事実である．特に子ども手当や年金の基礎的部分に部分的に適用する場合には有効性を持っている．しかし，それで貧困問題を根本的に解決できるかどうかは疑わしい．

実際，非正規雇用のワーキングプアが拡大しているが，彼らがいったん貧

---

12) 金子（2011）参照.
13) ベーシック・インカムについては，さしあたり山森（2009）を参照.

困に陥ると，そこからなかなか脱出できない．特に，欧州の動向を踏まえた貧困研究では，貧困に落ちた人々が「社会的排除」によって貧困から抜け出せなくなる面を重視する．岩田正美氏は，ホームレスやネットカフェ難民，あるいは日雇い派遣などが，いかに帰属するコミュニティから「排除」され孤立して貧困から抜け出せなくなっているかを，丹念に解き明かしている[14]．さらに言えば，家族の解体と「無縁社会」化も，これと近接する問題領域と考えてよいかもしれない．

「社会的排除」の理由は単純ではない．他にも，障害者，母子家庭，外国人移住者，被差別部落，多重債務者，犯罪の被害者・加害者，虐待，災害など，貧困に陥る要因は様々である．「社会的排除」の要因を除去し，貧困者の「社会的包摂（ソーシャル・インクルージョン）」が必要になる．言うまでもなく，普遍的な現金給付では，こうした数値化できない要因を解決することはできない．この場合，貧困者の「社会的包摂」のためには，一人ひとりに寄り添って問題を解決し自立を支援していく対人社会サービス（現物給付）が非常に重要になる．こうした政策は，貧困者におけるコモンズとしてのコミュニティの欠落を補っていくという考え方に通じるだろう．

さらに日本では子ども7人に1人が貧困に陥っているが，この数値は先進諸国の中でも高い方に属しており，しかも税の扶養控除措置や社会保険料の所得控除，あるいは現金給付を行う再分配政策を実施した方が子どもの貧困率が高まるという特異性を有している[15]．子どもの貧困は世代間をわたる貧困の固定化につながる．これに対して，2009年9月の政権交代によって1つの政策転換が起きた．普遍的な現金給付としての子ども手当の導入である（その後，元の児童手当に逆戻りしてしまったが）．この政策は，企業に勤めるサラリーマンと専業主婦の世帯にしか恩恵が及ばない配偶者控除と扶養控除という所得控除中心だった政策からの転換という点で大きな意味を持つ．実際，母子家庭はこうした控除政策の対象とはなってこなかった（ただし夫と死別した場合は寡婦控除がある）．しかし，普遍的な現金給付だけでは限界を持

---

14) 岩田（2006，2008）などを参照．なお大沢（2007）も同様の視点に立つ．
15) 阿部（2008a）．より貧困問題全体の中で子どもの貧困を位置付けたものとして，阿部（2008b）を参照．

っている．子ども手当をもらっても，保育サービスが十分になければ女性は働きに出られず，就業しても雇用形態が制約されてしまう．あるいは教育費や医療費や住居費が高ければ，現金給付は有効性を発揮しない．これらの現物給付がなければ，子どもの貧困や少子化はなかなか克服されないだろう．

3.2　インセンティブと格差

さらに，政治経済学的アプローチに立つならば，社会保障・社会福祉領域にインセンティブによる制度設計を持ち込むことに慎重にならざるをえない．背後にある情報の経済学では，情報の非対称がもたらすモラルハザードを防ぐためには，制度にインセンティブを持ち込むことが必要とされると考える．しかし，その説明には無理がある．

たとえば，年金問題を解決するために，しばしば積立方式の年金への切り替えが主張される．その際しばしば，民間保険会社ではなく国が強制貯蓄として年金制度を運営する根拠として「逆選択」論が用いられる．しかし，実際には，民間保険会社は弱者やリスクの高い人を取り除き，いい部分だけを顧客にするクリームスキミングが起きる．保険会社は少なくとも確率的にそれらの人々を取り除くノウハウを持っているからである．

それだけではない．医療と健康保険制度においてもインセンティブの問題点が表出している[16]．国民年金も未納滞納率が4割にも及ぶが，国民健康保険制度も同じように未納滞納が増えている．後期高齢者医療制度ができる前で，やや古いデータだが，国民健康保険の滞納世帯数は1999年の348万6,000世帯から2006年には480万6,000世帯に達し，7年間で3割以上も増加した．実に5世帯に1世帯が滞納していることになる．その中で，健康保険証を取り上げられる事例が増えてきた．滞納者に交付される短期保険証の交付世帯数は，99年の32万6,000世帯から06年には122万5,000世帯に達し，約4倍に伸びた．さらに滞納が1年以上続くと，国民健康保険証を取り上げられ「資格証明書」が交付される．その世帯数も06年に35万世帯を上まわり，7年間で4倍以上増えた．

資格証明書になると，実質的に病院の窓口で医療費を全額自己負担しなけ

---

16)　金子・高端編（2008），第6章参照．

ればならない．この実質10割負担となる資格証明書は，もともと保険料を払えるのに払わない悪質な滞納者への制裁措置だった．モラルハザードを防ぐ一種のインセンティブという考え方である．しかし，これだけの数が，すべて悪質な滞納者だと言うには無理がある．

問題は，この資格証明書を持つ人の受診率は，普通の保険証所持者に比べて低くなる傾向があるという点であり，中には病院に行けずに，死亡する事例も発生している点である．特に国民健康保険は，給付水準の低い国民年金の受給者である高齢者や非正規雇用者が加入している．小泉政権下において2006年6月に，現役並み所得を持つ者に限定するという配慮があるものの高齢者の窓口負担を2割から3割に引き上げると同時に，70～74歳の窓口負担を1割から2割へ引き上げる医療制度改革関連法を通過させた[17]．こうした患者負担の引き上げによって社会的入院や「コンビニ医療」といったモラルハザードを防ごうとしても，組合健保や協会けんぽなどに加入する正規雇用者よりも国民健康保険に加入する低所得層，特に未納滞納者ほど診療抑制をすることになる．医療や教育は所得水準が高まるにしたがって需要が高まるという性質を有するからである[18]．この場合，インセンティブは格差や貧困に負の影響を強く与えてしまうことになる．

3.3 インセンティブと医療崩壊

同様に，小泉政権は，医療費増大の原因について厳密な検討もなく，また医師数や看護師数が少ないことを問題にせずに，2006年の医療制度改革関連法によって，入院の必要性のない患者による「社会的入院」が医療費を増大させているという認識に立って，医療費の抑制のために慢性期の療養病床の削減や入院日数の短縮政策を実施した．

---

[17] 平成18年度医療制度改革関連資料（厚生労働省ウェブサイト）
http://www.mhlw.go.jp/bunya/shakaihosho/iryouseido01/index.html#taikoukihon 参照．特に，医療改革関連法の考え方と概略的内容については，政府・与党医療改革協議会『医療制度改革大綱』（2005年12月1日）を見よ．
http://www.mhlw.go.jp/bunya/shakaihosho/iryouseido01/pdf/taikou.pdf 参照．

[18] 権丈（2006）は，医療費の水準を決めるのは高齢化でなく，所得水準であるとしたうえで，日本は所得水準で予測される医療費水準と比べて10%ほど低いとしている．

政府は，病院のタイプを，手術患者を扱う「急性期」，リハビリや手術後の回復治療を行う「亜急性期／回復期」，長期療養患者を扱う「慢性期」に分類し，それぞれ患者が長く入院すればするほど，その病院に支払われる診療報酬が下がる仕組みを強化してきた．さらに 2006 年 6 月には，360 病院 18 万床を対象に，DPC（Diagnosis Procedure Combination）という制度が導入された．DPC とは，診断名によって入院期間毎に診療報酬が決まっており，短期で終われば終わるほど高い報酬が支払われる制度である．つまり，患者の平均在院日数が短縮するように，診療報酬の体系にインセンティブを入れたのである．こうした政策は医療の「効率化」＝医療費の抑制が目的であり，実際に診療報酬は 2002 年に 2.7%，04 年に 1.0%，06 年に 3.16% 引き下げられた．

ところが，診療報酬の体系を利用して病院を「利益」で誘導しようとするインセンティブ政策は，患者を早く退院させないと病院経営を危うくする．病院側は利益を最大化するために，病床回転率を高めていく「ホテル化」が進む．さらに，DPC のように入院日数の短期化で収益が上がるようなインセンティブをかけると，入院期間が短期の患者を効率よく回していくためには，医療現場の綱渡りが生じ，医師，看護師，職員に過重なストレスがかかり，医療ミスというコストもかさむ．

大きな急性期病院にはケースワーカーがいるものの，日本では一人ひとりの患者に担当医が張りつく「かかりつけ医」が制度的に確立していないまま，病院間に分業体制を持ち込み，DPC を含めて入院日数短縮政策が進められてきた．そのために病院間にせよ病院と介護施設の間にせよ，患者の立場にたって施設間をつなぐ分野も市場任せである．その結果，多くの「医療難民」が発生している．

さらに，「情報の非対称」を少なくするために，病院の手術や治癒率などの情報公開が進められ，雑誌はそうしたニーズに応えるかのように病院ランキングを発表するようになり，医師が患者（および家族）に病状を説明するインフォームド・コンセントが推進されてきた．だが，入院期間が短いほど診療報酬が高くなる制度の下で病院が利益を追求するために，そして病院ランキングを上げるために手術数や治癒率という数値目標を追求する結果，時

には治癒しやすい患者を優先的に受け入れる傾向を生んだ．たとえば，技術進歩によって胸部CT検査でほんの数ミリの腫瘍が発見できるようになったが，そのために良性か悪性かの判断もつかないまま，肺がんとして手術して治癒率を上げる逆のモラルハザードも生じてきている[19]．こうした政策の結果，治りにくい癌患者が敬遠されるという「癌難民」が生まれている．

政府はベッドから追い出される人たちの受け皿として在宅医療を増加させようとし，そのために診療報酬を上げるインセンティブ政策を採った．しかし，日本では大学でも現場でも総合医の育成システムがなく，介護との連携を図る政策も採られていない．インセンティブによる誘導はあっても，それは市場任せになる．結局，多くの人々が「医療難民」として置き去りにされていくことになる．その間にどんどん健康を害し，やがては医療と介護の狭間に落ち込んでしまうのである．たとえば，医師・看護士が夜間に配置できない介護施設は，経管栄養，在宅酸素，痰の吸引などの医療行為を必要とする要介護者を引き受けたがらない．その結果，たらい回しになった挙げ句に，介護地獄によって家族の崩壊をもたらすことになる．

悪いことに，政府が診療報酬によるインセンティブ政策で入院日数短縮と病床数削減を追求している間に，医師不足の問題が表面化してきた．1986年以降とられてきた医学部定員の抑制政策[20]に加えて，小泉政権下の2004年に臨床研修医制度の変更が行われたことで医師不足が顕在化した[21]．こうして医師不足と診療報酬引き下げが相まって，地域の中核病院の経営悪化が

---

19) 児玉（2007a, 2007b）．
20) 医学部定員の1割削減が行われた背景の考え方については，将来の医師需給に関する検討委員会（厚生省健康政策局医事課監修）（1986）参照．
21) それまで日本の医師養成制度は，国家試験通過後に卒業大学（医科大学・医学部）で2年間の臨床研修を受けなければならなかったが，この制度変更によって，医学生は卒業大学以外の病院も自由に選択できるようになった．その結果，民間大病院を中心に多くの研修医が吸い寄せられて，大学の医局が医師不足となった．大学病院での研修希望者は，2001年の71.2%から2006年には48.3%に下落した．特に地方国立大学で大学病院に残る研修医が激減した．これまで，地域の医療は大学病院からの医師供給で成り立っていた．しかし，国立大学も独立行政法人となったために，大学病院は「収益」を上げなければならない．そのために，玉突き状に地域の中核病院から医師の引き上げが生じて，地方中核都市を除いた地域は医師不足に陥ったのである．実際，地域の病院現場では，手術，当直，手術，当直といったひどい過重労働状況も生まれている．

急速に進んでいる．救急医療も維持できない地域も数多く見られ，医療崩壊が問題となってきたのである[22]．

そもそも自分の利得を最大化するためには人を騙すことも厭わない人間で構成されている非協力ゲームの世界が「効率的」になるとは考えにくい．実際，これまで述べてきたように，インセンティブ政策が採られた結果，地方自治体が地域の中核病院の赤字を補填できなくなり，健康保険財政を立て直そうとして，その目的を達成できないばかりか，ますます社会コストを高めるという結果をもたらしているのである．ここでも医療リスクを抱える一人ひとりの人間をフォローする医療介護体制が求められているのである．

4. 制度の多様性

4.1 労働市場と社会保障制度の補完性

政治経済学的アプローチの第4の特徴は，それぞれの国や地域の歴史的な堆積物として制度の多様性を積極的に認める点にある．生物多様性を前提とする生態系と同様に，制度の多様性を肯定するのである．多くの国々の市場と制度は普遍的な単一の市場モデルに収斂するわけではない．実際，かつて1990年代に実施されてきたIMFの構造調整政策のように，単一の市場モデルに基づいた単純な規制緩和や民営化政策は多くの弊害をもたらしてきた．

何より，どの社会も，本源的生産要素市場においてセーフティネットがなければ市場システムが麻痺してしまう．そこにこそ普遍性が存在している．しかし，どの社会もセーフティネットを起点とする制度の体系を持つが，それは歴史的な特殊性を有している．そして，その特殊性を通してしか普遍性を実現できない．そう考えることによって，はじめて互いの制度の多様性を承認する枠組みができるのである[23]．それゆえ，表面的な国際比較も，あるいはうまくいっているからといって，他国の制度の部分的な移植も必ずしもうまくいくとは限らない．

たとえば，日本における非正規雇用の拡大に対して，しばしばオランダ方

---

22) たとえば，「救急中核病院174ヵ所減」『朝日新聞』2008年1月14日．
23) 金子（1999, 2010）などを参照．

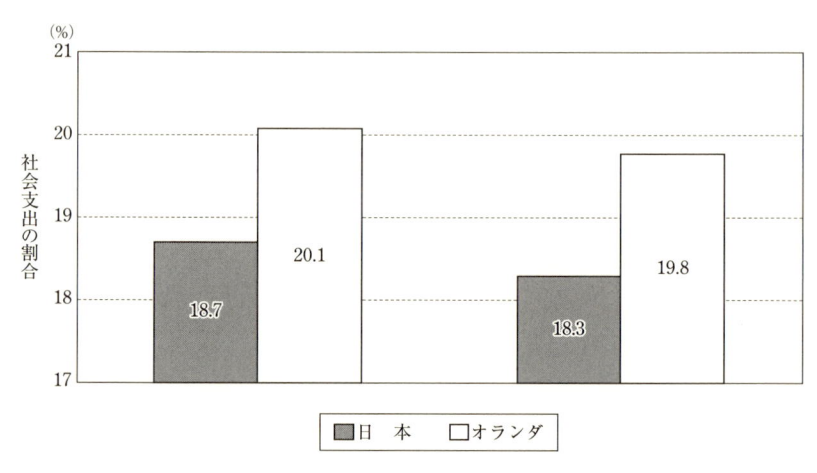

図 7-3　社会支出の規模（日蘭比較・2008 年）

日本：18.7、20.1
オランダ：18.3、19.8

出所：OECD, Social Expenditure Database（SOCX）より作成．

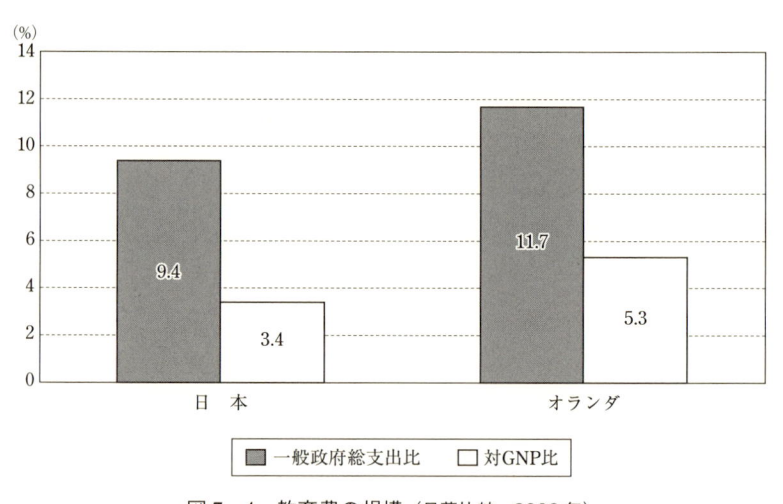

図 7-4　教育費の規模（日蘭比較・2008 年）

日本：9.4、3.4
オランダ：11.7、5.3

凡例：一般政府総支出比　対GNP比

注：左が一般政府総支出比，右は対 GDP 比を示す．
出所：Education at a glance: OECD Indicators より作成．

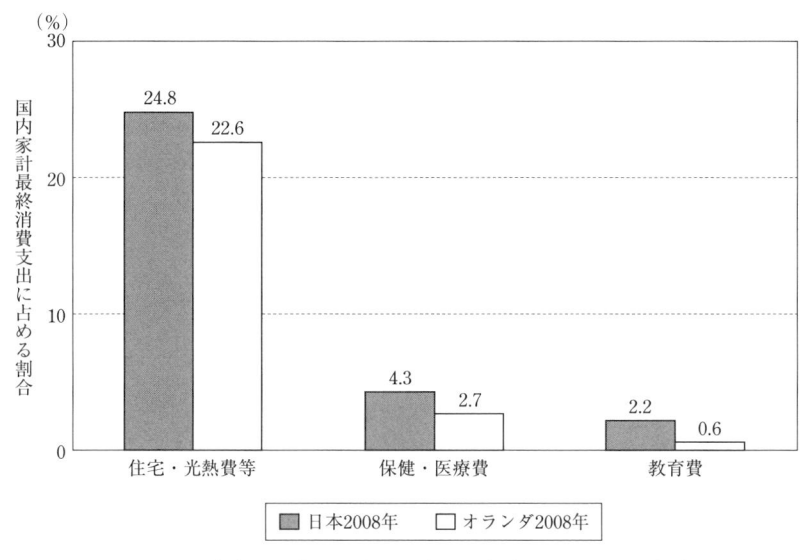

図 7-5 国内家計最終消費支出に占める住宅費・医療費・教育費

出所：OECD, National Accounts Statistics より作成．

式の同一労働同一賃金を導入すればよいとする主張が見られるが，図 7-3 と図 7-4 が示すように，オランダは日本よりも社会的支出や教育費の水準が相対的に高い．また図 7-5 を見ればわかるように，個人の可処分所得で見ても，特に教育費や医療費でオランダより日本の家計負担が重くなっている．これらは，宇沢弘文氏のいう社会的共通資本[24]の一部と考えられるが，こうした社会的共通資本が整備されていれば，正規雇用と非正規雇用の間で生活費に大きな差が出にくくなる．

また年金や公的医療保険制度が一元化されていれば，正規雇用か非正規雇用かどうかで大きな違いが生じない．オランダでは社会保険料（税）と所得税が合算して課税され，年金制度と健康保険制度が一元化されているために，国民は雇用形態にかかわりなく，同じ社会保障制度に加入できる．

これに対して日本は年金制度も健康保険制度も職業ごとに制度的に分立しており，非正規雇用者は保険料も給付水準も不利な国民年金や国民健康保険

---

24) 宇沢（2000）参照．

制度に加入しなければならない．もし同一労働同一賃金を入れようとすれば，少なくとも社会保障制度の一元化が不可欠である．それでも，そもそも職種毎に熟練度を評価するルールが企業横断的に形成されていなければ，同一の労働を定義するのが困難なので同一労働同一賃金の実行可能性は低い．その点で，日本の場合，ジョブローテーションとOJTによる企業内特殊熟練が一般的で，企業横断的な熟練・技能の規制ルールが非常に弱いので，雇用のルールを変えていかなければならない．

このようにして見ればわかるように，同一労働同一賃金を導入することは簡単なことではない．一定の非正規雇用の存在を前提に同一労働同一賃金方式を目指すならば，雇用ルールを変更したうえで，社会保障制度を一元化し，住宅・医療・教育などへの公的支出を増加させる必要性が生じるからである．

4.2 誰が社会保障費を負担するのか

公的支出とりわけ現物給付を保証するためには税源を確保しなければならない．あらかじめ確認しておかなければならないことは，北欧諸国を見ればわかるように，「大きな政府」だから経済成長率が低いとは限らない．一般に政府規模（あるいは租税負担率）と経済成長率の間に相関はほとんどない．経済成長の要因は他にもたくさんあるからである．

現在も，法人負担が重いと，国際競争力が低下するとして，法人税や社会保障負担の引き下げが繰り返し主張され，「法人税のダンピング競争」が行われるようになっている．だが，図7-6を見ればわかるように，他の先進諸国と比べて，日本企業の税負担と社会保障負担は必ずしも高くはない．特に社会保障負担を含めると，欧州の企業の負担と比べてかなり低くなる．その一方で，図7-7が示すように，日本の企業の税負担率は相対的に重いように見える．個別の国で企業の税負担率を見ると，ドイツでは個人事業主が個人所得税で課税されているので負担率が低く出がちになる．また福祉国家のデンマークやオランダの企業の税負担率が低いように見えるが，代わって環境税が非常に高い（図7-8参照）．米国の企業は，歴史的経緯から企業がフリンジ・ベネフィットとして企業年金や医療保険を従業員や退職者に提供してき

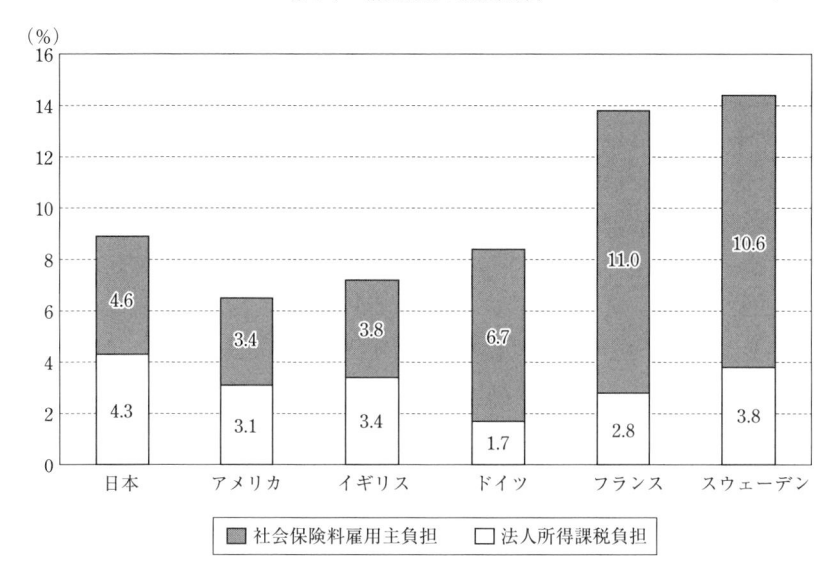

図 7-6 法人課税と社会保険料負担の国際比較（対 GDP 比・2005 年）

注：下部は法人所得課税負担，上部は社会保険料雇用主負担．
出所：OECD, Revenue Statistic 2006，厚生労働省「社会保障の給付と負担の見通し」（平成 18 年 5 月）より作成．

た．こうした法定外福利費が歴史の古い企業ほど財務を圧迫しているが，これは公的負担ではないので統計上には現れてこない．少なくとも，こうした制度の多様性を踏まえれば，日本の法人所得課税負担が必ずしも重いとは言えないだろう．法人税減税と（輸出企業だけが有利になる）消費税増税をアプリオリに前提とせず，社会保障の負担は税制全体で考える必要がある．

問題は，近年になって，経済のサービス産業化とあいまって，米国企業が企業年金や医療保険などのフリンジ・ベネフィットの負担を抑えるために，正社員でなく週労働時間の短い短期労働者を雇う傾向を生み，それが多数の無保険者（特にプアホワイト）を生む1つの原因となっていることである．それが，「企業福祉の終焉」とオバマ政権による医療保険改革をもたらした．だが，日本でも以前から企業中心の福祉を止めるべきだという議論がある[25]

---

25) 橘木（2005）．なおジェンダー的視点から企業中心の福祉の問題点をあげたものに，大沢（1993）がある．

212

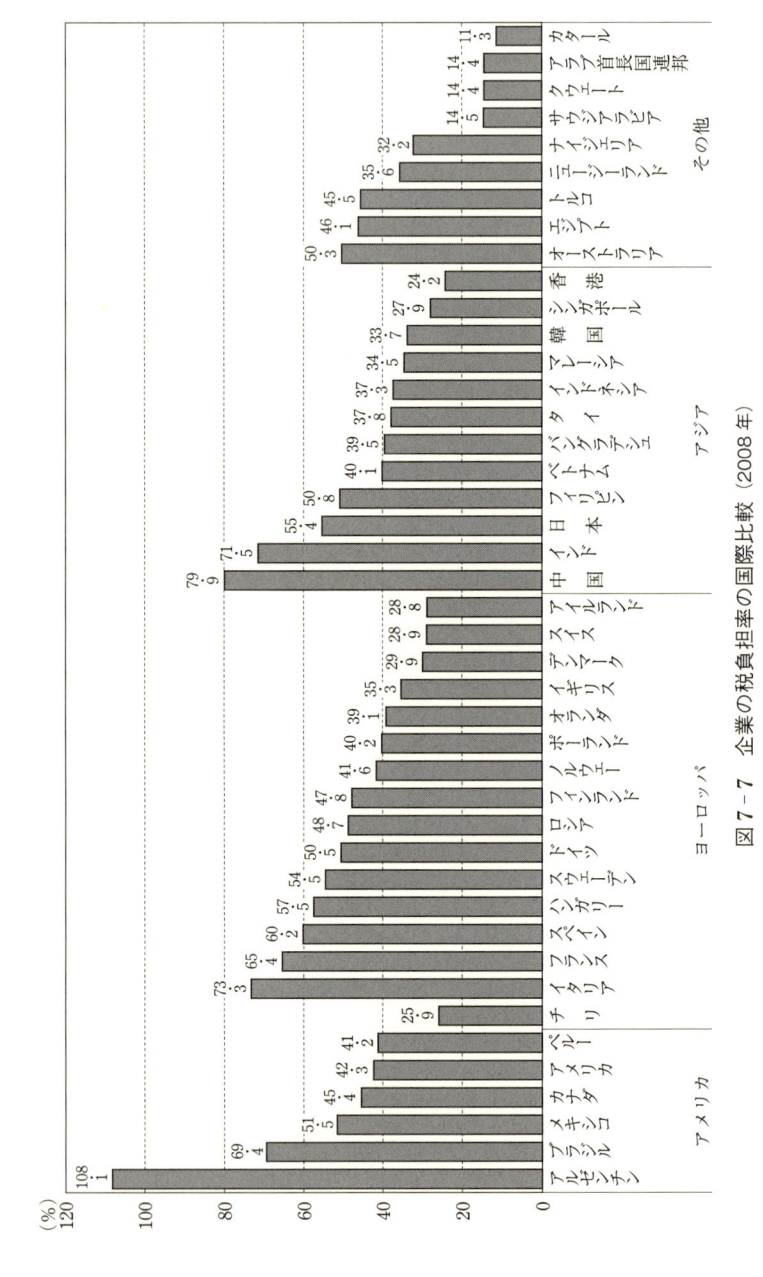

図7-7 企業の税負担率の国際比較（2008年）

注：企業の税負担率は労働諸税以外で企業が減税等の後実際に支払う総ての税が利益に占める割合をいう。
出所：世銀 WDI Online（2009.6.23）

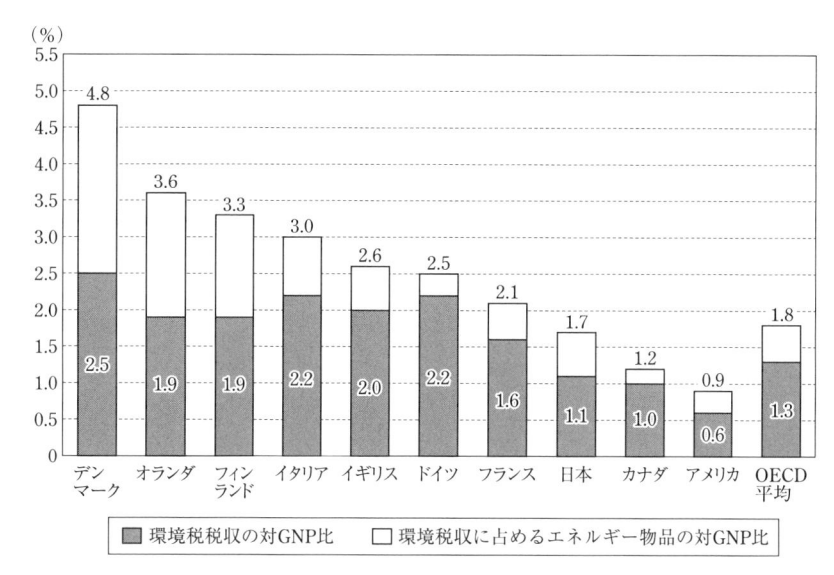

図7-8 環境税の国際比較（2004年）

棒グラフのデータ（環境税税収の対GNP比／環境税収に占めるエネルギー物品の対GNP比、合計）：
- デンマーク：2.5 / 4.8
- オランダ：1.9 / 3.6
- フィンランド：1.9 / 3.3
- イタリア：2.2 / 3.0
- イギリス：2.0 / 2.6
- ドイツ：2.2 / 2.5
- フランス：1.6 / 2.1
- 日本：1.1 / 1.7
- カナダ：1.0 / 1.2
- アメリカ：0.6 / 0.9
- OECD平均：1.3 / 1.8

注：上の数値は環境税収の対GDP比，下部は環境税収に占めるエネルギー物品の対GDP比．
出所：財務省ホームページ「OECD環境統計──環境関連歳出と税制（抄）」
http://www.mof.go.jp/tax_policy/summary/environment/k03a.htm より抜粋．

が，米国と日本の文脈の違いを踏まえておかなければならない．

たしかに日本でも，企業は非正規雇用を増やすことで健康保険の拠出負担を回避することができる．その意味で問題は似ているが，制度的背景が異なるために，問題の出る形が違っている．日本の場合，公的な国民健康保険制度が，企業退職者（高齢者）や失業者，非正規雇用者というリスクの高い層だけを集める仕組みとなっているために，企業が福祉負担を回避することによって公的医療保険制度が崩れているのである．

むしろ日本の場合，「長期雇用」を前提に，夫サラリーマン・妻専業主婦という，現在では多数ではなくなりつつある世帯を「標準世帯」として社会保障制度が組み立てられていることに問題がある．実際に，年金制度は専業主婦の遺族年金が重しになる一方で，共稼ぎ世帯や単身世帯に不利になっている．また子どもへの福祉政策が配偶者控除や扶養控除などを中心に組み立てられており，増加する離婚や母子家庭は排除されている．

5. おわりに

これまで述べてきたように，格差・貧困問題を捉える政治経済学的アプローチの特徴は，①歴史のパターンとの比較から非線形的な変化を主たる分析対象とし，②方法論的個人主義ではなく家族，コミュニティ，社会との関わりで格差や貧困問題をとらえ，③素朴なインセンティブによる制度設計を格差や貧困問題に持ち込むことに慎重な立場をとり，④制度の歴史性と多様性を積極的に承認したうえで制度の体系性それ自体を考察する，といった点にある．こうした立場から筆者は，セーフティネットの張り替えを軸に制度改革を提案してきた．

だが，格差や貧困問題が有するパースペクティブは，経済的側面だけにとどまらない．それは，社会統合を危うくする．実際に，現在の政治状況は，大恐慌後の1930年代と非常に似てきている．現在も，アラン・グリーンスパン前FRB議長が「100年に1度」と述べた世界的経済危機が収束していない．雇用が破壊され格差や貧困問題が深刻化する一方で，バブル崩壊後の不良債権処理，イラク戦争，小泉「構造改革」，福島第一原発事故と続く中で，失敗の総括がなされず，政財官界の指導者たちは誰一人として責任をとる者はいない．丸山真男は戦前の体制を責任の帰属を曖昧にする「無責任の体系」と特徴づけた[26]が，現在もほぼ同じ状況に陥っている．二大政党（戦前は民政党と政友会）はほとんど政策的違いがなくなり，問責決議の連続に見られるように，ひたすら相手のスキャンダル暴露に追われるようになり，政党制がしだいに機能不全に陥っていく．メディアは大本営発表を繰り返すようになり，知識人は「たこ壺化」して批判的言説は衰退する．人々を閉塞感が覆い，バッシングとポピュリズムの政治が行き交うようになっている．

こうした現象の背景には，バブル崩壊や原発事故のように，大きなリスクが頻繁に発生する「リスク社会」がある．この間，変動相場制への移行と金融自由化が展開されていくと，景気循環はしだいにバブルとバブル崩壊を繰り返すようになる．そして，それは2008年9月のリーマン・ショックと世

---

26) 丸山 (1961)，第I章参照．

界的金融危機に行き着いた．さらに，イラク戦争はエネルギー危機を表面化させ，そこに 2011 年 3 月の福島第一原発事故が重なっている．こうした非線形的な変化は，新しいシステムを創出するギアチェンジができないと，システムの食いつぶしが始まる．

歴史を振り返ると，大恐慌や戦争によってできた規制やルールが，既存の産業のフロンティアの喪失とともに機能不全に陥ってしまう．そこでセーフティネットによって守られるべき社会的共通資本あるいはコモンズの領域をも食い尽くそうとして規制緩和が行われる．金融規制だけでなく，医療，教育，労働規制，社会保障や社会福祉といったセーフティネットも，モラルハザードを引き起こすとして規制緩和の対象となる．いわゆる「新自由主義」の考え方である．それがバブル崩壊とともに，格差や貧困問題を引き起こし，デフレ経済を定着させてしまう．

いったん危機が発現すると，それ以前に長い「安定」期が続いていればいるほど，既存の理論は，大きな非線形的変化によって次第に説明力を失ってくる．既存の理論は，基本的な枠組みを変更できずに，ピースミール・エンジニアリングと化していく．それは「過去からの正当化」に終始して，本質的なギアチェンジを食い止めようとする．それが，先に述べたように，システム全体を閉塞させて，ナショナリズムをはじめバッシングとポピュリズムに頼る政治が横行するようになるのである．

「はじめに」で，筆者は市場を「制度の束」と捉え，多重なフィードバック（調節制御）でできていると述べた．土地・労働・資本といった本源的生産要素市場はそれぞれ市場化に限界を抱えており，セーフティネットを必要とする．そして，このセーフティネットを起点にして多重な調節制御の仕組みができてくる．しかし，戦争・大恐慌・災害事故などの危機に際して，従来のセーフティネットは麻痺してしまう．第 2 節でも述べたように，それらは「均衡」論的な市場の選択とは違って，「非線形」と呼ばれる非連続的に変化していく世界である．

ところが，この多重なフィードバックを無視して，規制緩和でセーフティネットを解体し制度の体系を壊して短期的に企業の利益を上げようとしても，あるいはパッチワーク的な弥縫策を繰り返しても，かえって副作用がひ

どくなって市場システムは麻痺してしまう.

このような危機に対処するには，新しい産業構造を作り出す[27]とともに，新しく生じている社会病理に対処すべく抜本的なセーフティネットの張り替えが必要となる．たとえば，年金一元化とミニマム年金，資産所得課税の強化と給付付き税額控除の導入，医療・介護・育児の現物給付を充実するための地方分権化などの抜本的改革がそれに当たる[28]．1990年代末に始まる世界的な経済危機の進行は，こうしたアプローチの必要性をますます高めていると考えられる．

参考文献

阿部彩（2008a），『子どもの貧困──日本の不公平を考える』岩波新書．
阿部彩（2008b），「日本の貧困の実態と貧困政策」阿部彩・國枝繁樹・鈴木亘・林正義編『生活保護の経済分析』東京大学出版会．
青木昌彦（1995），『経済システムの進化と多元性──比較制度分析序説』東洋経済新報社．
青木昌彦（2001），『比較制度分析に向けて』NTT出版．
Beck, Ulrich (1986), *Risikogesellschaft: Auf dem Weg in eine andere Moderne*, Surhkamp.（東廉・伊藤美登里訳（1998），『危険社会──新しい近代への道』法政大学出版局）
玄田有史（2004），『ジョブ・クリエイション』日本経済新聞社．
岩田正美（2006），「バスに鍵はかかってしまったか？──現代日本の貧困と福祉政策の矛盾」『思想』，2006年3月号．
岩田正美（2008），『社会的排除──参加の欠如・不確かな帰属』有斐閣．
神野直彦・金子勝編（1998），『地方に税源を』東洋経済新報社．
神野直彦・金子勝編（1999），『「福祉政府へ」の提言──社会保障の新体系を構想する』岩波書店．
金子勝（1999），『セーフティネットの政治経済学』ちくま新書．
金子勝（2003），『経済大転換──反デフレ反バブルの政策学』ちくま新書．
金子勝（2004），『粉飾国家』講談社現代新書．
金子勝（2008），『閉塞経済──金融資本主義のゆくえ』ちくま新書．
金子勝（2010），『新・反グローバリズム──金融資本主義を超えて』岩波現代文庫．
金子勝（2011），『「脱原発」成長論──新しい産業革命へ』筑摩書房．

---

27) 金子（2011），第3章，および金子・デウィット（2007）などを参照．
28) 神野・金子編（1998，1999），金子（2004）などの社会保障の改革提言は，こうした視点からなされている．

金子勝／アンドリュー・デウィット（2007），『環境エネルギー革命』アスペクト．
金子勝・児玉龍彦（2004），『逆システム学——市場と生命のしくみを解き明かす』岩波新書．
金子勝・児玉龍彦（2010），『新興衰退国ニッポン』講談社．
金子勝・高端正幸編（2008），『地域切り捨て——生きていけない現実』岩波書店．
権丈善一（2006），「総医療費水準の国際比較と決定因子をめぐる論点と実証研究」西村周三・田中滋・遠藤久夫編『医療経済学の基礎理論と論点』勁草書房．
児玉龍彦（2007a），「病床稼働率と DPC という罠」『医学のあゆみ』Vol. 221，No. 6，2007 年 5 月 12 日号．
児玉龍彦（2007b），「肺がん検診は胸部 CT によるべきか否か？——変わるがん検診，治療評価の考え方」『医学のあゆみ』Vol. 222，No. 2，2007 年 7 月 14 日号．
蔵本由紀（2007），『非線形科学』集英社新書．
Leakey, Richard（1979），*The Illustrated ORIGIN OF SPECIES by Charles Darwin: Abridged and Introduced by Richard Leakey*, The Rainbird Book Ltd.（吉岡晶子訳（1997），『新版 図説種の起源』東京書籍）
丸山真男（1961），『日本の思想』岩波新書．
Musgrave, Richard A.（1969），*Fiscal System*, Yale University Press.（木下和夫監修・大阪大学財政研究会訳（1972），『財政組織論——各国の比較』有斐閣）
North, Douglass（1981），*Structure and Change in Economic History*, W. W. Norton & Co., Inc.（中島正人訳（1989），『文明史の経済学——財産権・国家・イデオロギー』春秋社）
大沢真理（1993），『企業中心社会を超えて——現代日本を「ジェンダー」で読む』時事通信社．
大沢真理（2007），『生活の協同——排除を超えてともに生きる社会へ』日本評論社．
大竹文雄（2005），『日本の不平等——格差社会の幻想と未来』日本経済新聞社．
Peacock, Alan T. and Wiseman, Jack（1961），*The Growth of Public Expenditure in the United Kingdom*, Princeton University Press.
将来の医師需給に関する検討委員会（厚生省健康政策局医事課監修）（1986），『医師数を考える——将来の医師需給に関する検討委員会最終意見』日本医事新報出版局．
橘木俊詔（1998），『日本の経済格差——所得と資産から考える』岩波新書．
橘木俊詔（2005），『企業福祉の終焉——格差の時代にどう対応すべきか』中公新書．
「中央公論」編集部編（2001），『論争・中流崩壊』中央新書ラクレ．
宇沢弘文（2000），『社会的共通資本』岩波新書．
山森亮（2009），『ベーシック・インカム入門——無条件給付の基本所得を考える』光文社新書．

第8章 「格差社会」を越えるヴィジョン
―― 「三つの政府体系」のシナリオ ――

神 野 直 彦

1. はじめに

　丸い地球も，一部分だけ眺めれば，真っ平らに認識されてしまう．ともすれば，科学は科学の名の下に，考察する対象を部分にのみ限定し，複雑に絡み合った全体真実には目を向けようとはしない．

　しかし，真理は全体真実として存在する．ジグソー・パズルの1つの断片のみをいくら真剣に凝視したところで，全体の図柄は見えてこない．全体を意味するホリー（wholly）も，聖なることを意味するホリー（holly）も，語源も発音もまったく同じであることを肝に銘じるべきである．

　もっとも，そもそも全体真実を解き明かすことは不可能である．存在を包容する宇宙についてすら，人間は何一つ解明していないといっても言いすぎではない状態である．

　そうだとすれば，真理を追求するには，全体真実についての複雑性を認識した上で，部分真実についての解明と全体真実についての解明を，常に突き合わせる努力を怠るべきではない．つまり，個別科学が解明の対象とする部分真実にのみ，目を奪われるのではなく，部分真実と隣接する部分真実との関係をも解明の視座に取り込む必要がある．

　格差問題を解明しようとするにも，部分真実と全体真実との関係を常に念頭に置かなければならない．しかも，現在の「格差社会」に対抗する未来へのヴィジョンを描くことが，本章のアジェンダである．

　しかし，正しい問題の提起をすれば，そこには答えの半分が含まれていると言われる．したがって，ヴィジョンを描くにも，格差問題を正しく提起す

るための,現実分析が前提となることは間違いない.もちろん,現実を分析するためにも,部分分析と全体分析とを常に突き合わせる必要がある.

ところが,現実の分析では,分析対象である現象を小さな断片に破砕すればするほど,情報量は増大していく.そのため全体分析との突き合わせは等閑(なおざり)にされがちになる.

しかし,本章のアジェンダは,断片化された事実の分析ではない.ヴィジョンは当然のことながら全体的である.しかも,断片化された小片を集めてみても,ヴィジョンを描くことはできない.

部分的な問いには,部分的な答えしか返ってこない.全体を問われれば,全体への回答が返ってくる.もちろん,本章では社会全体にかかわるトータル・ヴィジョンが問われているので,回答は全体的となる.したがって,社会全体を構成する諸要素と有機的に関連づけて,格差問題を分析し,「格差社会」のアポリアを見出した上で,それを乗り越えるヴィジョンを描くことが,本章のアジェンダとなる.

本章ではこうした問題関心から,財政学的アプローチから「格差社会」を分析していく.格差現象の現実分析は,本章の他章で考察されているので,本章では「格差社会」を越えるヴィジョンを描くために,社会全体の構成要素との関連で,総合的に「格差社会」を解明することを目的としているからである.

「格差社会」に財政学的アプローチで接近することは,宇沢弘文氏が制度主義(Institutionalism)にもとづいて提唱する社会的共通資本論を継承して,「格差社会」に分析のメスを入れることを意味している.制度主義つまり制度経済学の系譜は,2つの経済学のパラダイムを起源として語ることができる.1つはドイツの歴史学派であり,もう1つはヴェブレン(Thorstein B. Veblen)に代表されるアメリカの制度学派である.いずれも19世紀後半に登場する経済学のパラダイムである[1].

危機の時代には,人間は未来を救おうとして構想力が掻き立てられる.そのため経済危機の時代は,必ずといってよいほど,未来へのヴィジョンと結びついた新しい経済学のパラダイムが,次々と誕生する「ヴィジョンの春の

---

1) 制度経済学と社会保障との関係については,神野(2009)を参照されたい.

時代」となる.

　19世紀後半も1873年のウィーンの取引所での恐慌を発端とする大不況 (Great Depression) と呼ばれる経済危機の時代であった．この世紀末大不況という経済危機と時を同じくして，新しい経済学のパラダイムが相次いで生まれる．現代の経済学のメイン・ストリームとなっている新古典派も，1870年代の限界革命として誕生する．

　その一方で古典派の伝統に異議を唱えながら，ドイツ歴史学派とアメリカ制度学派が登場してくる．ドイツ歴史学派は古典派を批判したリスト (Friedrich List) に始まる旧歴史学派と，1872年に創立された社会政策学会に結集した新歴史学派に区分されている．この新歴史学派からワグナー (Adolf H. G. Wagner)，シュタイン (Lorenz v. Stein)，シェフレ (Albert E. F. Schäffle) を「三巨星」とするドイツ財政学が誕生する．

　アメリカ制度学派はドイツ歴史学派に導かれて誕生すると言ってよい．日本の新渡戸稲造や片山潜にも強い影響を与えたアメリカ制度学派の先駆者であるイーリー (Richard T. Ely) も，ハイデルベルクでドイツ歴史学派の経済学を学んでいる．このイーリー理論は，ヴェブレンによって大成される．こうしたアメリカ制度学派の理論は，宇沢弘文氏の社会的共通資本の理論として見事に結実する[2]．

　本章はドイツ財政学を発展させつつ，社会的共通資本の理論に学びながら，「格差社会」に分析のメスを加えようとしている．敢えて繰り返すと，それは「格差社会」を越えるヴィジョンを描くためには，「格差社会」を総合的にトータルとして分析する必要があるからである．

2. 特殊歴史社会としての「格差社会」

2.1　暴力的に踊り出た新自由主義が創出した「格差社会」

　鬢を震わせながら日本の総理は「格差のない社会などない」と吠え立てた．確かに，格差のない社会など存在しえない．しかし，統治に携わる者は格差の解消に意を注いできたのが，人間の歴史である．したがって，「格差

---

[2]　この点については，宇沢 (2000) を参照されたい．

社会」とは特殊歴史社会を指している．つまり,「格差社会」とは格差のある社会一般を指しているのではない．1980年代から君臨し始めた統治者達が唱導した「格差の存在を肯定する社会」という特殊歴史社会なのである．

日本で「格差社会」を巡る議論が燃え盛り始めた火付け役は，1980年代以降所得格差を示すジニ係数が上昇し，所得格差が拡大していることを指摘した橘木俊詔『日本の経済格差——所得と資産から考える』(岩波書店, 1998年) ということができる．これを契機に格差拡大が事実か否かをめぐる議論が沸騰する．

しかし，ジニ係数上昇の主要因が高齢化によるもので，格差拡大は仮想にすぎないと喧しく主張されたのにもかかわらず，日本が「格差社会」であることに，紛れもない事実だという常識が定着している．というのも，時の政権も日本が「格差社会」であることを事実として「葵の御紋章」を与えているからである．つまり，2009年の麻生政権の下で，経済財政諮問会議が様々な指摘を検討した結果，格差拡大を否定し難い事実として認定したのである．

しかし，歴史学派の流れを継承する財政学の視座からすれば，1980年代から格差問題が深刻化するのは，何も日本に限られた事実ではないという事実に着目する必要がある．というよりも，1980年代頃から世界的に全体として格差が急激に拡大したのである[3]．

国連開発計画『年次報告書2003年版』をみれば，世界人口の2%を占める富裕国の収入と世界人口の20%を占める貧困国の収入を比較すると，1960年には30倍であったのに，1995年には82倍にも達している．しかも，世界の70ヶ国以上の国々で1人当たりの所得が20年前よりも減少していたのである．

こうした世界的に生じた歴史上，類例をみない格差の拡大は，1973年に発生した大きな歴史の津波に起因する．この津波は，第二次世界大戦後に形成されたアメリカを中心とする世界秩序である「パクス・アメリカーナ」の終焉を告げる大津波である．

---

3) こうした格差の拡大については，イグナシオ・ラモネ，ラモン・チャオ，ヤセク・ヴォズニアク (2006) が簡潔に説明している．

第8章 「格差社会」を越えるヴィジョン

　この1973年の大津波は，3つのドラマから構成されている．第1のドラマは，1973年に生じた石油ショックである．この石油ショックは，第二次大戦後の「黄金の30年」と讃えられる高度成長を支えた重化学工業化の行き詰まりを示している．大量生産・大量消費を実現した重化学工業化は，自然資源多消費型の産業構造の形成にほかならない．石油ショックの自然資源多消費型産業構造が行き詰まったドラマである．

　第2のドラマは，固定為替相場制が破綻し，変動相場制に移行したことである．つまり，1973年に第二次大戦後の世界経済秩序を支えたブレトン・ウッズ体制が崩壊したというドラマである．

　第3のドラマは「9・11」である．つまり，1973年9月11日にチリのサルバドール・アジェンデ（Salvador Allende）が，「チリ人民の忠誠」に悲惨な死をもって応えたドラマである．それは民主主義を旗幟として，第二次大戦後に世界の覇権を掌握したアメリカが，その旗幟である民主主義を，野蛮な暴力によって自ら蹂躙したことを示している．

　こうした3つのドラマは，第二次世界大戦後に先進諸国が挙って目指した福祉国家が，限界に達したことを意味している．つまり，福祉国家を支えた重化学工業を基軸とする産業構造が行き詰まり，福祉国家を統合していたブレトン・ウッズ体制が崩壊したからである．しかも，福祉国家の正当性を支えた民主主義さえ踏み躙られたのである．

　それは福祉国家を根底的に批判する新自由主義が，残虐な暴力の伴奏とともに，世界史の表舞台に登場してくることでもあった．アジェンデ大統領を悲惨な死へ追いやったピノチェト（Augusto Pinochet）将軍は，独裁政権に就くや否や，経済閣僚をフリードマン（Milton Friedman）の仲間達に占めさせる．しかも，フリードマンを度々招き，その指導の下にピノチェトは，新自由主義にもとづく経済政策を展開したのである．

　こうしたチリの経済政策をフリードマンは，「チリの奇跡」と讃美する．暴力とともに踊り出た新自由主義は，1979年にイギリスでサッチャー政権として，1981年にアメリカでレーガン政権として，そして1982年にも日本で中曽根政権と，アングロ・アメリカン諸国で，1980年代に次々に政権を掌握することになる．

「格差社会」とは新自由主義が君臨している社会だと言ってよい．第二次大戦後に先進国が目指した福祉国家は，「再分配と経済成長との幸福な結婚」の時代である．つまり，政府が再分配をすれば，経済成長も実現するという確信に支えられていたのである．

ところが，新自由主義は福祉国家を根底から批判する．つまり，財政の再分配機能を経済成長の阻害要因と見做し，「努力する者が報われる社会」と称して格差を肯定していく．もちろん，格差の存在しない社会はない．しかし，統治者が格差を肯定する社会は稀有である．「格差社会」とは新自由主義を背後理念に政府が格差を容認し，急激に格差が拡大していく社会なのである．

2.2 市場社会の3つのサブシステム

新歴史学派から生まれた財政学で発展させたアプローチからすると，トータル・システムとしての市場社会は，市場原理にもとづく経済システムと，支配・被支配関係にもとづく政治システムと，家族やコミュニティという共同原理にもとづく社会システムという3つのサブシステムから構成されると考えることができる．市場社会における人間の活動を考えれば，1人の人間が家族をなして生活活動をする家庭人としての顔，職場で生産活動をする職業人としての顔，さらに政治活動に参加する者としての顔という3つの顔をもって活動していることがわかる．というよりも，古き歴史を振り返れば理解できるように，そもそもこの3つのサブシステムは統合されていたのである．

ところが，市場社会になると，3つのサブシステムは分離して析出してくる．しかも，こうした3つのサブシステムを結びつける媒介環として，財政が誕生したのである（図8-1）[4]．

太古の歴史を振り返れば，生活活動も生産活動も「共同体（Gemeinschaft）」という社会システムの下に統合されている．つまり，社会システムとは最も古い人間と人間との関係ということができる．というよりも，群居性を備えた「種」としての人間は生来，共同体という社会システムの自発的

---

[4] 3つのサブシステムと財政との関係については神野（1998）を参照されたい．

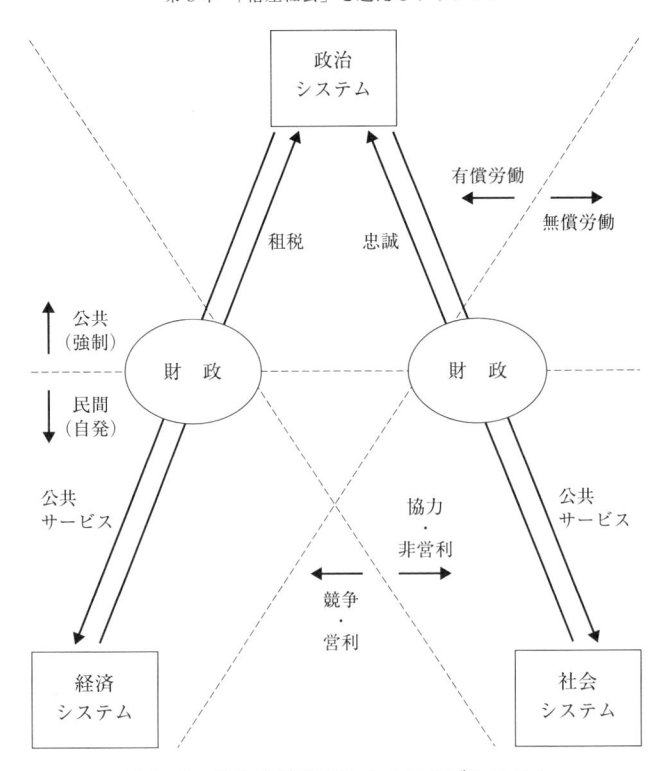

第8章 「格差社会」を越えるヴィジョン　　225

図8-1　社会を構成する3つのサブシステム

協力の組織に埋め込まれて生活している．社会システムとは人間と人間との自発的協力による結びつき，つまり共同体関係を意味する．具体的には家族やコミュニティという「共同体（Gemeinschaft）」を想起すればよい．

　ところが，自発的協力では顔見知りの関係が存在しない共同体間にまたがる灌漑施設を建設することはできない．古代国家の生誕をみれば明らかなように，「政府」は自発的協力の限界を強制力によって克服して，灌漑施設などを建設する試みから生ずる．

　こうして「政府」という政治システムが誕生する．政治システムとは強制力にもとづく，支配・被支配という人間関係と言うことができる．支配・被支配という人間関係である「政府」は，共同体の限界を克服するために誕生

した．つまり，公共経済学がまことしやかに説明するように，「政府」は「市場の失敗」から生まれたのではなく，「共同体の失敗」から生まれたのである．

　経済システムとは等価物を交換する人間と人間との関係，すなわち「市場」経済を媒介とする人間関係を意味している．この市場経済も人間の歴史とともに古くから存在したといえるかも知れない．

　確かに，共同体の内部で余剰が生じると，他の共同体との間に「市場」が発生する．しかし，その「市場」とはあくまでも，生産物市場であって土地，労働，資本を取引する要素市場ではない．要素市場が成立する近代市場社会が形成されるまでは，自然に働きかけて，人間にとって有用な財・サービスを生産し分配する経済行為は，領主の強制力の下に，共同体の慣習にもとづいて処理されていたのである．

　市場社会が誕生するということは，要素市場が成立することを意味する．それは生活機能と生産機能を統合していた共同体から，生産機能が抜け落ちることにほかならない．それは共同体を，生活機能を営む家計と，生産機能を営む企業とに分離することだと言ってもよい．つまり，家計の所有する労働，資本，土地という生産要素が生み出す要素サービスを，要素市場で取引することによって企業が生産活動を営むことになる．

　もっとも，要素市場が成立するためには，領主が領有していた生産要素に，私的所有権が設立される必要がある．もちろん，所有権を設定し，保護するためには強制力が必要である．ところが，市場社会の政治システムは，市場社会以前のように生産要素を領有している「家産国家」ではない．生産要素が私的に所有されている以上，政治システムは「無産国家」とならざるをえないのである．

　しかし，生産要素を失ってしまうと市場社会の政治システムは，強制力を維持できない．そこで市場社会では，社会の構成員の合意にもとづいて，つまりは民主主義にもとづいて，経済システムが生み出した果実から貨幣を調達する．この調達した貨幣で生産物市場から生産物を，要素市場から労働サービスを調達して，強制力を維持していく．

　もっとも，強制力を無闇に発揮すれば，かえって社会秩序は乱れ，所有権

を保護できない．そのため強制力を背後にして，社会システムで営まれる生活活動を保障する公共サービスを提供して，社会システムから「忠誠」を調達することになる．

　このように市場社会が成立すると，社会システム，経済システム，政治システムという3つのサブシステムが分離してくる．そこで市場社会では分離した3つのサブシステムを，財政が統合していく．つまり，政治システムが強制力を背後にしながら，経済システムに対しては生産活動が営まれる前提条件としての社会的インフラストラクチュアを，社会システムで営まれる生活活動を保護する社会的セーフティネットを，財政が提供して社会統合を図っていく．

　そうだとすれば財政とは，トータル・システムとしての社会を統合するために，租税を調達して強制力を維持するだけでなく，経済システムや社会システムが機能していく前提条件である「社会的共通資本」を管理・運営していくことだと言ってもよい．つまり，自然環境，社会的インフラストラクチュア，制度資本という社会的共通資本を管理・運営することで公共サービスを提供して，経済システムや社会システムが機能する前提条件を整備することによって，社会統合を形成していくのである．

2.3 「規制緩和」と「民営化」の熱狂

　市場社会を構成する社会システム，政治システム，経済システムという相補関係が崩れると，市場社会は危機（crisis）に陥る．というよりも，市場社会は社会システム，政治システム，経済システムとの一定の相補関係が維持されていく時代（period）と，古い相補関係が崩れ，新しい相補関係が形成される画期（epoch）を繰り返しながら発展してきたと言ってよい．

　新自由主義は「規制緩和」と「民営化」によって政治システムを縮小し，市場原理にもとづく経済システムの拡大を唱える．もっとも，市場社会の草創期である19世紀初期にも「規制緩和」と「民営化」の熱狂が生じている．

　それは市場社会を創出するために，重商主義政策にもとづく規制を緩和し，重商主義的特権会社や官営企業を解体していく政策が爆発的に実施されたからである．もちろん，こうした19世紀初頭の「規制緩和」と「民営化」

の熱狂は，経済システムが「自己調整的な市場 (the self-regulating market)」として，政治システムから分離していくことを意味していたのである．

ここで注意しておく必要のあることは，市場は自然的秩序ではなく人為的に創造されたものだということである．それは「規制緩和」と「民営化」の熱狂という政策によって，人為的に創出されたのである．

もちろん，そのため政治システムに強力な強制力が存在しなければならない．したがって，「規制緩和」と「民営化」の背面には，強力な官僚組織と常備軍が存在したのである．

つまり，19世紀初頭において「規制緩和」と「民営化」によって，市場経済を解き放った時には，政治システムは機能を強化して，あくまでも政治システムが経済システムを制御するオールマイティの権限をもっていた．しかし，20世紀から21世紀への世紀転換に，国民国家という政治システムの枠組みを越えて，市場を解き放った時には，そうではない．

もっとも，市場経済がボーダレス化し，グローバル化すると言っても，生産物市場はもともとボーダレス化し，グローバル化している．生産物市場は本来，共同体的人間の絆が途絶えたところで機能する．つまり，共同体的絆のない，共同体と共同体との間で機能する生産物市場はもともと，国境を越えてボーダレスに機能する性格を備えていたのである．

ところが，要素市場はそうはいかない．生産要素は政治システムによって，所有権が設定されなければならないからである．自らの労働を投下した生産物であれば，所有権を主張できても，神が等しく与え給うた自然を，自己の私有物だと正当化する権限は，政治システムによる所有権の設定以外にはありえない．

市場経済がボーダレス化，グローバル化すると言っても，「土地」，「労働」という本源的生産要素が国境を越えて動き回るわけではない．「土地」は移動しない．「労働」は移動しないわけはないが，言語や習慣，文化という共同体的人間の絆に根ざす「壁」が，国際的移動の前に立ちはだかる．

結局，国境を越えて国際的に自由に動き回るのは，生産要素のうち，「資本」のみに限られる．市場経済のボーダレス化，グローバル化とは，「土地」や「労働」の国際的移動性を意味しているわけではない．もちろん，もとも

第8章 「格差社会」を越えるヴィジョン　　229

と国際的に移動していた，生産物の国際的移動性でもない．それは等しく「資本」の国際的移動性を意味している．

　新自由主義が世界史の表舞台に登場すると，資本の自由な移動を推進する政策，つまり金融自由化が進められる．もちろん，それは資本統制を前提にした固定為替相場制にもとづくブレトン・ウッズ体制の崩壊を意味した．

　資本が国境を越え，鳥が如くに自由に動き回るようになると，国民国家という政治システムは縮小していく．そればかりではなく市場経済が国境を越え，ボーダレスに動き回るまでに拡大していくと，共同体を分解し，社会システムをも縮小させていく．つまり，経済システムが急激に拡大していくことで，3つのサブシステムの相補関係が崩れていく．共同体が分解して「最後の共同体」という家族も揺らいでくると，社会の構成員は，アトム化して「孤独な群衆」となってしまうのである．

　資本は国境を越え，自由に動けるけれども，労働はそうはいかない．国境によって管理されているだけではなく，言語や生活習慣の壁が存在するからである．そうなると，資本は賃金コストの安いところを目指して，自由に飛び回る．その結果として賃金は，「ボトムを目指す競争（race to the bottom）」を強いられてしまうのである．

　もちろん，結果は明らかである．失業，貧困，社会的排除が広まり，「格差社会」が形成されてしまう．しかも，要素市場が分配をする所得を政治システムが再分配する任務を放棄してしまう．というよりも，資本が国境を越えて，自由に動き回るようになると，政治システムが高額所得を形成する資本所得に課税をしようとしても，国境を越えて移動し，所得再分配が不可能になってしまうのである．

　「格差社会」とは新自由主義が形成した特殊歴史社会である．新自由主義により「規制緩和」や「民営化」によって解き放たれた市場経済が，政治システムや社会システムとの相補関係のバランスを崩すまでに拡大した社会だと言ってよい．

3. 福祉国家体制の行き詰まり

3.1 所得再分配国家としての「福祉国家」

　市場経済は弱肉強食，優勝劣敗の市場原理で運営される．そのため市場経済が生産する所得の分配には，格差が当然に生じる．この市場経済にもとづく格差のある所得分配については，社会の構成員が公正だと受け入れれば，社会の統合を乱すことはない．

　市場経済による所得分配に対する公正については，3つの考え方が存在してきたと言ってよい．1つは「交換の正義」，つまり，市場による所得分配が「正義」であり，それによって格差は肯定されるという考え方である．もう1つの考え方は，市場による所得分配は「正義」ではないけれども，政治システムが修正すれば「正義」を実現することができるというものである．最後の1つは，市場経済による所得分配は根源的に「正義」ではなく，政治システムの修正によって「正義」を実現できない．したがって，市場社会そのものを打倒する以外に「正義」の実現はありえないという考え方である．マルクス主義はこうした思想を代表している．

　市場社会が形成されてくる初期の市場社会では，第1の「交換の正義」，つまり市場経済による社会分配を「正義」だとする考え方が，コモンセンスとして受容されていた．というのも，市場社会の形成期には，市場経済で処理される領域，つまり経済システムの領域が限定されていたからである．

　市場社会の形成期に先進国であった19世紀のイギリスを観察してみても，家族の生活に必要なものを市場からは余り購入していない．もちろん，19世紀のイギリスでは，自動車も家庭電器製品も家計は購入していない．衣料や食糧も原料を購入することはあっても，自給自足的であり，完成品を購入することはほとんどなかったと言ってよい．たとえば，パンもパン屋から購入されるほうが例外的であった．つまり，19世紀の市場社会では市場経済の生産機能よりも，家族や共同体，つまり社会システムの自給自足的生産機能のほうが，依然として遥かに大きい存在だったのである．

　つまり，市場社会の形成には，「小さな市場経済」であったが故に，「小さ

な政府」という政治システムが可能となっていた．その背面に「大きな共同体」という社会システムが存在していたからである．

ところが，経済システムの領域が拡大していくと，市場経済による所得分配は「正義」ではないという考え方が支配的になっていく．とはいえ，それは政治システムによって修正されれば，「正義」だとする政策思想がコモンセンスとなる．それが社会政策学派の流れを汲むドイツ財政学の政策思想である．

市場社会の形成期には軽工業を基軸とした産業構造だったけれども，20世紀に足を踏み入れる頃から，多軸的に連動する重化学工業が形成されると市場から購入する消費財が激増する．軽工業では人間の身体にまとわりつく「モノ」しか生産することができない．つまり，人間が口にする食糧や身にまとう衣料を市場から購入するにすぎない．ところが，重化学工業の時代になると，人間の身体の一部の機能が独立した「モノ」が生産されるようになる．人間の手足の代替機能を備えた自動車や家庭電器が生産され，人間の手足に代替する機能を備え，人間と対峙する独立した「モノ」が生活様式に取り込まれていく．

しかも，食糧にしても衣料にしても，重化学工業の時代になると，無償労働で加工する必要のない，加工された製品が増加する．そうなると，無償労働のタイム・セービング（時間節約）が生じるが，それと同時に人間の生活で市場から購入する「モノ」が飛躍的に増加する．

もちろん，市場から購入する「モノ」が飛躍的に増加すれば，購入するために必要な貨幣を調達するために，労働市場で賃金を獲得せざるをえなくなる．そうなると，人間の生活が要素市場での賃金の獲得に，飛躍的に依存することになる．

しかし，労働市場で賃金を獲得する有償労働が増加すれば，家族やコミュニティでの共同作業や相互扶助という無償労働は減少する．つまり，賃金を喪失したときに，家族やコミュニティの助けに，言いかえれば，家族や隣人の助けに期待ができなくなってしまうのである．

社会システムの自発的協力が弱まると，政治システムが家族やコミュニティなどの社会システムの機能を代替しなければ，社会統合は困難となる．社

会システムの自発的協力の限界を克服することこそ，政治システムの使命である．そう逸早く認識したワグナーは，政治システムが社会秩序が乱れる前に，「予防主義」の立場から社会的セーフティネットを張る必要が生じると主張したのである．

ドイツ財政学の主張する「社会国家」は，2つの世界大戦という犠牲を払って，第二次大戦後に「福祉国家」として定着する．「福祉国家」とは市場経済の所得分配を修正する制度資本を，社会的共通資本として埋め込んだ「所得再分配国家」だと言ってよい．

3.2 「社会統合」の失敗としての「格差社会」

この「福祉国家」は生活保護のような社会的扶助と社会保険を車の両輪とする現金給付と，所得税と法人税を基幹税とする累進的租税制度を，所得再分配機能を果す二つの制度資本を基軸として運営される．「福祉国家」という政治ステムは，こうした所得再分配を実現する制度資本によって，社会システムで営まれる生活機能を安定させる社会的セーフティネットを提供するだけではなく，重化学工業を基軸とする経済システムが機能する前提条件である社会的インフラストラクチュアも，社会的共通資本として運営する．つまり，重化学工業が展開する前提条件として，全国的な交通網や全国的なエネルギー網を整備したのである．

しかも，社会システムに対する生活保護による最低生活保障や，社会保険による賃金喪失保障という現金給付で，大量生産を可能にする大量消費を支える購買力をも保障することができる．こうして「福祉国家」の下では，重化学工業を基軸として拡大した経済システムと，経済システムが拡大していくことによって縮小していく社会システムのバランスを保つように，政治システムが機能を拡大させて，3つのサブシステムの安定的な相互補完関係を形成していたのである．

ところが，新自由主義は「小さな政府」の大合唱によって，経済システムを解き放ち，3つのサブシステムの安定的関係を崩してしまう．もちろん，経済システムを解き放し，所得再分配機能を担う政治システムを縮小させると，所得格差は拡大する．

第8章 「格差社会」を越えるヴィジョン

しかし,「格差社会」の問題は格差の拡大だけにとどまらない. カール・ポランニー (Karl Polanyi) が指摘するように,「自己調整的な市場経済」は, 社会システムを破壊していく「悪魔の碾き臼」である. 市場経済が野放しになれば, 社会システムの構成員は勝者と敗者, 強者と弱者に両分解され, 社会システムの内部で自発的協力が生じるところか, 対立と抗争が深まってしまう.

社会システムの自発的協力が機能不全に陥れば, 政治システムがネガティブ・フィードバック機能, つまり混乱要因を是正してシステムを安定させる機能を果さなければならない. ところが, 新自由主義は「あるがままに任せよ」と唱える.

もっとも, 市場経済が「悪魔の碾き臼」として社会システムを崩壊させ, 人間の生活を破壊してしまうが, 社会システムを崩壊から防衛するソーシャル・プロテクション (social protection) という反動が生ずる.

しかし, そうした社会的反動 (social countermovement) が最高潮に達するのが, ファシズムであり, 社会主義であり, ニュー・ディールだとポランニーは把握する. つまり, こうした社会的反動が生じた悲劇が, 遂には破滅的な第二次大戦という結果に帰結することになったことを忘れるべきではない.

社会システムを破壊しながら, 政治システムを縮小していく結果は, 歴史の教訓に学んでも暴力が噴き出てくる. 政府だけに暴力の行使が正当化されているにもかかわらず, 武装集団と略奪集団が群がるようになり, 無法地帯が形成されて, 統治不能つまり社会統合が不可能になってしまう.

もちろん, 社会統合が困難になれば, 市場経済そのものも機能しなくなるはずである. しかし, 新自由主義はそれを歯牙にも掛けない. というのも, すべてを市場で解決すれば, 富の所有こそがオールマイティの権力になると考えているからである.

そのため新自由主義は, すべてのものを市場で処理できる社会を主張している. もちろん, 暴力も市場で購入できると考えている. 実際, 新自由主義によって創り出された現在の「格差社会」では, 暴力が蔓延しているにもかかわらず, 一部の富裕者は安全な生活を享受している. 現在の「格差社会」

では，暴力的社会の下で貧困的生活を送ることが原則であり，安全な社会でゆとりある生活を営むことは例外なのである．

こうした「格差社会」は強制力どころか，社会的共通資本までもが，市場に委ねられていることから生じている．市場経済を拡大せよと唱えられた社会の形成期には，大きな社会システムが存在していた．ところが，その社会システムが縮小したために，政治システムが社会的共通資本を運営して，社会統合を実現していたのである．

ところが，その縮小している社会システムを破壊した上に，新自由主義は政治システムまで切り刻み，トータル・システムとしての社会統合が崩壊してしまった．それが「格差社会」なのである．

4. ポスト「福祉国家」モデルの模索

4.1 「予言の自己成就」

「格差社会」という危機の時代に生を受けた者の使命は，「格差社会」という危機を越えるヴィジョンを構想することにある．「格差社会」を越えるヴィジョンを描き，「約束の地」を明確に示すことには充分な理由がある．

社会心理学は「予言の自己成就」という格言を授けている．この「予言の自己成就」という格言に従えば，破局的な未来を描けば，未来が破局に陥る可能性は高まり，肯定的な未来を描けば肯定的な未来になる可能性は高まることになる．

しかも，「格差社会」の形成によって人間は，生存の危機に脅えているけれども，この危機は人間の手で解決することができる．というのも，この危機は人間が創り出した危機だからである．それも新自由主義という政策思想が奏でる笛の音に踊らされて，人為的に創り出された危機なのである．

したがって，解決不可能だと思われる現状の問題すらも，実は解決が容易な問題であることが多い．解決が絶望だと思われている問題は，そうマスメディアが宣伝している場合にすぎないことが大部分である．というのも，「格差社会」では富裕者が権力を握り，富によってメディアを自由に操作することができるから，そう宣伝されてしまうからである．

発展途上国で生活する人5億人の3分の1の人々には，必要な飲料水すら手に入らない．しかし，国際連合によれば，この地球上に存在するすべての人間に，飲料水，食糧さらには，医療，教育などの生存に必要な基礎的ニーズを保障するのに必要な財源は，巨額な富を所有する世界の大富豪わずか225名に，わずか4％の税率で財産税つまり富裕税を課税すれば調達可能なのである．

もちろん，そうした課税は，真理を報道するという使命を忘れ，新自由主義の傭兵になり下がっているマスメディアが，「大金持ち狙い打ち」とか「取り易いことから取る」と大キャンペーンを張り，必ず闇の中へと葬りさってしまう．したがって，それは夢のまた夢となる．もっとも，世界政府が存在していないため，こうした富裕税を課税する主体が存在しない．

とはいえ，世界政府が存在しなくとも，鳥の如くに自由に国境を越えて動き回る資本に課税することによって，巨大な富を制御することは可能である．しかし，イェール大学のトービン（James Tobin）の提唱する，為替取引への課税であるトービン税も，税率がわずか0.1％であるにもかかわらず，その実現は日の目を見ないのである．

もちろん，希望を捨てる必要はない．とはいえ，希望には能動的希望と受動的希望がある．手を拱いていても，幸福な未来がやってくるという希望が受動的希望である．これに対して能動的希望は，絶望から生まれる．シジフォスの神話のように失敗しても失敗しても，未来へと挑む敗者の頑張りが能動的希望を生む．

「予言の自己成就」を信じ，能動的希望から未来へのヴィジョンを描こうとすれば，世界に君臨している新自由主義へのオールタナティブを提起しなければならない．もっとも，新自由主義にはヴィジョンすらない．というのも，富裕者が強者として生きていけるように，市場に委ねよと説教するだけだからである．

しかし，新自由主義が圧倒的な支持を受けている．それは新自由主義が，富とそれによる権力を操っているからである．新自由主義の傭兵となったマスメディアは，繰り返し「市場の神話」を説教する．

フェアトレード（fair trade）が要請される危機の時代に，マスメディアは

狂気のようにフリートレード (free trade) つまり自由貿易こそ普遍的真理だと宣伝している．それは真理ではないことを充分に認識しているからである．

　TPP (Trans-Pacific Strategic Economic Partnership Agreement) を自由貿易だとして推進するアメリカの歴史をみれば，自由貿易を主張する南部アメリカに対して，保護貿易を主張する北部アメリカが対立して，遂には南北戦争が勃発してしまう．しかし，保護貿易を主張する北部アメリカの勝利によって，アメリカの経済が飛躍的に発展することになった歴史的事実を，マスメディアも充分に知り尽しているにもかかわらずにである．

　しかも，南北戦争の教訓に学べば，市場経済は民主主義によって規制される必要のあることも理解できるはずである．そもそも南北戦争は，人間を奴隷として市場で取引してもよいか，あるいは市場に政府が介入して禁止すべきかという「自由な市場」への政府介入の是非を巡って生じているからである．

　このように市場への政府システムの介入を巡って戦争が生ずる場合を数え上げれば，枚挙に遑がない．1840 年に勃発するアヘン戦争は，アヘンという麻薬の自由貿易を巡る戦争である．

　市場経済への政治システムの介入は，社会システムを保護するために，それぞれの社会システムでの人間の生活と深く結びついている．そのため麻薬の取引を認めている先進国もあれば，酒類の取引を禁止している数多くの国が存在する．

4.2　3つのポスト「福祉国家」モデル

　新自由主義の唱える自由な市場とは，覇権国という強者が決定する強者が勝利するためのルールなのである．したがって，結果は見えている．勝利する者は常に強者であり，敗れる者は常に弱者なのである．それだからこそ「格差社会」が形成されてしまうのである．

　しかし，人間の歴史を侮辱してはならない．人間の歴史は人間がより人間的になっていく歴史である．始めがあるものには，必ず終りがある．人間の歴史にも終末は訪れる．そうだとしても，人間はその瞬間まで人間としての

第8章 「格差社会」を越えるヴィジョン　　237

歩みを止めてはならない．

　そのため新自由主義の形成した「格差社会」という人間の尊厳を否定する社会への異議申し立てが始まっている．確かに1973年の9・11を契機に躍り出た新自由主義は，1979年から1982年までの「保守革命」によって世界に君臨する．つまり，1979年にイギリスにおいてサッチャー政権が，1981年にアメリカでレーガン政権が，1982年に日本で中曽根政権が成立するという「保守革命」で新自由主義の時代が産声をあげることになる．

　とはいえ，すべての先進諸国が第二次大戦後に定着した「福祉国家」を根源的に否定する新自由主義を狂信したわけではない．第二次大戦後に「福祉国家」を目指すことで収斂していた先進国は，大きく3つのモデルに分散したということができる．

　もちろん，1つは新自由主義を信奉したアメリカ，イギリス，日本というアングロ・アメリカン・モデルである．もう1つは，新しいヨーロッパ社会経済モデルである．つまり，福祉や雇用を重視するという「福祉国家」のメリットを生かしながら，状況は大きく変化したので，ヨーロッパ社会経済モデルを再創造するというモデルである．この新ヨーロッパ社会経済モデルには，2つのタイプがある．1つはヨーロッパ大陸モデルであり，もう1つはスカンジナビア・モデルである．

　このように新自由主義のインパクトを受けながら，先進国はアングロ・アメリカン・モデル，ヨーロッパ大陸モデル，スカンジナビア・モデルの3つに分散していく．そこで，アングロ・アメリカン・モデルの代表としてアメリカ，ヨーロッパ大陸モデルの代表としてドイツ，スカンジナビア・モデルの代表としてスウェーデンを採り上げ，これにアングロ・アメリカン・モデルに含まれる日本を加えて，経済的パフォーマンスを示すと，表8-1のようになる．

　この表では，政府の大きさを「社会保障給付」つまり社会的支出で表示している．既に述べたように，「小さな政府」とは防衛，警察治安，一般行政に特化した「夜警国家」であり，「大きな政府」とは国民の生活保障までをも，政府機能として引き受けた政府だからである．

　この表を見れば，アメリカと日本は「小さな政府」であり，ドイツとスウ

表 8-1 社会保障と経済的パフォーマンス

	社会保障 (社会的支出 のGDP比)	経済成長率 (2000〜06平均)	格差 (ジニ係数)	貧困率 (相対貧困率)	財政収支 (2000〜06平均)
アメリカ	15.9%	3.0%	0.381	17.1%	-2.8%
ドイツ	26.7%	1.2%	0.298	9.8%	-2.7%
スウェーデン	29.4%	2.6%	0.234	5.3%	1.4%
日本	18.6%	1.4%	0.321	15.3%	-6.7%

注：社会的支出のGDP比はOECD（2009），*OECD Factbook 2009*，2005年データ．
　経済成長率，財政収支はOECD（2010），*OECD Economic Outlook*,Volume 2009 Issue 2，2002-08の平均値．
　ジニ係数，相対的貧困率はOECD（2009），*Society at a Glance 2009*，2000中頃のデータ．

ェーデンは「大きな政府」である．しかし，新自由主義が唱えるように，社会保障を聖域なく削減して「小さな政府」にすれば，経済成長が実現するというわけではない．

確かに，「社会保障給付」の小さなアメリカは，高い成長を実現しているけれども，日本は低い成長に喘いでいる．「大きな政府」のドイツも成長は低いけれども，「大きな政府」でもスウェーデンは高い成長を誇っている．つまり，政府の大きさと経済成長との間には，相関関係がないのである．

ところが，格差や貧困という社会的公正にかかわる経済的パフォーマンスに目を向けると，事態は一変する．格差や貧困では，ジニ係数を見ても貧困率を見ても，「小さな政府」であるアメリカや日本は高く，格差や貧困を溢れ出させている．これに対して「大きな政府」であるドイツもスウェーデンも，格差や貧困を抑えることに成功している．

しかも，新自由主義は社会保障を充実させて，「大きな政府」にすれば，財政収支の破綻をもたらすと主張する．しかし，スウェーデンの財政収支は黒字であり，財政収支の赤字に苦悩しているのは，むしろ「小さな政府」である．ちなみに表には表示していないけれども，「大きな政府」であるデンマークの財政収支も黒字である．つまり，「大きな政府」の財政は持続可能なのである．

「大きな政府」でもドイツは，経済成長の実現には失敗している．それは一重に，「社会保障」の内実にかかっている．

図8-2でドイツの社会保障の内容をみると，年金である高齢者現金，医療

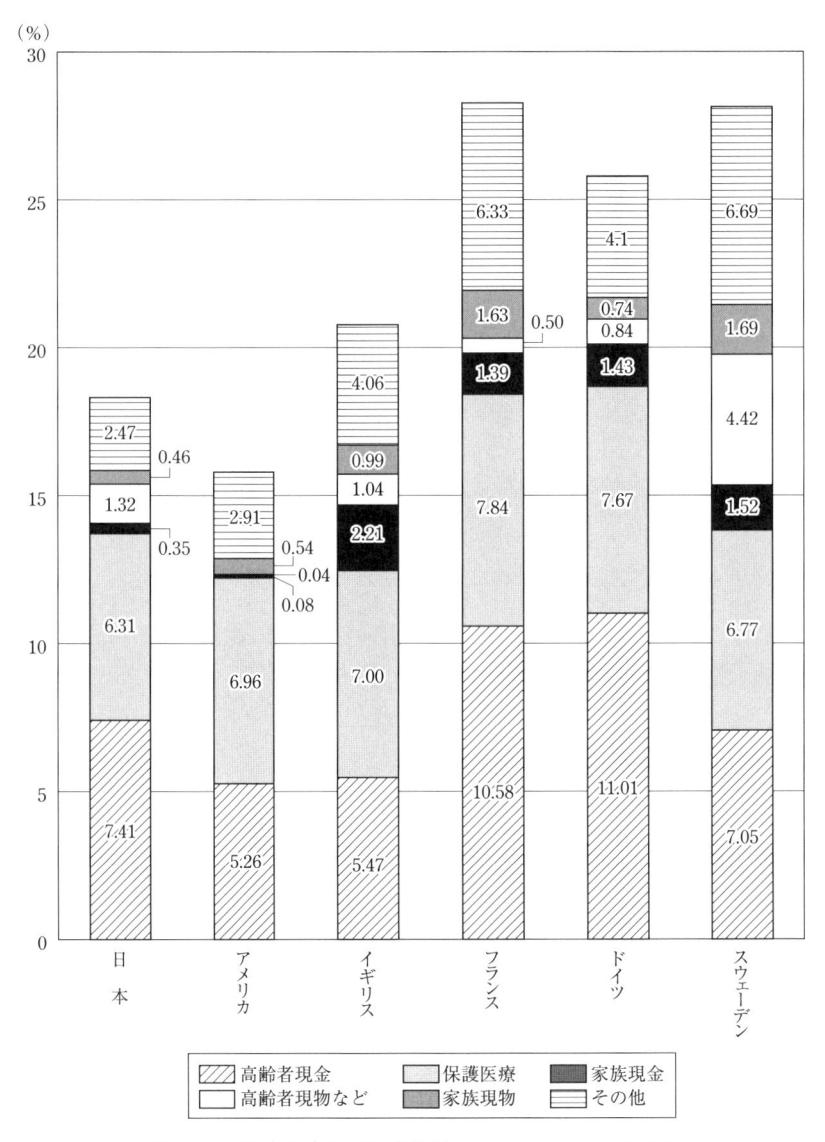

第8章 「格差社会」を越えるヴィジョン　　239

図 8-2　社会的支出の国際比較（2005 年，対 GDP 比率）

	日本	アメリカ	イギリス	フランス	ドイツ	スウェーデン
高齢者現金	7.41	5.26	5.47	10.58	11.01	7.05
保護医療	6.31	6.96	7.00	7.84	7.67	6.77
家族現金	0.35	0.08	2.21	1.39	1.43	1.52
家族現物		0.54	1.04		0.84	
高齢者現物など	1.32		0.99	1.63	0.74	1.69
（追加）	0.46	0.04		0.50		4.42
その他	2.47	2.91	4.06	6.33	4.1	6.69

出所：OECD, "OECD Stat."（http://stats.oecd.org/index.aspx?r=766198）．上記データより東京大学大学院水上氏作成．

保険である保険医療，児童手当である家族現金までは，ドイツはスウェーデンを圧倒している．しかし，それ以降の介護を含む養老サービス給付である高齢者現物，育児サービス給付である家族現物，再訓練・再教育のサービス給付である積極的労働市場政策を含む「その他」で，ドイツはスウェーデンに逆転されてしまう．

つまり，ドイツの社会保障の中心は依然として現金給付にある．ドイツにしろフランスにしろ，ヨーロッパ大陸モデルでは社会保険のウェイトが高い．

このようにみてくると，スウェーデンの社会保障給付の特色は，社会保障給付を現金給付からサービス（現物）給付へとシフトさせている点にあることがわかる．同じように「大きな政府」であるにもかかわらず，ドイツは経済成長を実現できないのに対して，スウェーデンが成功し，しかもスウェーデンがドイツよりも，格差も貧困も圧倒的に抑制している秘密は，社会保障給付の重点を現金給付からサービス給付へ移行させたことにあると言ってよい．

4.3 産業構造の転換と生活保障

軽工業と相違して，重化学工業では同質で大量の筋肉労働が要求される．そのため労働市場に参加する労働者は，男子労働者が中心となる．

軽工業ではそうではない．軽工業の時代に労働市場に参加した労働者は，女性さらに加えれば子供達である．1929年の世界恐慌までの日本の産業構造は，製糸や綿織物を中心とする軽工業が基軸となっていた．製糸工場や綿織物工場で労働に従事していた労働者は男性ではない．「女工」である．つまり，女性が人生の一時期，家計補充的に労働市場に進出していったと言ってよい．

ところが，重化学工業を基軸とする産業構造が成立すると，主として男性が労働市場に働きにいき，女性が家族内において無償労働に従事するという家族共同体が形成される．そうなると，主として男性が稼いでくると想定される賃金所得を，政府が保障すれば，国民の生活を保障できるようになる．というのも，育児にしろ，養老にしろ，家族内で主として女性が無償労働で

賄い，家族の生活が維持されていくと想定できるからである．

　そのため重化学工業を基盤とする「福祉国家」は，所得再分配国家となる．重化学工業を基軸とする産業構造の下では，政府が市場の外側で主として男性が稼いでくると想定されている賃金を正当な理由で喪失した時に，賃金の代替としての現金を給付しさえすれば，国民の生活を保障することが可能となったからである．

　つまり，男性が失業して賃金を喪失すれば失業保険で，疾病で賃金を喪失すれば疾病保険で，高齢で賃金を喪失すれば年金でという具合に現金を給付することで，国民の生活保障が可能となる．というのも，家庭内には無償労働に従事して，家族生活を支えるサービスを提供する女性が存在していたからである．

　ところが，重化学工業を基軸とする工業社会から，ソフトな産業を基軸とする知識社会へとシフトすると，現金給付による所得再分配では，国民の生活保障に限界が生じる．というのも，現金給付による生活保障は，女性を想定した無償労働に従事する者が，家族内に存在していて，家族内で福祉サービスなどの対人社会サービスが，生産されることを前提としているからである．

　知識社会において基軸となる産業は，知識産業やサービス産業というソフト産業である．そのため重化学工業の時代のように，同質の筋肉労働が大量に必要とされることはなく，女性労働も大量に必要になる．そうなると，これまで女性が担っていた家族内の無償労働による対人社会サービスの生産が困難となり，政府が福祉サービスなどの対人サービスを提供せざるをえなくなる．

　ドイツは「大きな政府」と言っても，重化学工業を基軸とする産業構造に対応した旧態依然の現金給付を中心とする社会保障となっている．そのため産業構造の転換が進まずに停滞し，経済成長も停滞的になってしまうのである．

　そればかりではない．工業社会から知識社会への転換期には，社会的セーフティネットが現金給付からサービス給付へと張り替えられていないと，労働市場が二極化してしまう．というのも，工業社会から知識社会へと転換す

ると，無償労働に従事していた女性も，労働市場に進出するようになるからである．

　そのため工業社会から知識社会への転換期に，無償労働代替のサービス給付が提供されないと，2つのタイプの労働市場への参加形態が生じる．1つは無償労働に従事しつつ，労働市場へ参加するタイプである．もちろん，主として女性がこのタイプになる．もう1つは無償労働から解放されていて，労働市場に参加するタイプである．

　こうした2つのタイプの労働市場への参加形態が形成されると，労働市場がパートの労働市場と，フルタイムの労働市場に分断される．つまり，労働市場が二極化してしまう．二極化した労働市場によって決定される賃金の格差は拡大する．これは 2006 年の OECD の対日審査報告書が，日本の格差拡大の根拠としてつとに指摘したとおりである．

　ドイツがスウェーデンよりも格差や貧困が大きな重要な理由も，この点にある．2006 年の OECD の対日審査報告書が，日本が格差と貧困の溢れた「格差社会」に陥っていることを明らかにした際に，その理由としてつとに指摘したのは，労働市場の二極化している事実である．敢えて繰り返すと，労働市場の二極化は，無償労働代替のサービス給付が提供されていないからである．

　新自由主義は「福祉国家」という「大きな政府」を，総力を挙げて攻撃した．つまり，「福祉国家」という「大きな政府」による所得再分配が，市場経済の活力を奪うとともに，社会システムで自発的に生ずる助け合いを委縮させると批判する．しかし，「小さな政府」にしても，経済成長するわけではない．それどころか確実に断言できることは，「小さな政府」にすれば，格差と貧困を溢れ出させてしまうということである．

　しかも，「小さな政府」にすれば，社会システムの協力原理が復活するわけではない．というよりも，市場原理の浸透が確実に，社会システムを縮小させてしまう．その結果として「格差社会」の悲劇を，加速させてしまうのである．

4.4 再分配のパラドックス

新自由主義も貧困にまったく目を向けないというわけではない．しかし，新自由主義では貧困を個人的責任，つまり怠け者だと説教する．そのため働けないような真に貧しい者に限定して救済しようとする．

スウェーデン社会政策学者コルピ（Walter Korpi）の指摘する「再分配のパラドックス」は，こうした新自由主義の絵空事を見事に喝破する．「再分配のパラドックス」とは，貧困者に限定した現金給付を手厚くすればするほど，その社会格差は激しくなり，貧困が溢れ出るという命題である．

表 8-2 には日本が悪平等ほど平等な社会だと宣伝された 1990 年代をとって，「再分配のパラドックス」の様相を示している．この表で最も左欄にある社会的扶助支出とは，生活保護のように，貧困者に限定して現金を給付する現金給付であると言ってよい．

こうした貧困者に限定した現金給付の支出ウェイトの高い国は，アメリカ，イギリスというアングロ・アメリカン諸国である．これに対して，社会的扶助支出のウェイトの少ない国は，スウェーデン，デンマークというスカンジナビア諸国である．このアングロ・アメリカン諸国とスカンジナビア諸国との中間に，社会的扶助支出のウェイトが中程度のドイツ，フランスというヨーロッパ大陸諸国が位置している．

ところが，格差の指標であるジニ係数をみると，社会的扶助支出の高いアングロ・アメリカン諸国でジニ係数が著しく高くなっている．つまり，格差の激しい国となっている．

これとは対照的に，社会的扶助支出の低いスカンジナビア諸国のジニ係数は著しく低くなっている．つまり，格差の少ない国になっている．社会的扶助支出が中位であるヨーロッパ大陸諸国は，格差も中位に位置している．

貧困率をみても，格差と同様のことが指摘できる．つまり，社会的扶助支出の高いアングロ・アメリカン諸国は，貧困率も高く，社会的扶助支出の低いスカンジナビア諸国は，貧困率も低く，社会的扶助支出の中位のヨーロッパ諸国は，貧困率も中位となっている．

これがコルピの指摘する「再分配のパラドックス」である．社会的扶助支

表8-2 再分配のパラドックス

	社会的扶助支出	ジニ係数 (90年代半ば)	相対的貧困率 (90年代半ば)	社会的支出
アメリカ	3.7	0.361	16.7	15.2
イギリス	4.1	0.321	10.9	23.1
スウェーデン	1.5	0.211	3.7	35.3
デンマーク	1.4	0.213	3.8	30.7
ドイツ	2.0	0.280	9.1	26.4
フランス	2.0	0.278	7.5	28.0
日 本	0.3	0.295	13.7	11.8

注：宮本太郎北海道大学教授による作成資料を修正して作成．
出所：社会的支出，積極的労働市場政策支出は，OECD, Social Expenditure Database. 社会的扶助支出は，Tony Eardley, et al., Social Assistance in OECD Countries: Synthesis Report, Department of Social Security Research Report, No. 46, p. 35. ジニ係数および相対的貧困率は，OECD, Society at glance: OECD Social Indicators: Raw Data.
(http://www.oecd.org/dataoecd/34/11/34542691.xls).

出のような貧困者に限定した現金給付が高ければ高いほど，格差も貧困も激しくなってしまうのである．

　もっとも，日本は例外である．日本の社会的扶助支出のウェイトは低いけれども，「再分配のパラドックス」の示唆するように，貧困も少なく，所得分配も平等だというわけではない．日本のジニ係数も相対的貧困率も，ヨーロッパ諸国と比べて高いからである．

　日本は国際比較の対象として，アメリカやイギリスしか念頭にないといっても言いすぎではない．そのためジニ係数が，アメリカやイギリスなどのアングロ・アメリカン諸国よりも低かったというだけで，「悪平等」といえるほど平等な国家だと，かまびすしく宣伝されたのである．

　もちろん，ヨーロッパ諸国と比較すれば，「悪平等」などというのは偽り言である．相対的貧困率にいたってはイギリスよりも悪化していたのである．

　「再分配のパラドックス」が働く秘密は，格差や貧困率の低いスカンジナビア諸国の社会的支出のウェイトが高いことである．つまり，福祉や医療という対人社会サービスのウェイトが高い．逆にアングロ・アメリカン諸国は，社会的支出のウェイトが低い．

　貧困者に限定して現金を給付することを「垂直的再分配」と呼んでおく

と，育児や養老などの福祉サービスや，医療サービスを社会的支出として，所得の多寡にかかわりなく提供していくことは，「水平的再分配」と呼ぶことができる．それは所得が同じでも，リスクに陥った時に，そのリスクを補塡していくからである．

一見すると，垂直的再分配のほうが，格差や貧困を解消するように思うかもしれない．貧しき者に現金が給付されるからである．ところが，現実には水平的再分配のほうが，格差や貧困を解消してしまう．つまり，貧しくとも豊かであっても，育児サービスは無料，養老サービスは無料，医療サービスは無料などと，対人社会サービスをユニバーサルにしたほうが，格差や貧困を解決してしまうのである．

そう唱えると，スカンジナビア諸国でも，対人社会サービスに利用者負担が存在するという反論が返ってくる．確かに，1割程度の利用者負担はある．しかし，サービスは市場から購入するものではないという常識が，存在しているスカンジナビア諸国では，利用者負担は所得比例となっている．したがって，所得の少ない者が負担することはない．

水平的再分配つまりサービス給付がユニバーサルに提供されていれば，垂直的再分配は僅かで済む．貧しくとも豊かであっても，医療サービスが無料で提供されていれば，生活保護の受給者が病にあるからといって給付額は増加しないからである．

日本では医療サービスは，水平的再分配としてユニバーサルに提供されていない．医療保険に加入していても，3割は患者負担として市場価格で支払うことになる．そうなると，市場価格を支払えない貧困者は，医療サービスを受けられないことになる．

そこで貧困者でも，医療サービスを受けられるようにと，貧困者に限定した生活保護が支給される．生活保護費の半分以上が，日本では医療費にかかわっている．日本では「生活保護を給付するので，貧困者はそれで患者負担を支払い，国民健康保険を支払え」と言っているようなシステムとなっている．

しかし，医療サービスが貧しくとも豊かであっても，ユニバーサルに提供されていれば，生活保護の受給者が病気だからといって，給付額を増加させ

る必要はない．生活保護受給者が幼児を抱えているからといって，育児サービスと児童手当がユニバーサルに提供されていれば，生活保護の受給額を増加させないで済む．教育サービスが無償で提供されていれば，生活保護者が学童を抱えているからといって生活保護の受給額は増加しない．

つまり，ユニバーサルにサービス給付が提供されていれば，生活保護は本人の食糧費と衣料費という生活費を，一律に給付すればよいということになる．そうなると，生活保護費は僅かで済む．

逆にサービス給付がユニバーサルに提供されていないと，生活保護の給付費は膨らむことになる．サービス給付がユニバーサルに提供されていれば，生活保護費に算入しなくて済む給付費を，生活保護費として参入せざるをえなくなるからである．

このように生活保護費の対象が広く，生活保護の給付額が多額になると，生活保護を受給しているか否かで，雲泥の差が生じてしまう．生活保護を受給するか否かで雲泥の差が生じるようになれば，生活保護の受給に対するバッシングが起きる．つまり，生活保護の受給資格を，もっと厳しくしろとの声が高まる．こうした事態になると，生活保護の受給資格が本来ある者も受給できなくなるどころか，生活保護の水準も引き下げられて，生活保護が機能不全に陥ってしまう．

しかも，現金給付には「ミミッキング（mimicking）」つまり「擬態」という効果が生じる．要するに，「お金のない振りをする」という不正が生まれる．日本のように戸籍や住民票が整備されていると，書類上「生きている振り」をして，現金給付を受給するという事態すら生じてしまう．

ところが，サービス給付だと，「振りをする」という「擬態」効果が生じない．幼児のふりをして保育園に入園したり，高齢者の振りをして老人ホームに入所しても意味がないからである．

もちろん，「擬態」効果のある現金給付は，激しい批判の対象となり，審査を厳しくせざるをえなくなる．その結果として，生活保護本来の機能を果すことが困難になってしまうことは，すでに述べたとおりである．

新自由主義が創り出した「格差社会」は，市場経済を拡大させると，家族やコミュニティという社会システムの機能が縮小し，共同作業や相互扶助と

いう自発的協力が衰退していくことを無視していることから生じたと言ってよい．政府が「共同体の失敗」から誕生したことを想起すれば，こうした社会システムの共同体的協力関係の弛緩に，政治システムが対応することは，政治システムの当然の責務であると理解できよう．

　市場経済が惹起する格差や貧困等に共同体が対処しきれないという「共同体の失敗」に対応することは，政府の責務である．それにもかかわらず，その責任の放棄を新自由主義は主張する．それが「格差社会」の正体なのである．

5．「三つの政府体系」のヴィジョン

5.1　社会的セーフティネットの張り替え

　市場経済が拡大し，社会システムが縮小していくことに対応して，社会的セーフティネットを張り替えなければならない．これまでの考察から明らかなように，この社会的セーフティネットの張り替えには，2つの基軸がある．

　1つは，既に見たように社会的セーフティネットの軸心を現金給付から，サービス給付にシフトさせることにある．もう1つは，社会保険という現金給付を賃金代替という性格に純化させることである．

　というのも，市場社会が成立して，生産の「場」と生活の「場」が分離すると，人間の共同体的絆は，生活する「場」である生活「点」ばかりでなく，生産される「場」である生産「点」でも形成されるからである．つまり，市場経済の契約関係によって生産点に人間が集合すると，契約関係以外のインフォーマルな共同体的人間関係が，生産点でも生じることになる．

　こうした生産点における共同体的人間関係が生み出す自発的協力として，労働組合や友愛組合による共済活動が開始される．このような自発的協力としての共済活動に，政治システムが介入し，自発的協力の限界を克服して強制的協力に鋳直して，社会保険が成立する．

　ドイツにおける初めての社会保険として，1893年にビスマルクが創設した健康保険をみても，「坑夫共済組合（Knappschaftskasse）」をモデルとした

共済活動を母胎として誕生している．イギリスにおいて初めて社会保険が導入された1911年の国民保険法をみても，健康保険にしろ失業保険にしろ，上層の熟練労働者に限定されていた共済活動を，下層の非熟練労働者にまで拡張したものということができる．

そうだとすれば，社会保険とは生産の「場」における自発的協力を，強制的協力に転化したものということができる．そうした社会保険は，「社会保障基金」という政府に運営されていると想定すべきである．歴史的に見ても「社会保障基金」は，生産の「場」における労働組合や友愛組合の共済活動という自発的協力に，法的強制力を付与して誕生した政府である．実際，フランスやドイツでは「社会保障基金」も，選挙で代表者が選ばれている．

生産点における自発的協力としての共済活動では，正当な理由で賃金を喪失した時に，喪失した賃金を構成員が相互に保障しあうものである．そのため社会保険も疾病，老齢，失業などの正当な理由で，賃金を喪失した際の賃金代替としての給付という性格を備えることになる．

「社会保障基金」を賃金代替の現金給付を提供する政府だと位置づけると，地方政府は無償労働の代替のサービス給付を提供する政府となる．そもそも地方政府は家族や近隣の自発的協力を基盤にして，教会の信徒会などによる自治を母胎として形成されている．

サービス給付は地方政府が提供するしかない．中央政府が提供しようとすれば，地域社会ごとに出先機関を設置して提供するしかない．しかも，サービス給付は地域社会ごとに相違する生活実態に合わせて提供する必要がある．そうだとすれば，サービス給付は地域社会ごとに住民の共同意思決定に委ねるほかはないのである．

5.2 「三つの政府体系」への再編

「格差社会」を克服するには，政治システムをメゾ・レベルで「三つの政府体系」に再編する必要がある[5]．政府をメゾ・レベルで「三つの政府体系」に再編するとは，生活の「場」で自発的協力に基礎づけられた地方政

---

5) 「三つの政府体系」については，神野・金子編著（1999），神野・井出編著（2006）を参照されたい．

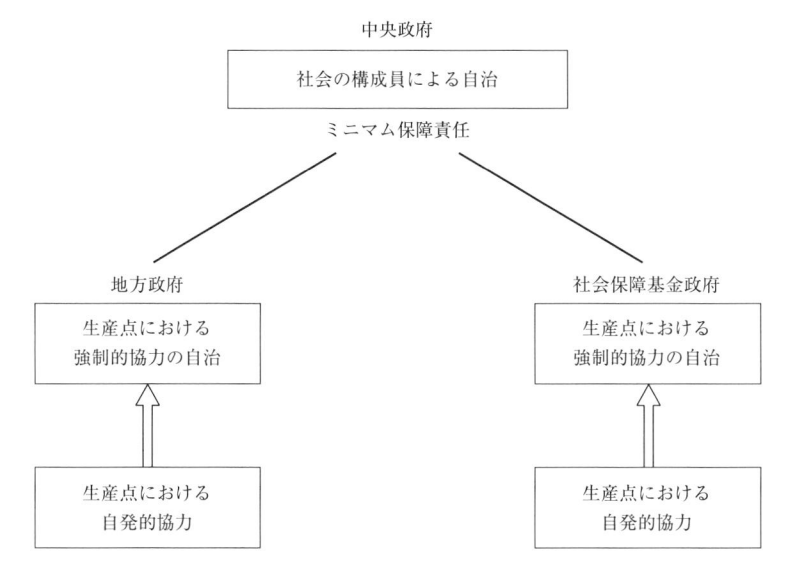

```
                        中央政府
                  ┌──────────────────┐
                  │ 社会の構成員による自治 │
                  └──────────────────┘
                     ミニマム保障責任
                    ╱              ╲
                   ╱                ╲
                  ╱                  ╲
              地方政府             社会保障基金政府
        ┌──────────────┐       ┌──────────────┐
        │  生産点における  │       │  生産点における  │
        │  強制的協力の自治 │       │  強制的協力の自治 │
        └──────────────┘       └──────────────┘
                ⇑                      ⇑
        ┌──────────────┐       ┌──────────────┐
        │  生産点における  │       │  生産点における  │
        │   自発的協力    │       │   自発的協力    │
        └──────────────┘       └──────────────┘
```

図 8-3　三つの政府体系の概念図

出所：神野直彦「社会保障を充実させる「三つの政府体系」という考え方」『エコノミスト』2000 年 2 月 8 日号，p.79.

府，生産の「場」で自発的協力に基礎づけられた社会保障基金政府，それにこの 2 つの政府に対してミニマム保障の責任を負う中央政府という，「三つの政府」に変革することを意味している（図8-3）．

　こうした「三つの政府体系」に再編すると，「格差社会」を克服する方向性が明確になる．「社会保障基金」は老齢，疾病，失業などの正当な理由で賃金を喪失した時に，賃金代替として現金を給付する「政府」となる．

　したがって，「社会保障基金」が給付する年金は，基礎年金を廃止して，全額賃金比例（事業者であれば事業所得比例）の年金に一本化してよいことになる．ただ中央政府が，生活保護と同額のミニマム年金を保障することが必要となる．

　地方政府は家族やコミュニティの共同作業や相互扶助に代替して，サービス給付を供給することになる．現金給付は原則として，地方政府の任務ではない．

リスク・シェアは母数が大きいほどよい．市町村という母数の少ない地方政府が保険を担えば，国民健康保険のように破綻する．もちろん，介護保険の破綻も目に見えている．地方政府の任務は介護サービスという現物給付，つまりサービス給付に限定される必要がある．

医療も介護もサービス給付は，地方政府が供給し，「社会保障基金」は疾病や介護のために休業して喪失した賃金を保障すればよい．このように「三つの政府」の役割を明確にすれば，行き詰まっている「福祉国家」を克服し，「格差社会」を越えるヴィジョンを構想することができるはずである．

敢えて繰り返すと，社会的セーフティネットを張り替える第1のアジェンダは，現金給付からサービス給付へのシフトである．もちろん，サービス給付を提供する責任は，地方政府にある．地方政府がサービス給付を地域社会のニーズに対応して供給するには，地方分権が必要となる．ヨーロッパでも経済のグローバル化，ボーダレス化に対応して EU（ヨーロッパ共同体）の結成を目指すとともに，1985年にヨーロッパ地方自治憲章を定め，地方分権を推進しているのも，社会的セーフティネットを現金給付から，サービス給付にシフトさせるためだと言ってよい．

日本で地方分権の推進を打ち出したのも，1980年に設けられた第二次臨時行政調査会である．しかし，それは中央政府の財政再建のために打ち出された地方分権にすぎない．ところが，1990年に設けられた第三次行政改革審議会は，「豊かな暮らしづくり」のために地方分権を打ち出す．

このように，1990年代になって，「豊かな暮らしづくり」のために地方分権を推進しようとする動きが出てくる背景には，1989年にゴールドプラン（高齢者保健福祉推進10ヵ年戦略）が策定されたことがある．ゴールドプランは2000年（平成12年）までに準備すべき，ホームヘルプやデイサービス，ショートステイ，特別養護老人ホーム，在宅看護ホーム，在宅看護支援センターなどのサービス目標を示したのである．

このゴールドプランは，日本でも現金給付による社会保障からサービス給付による福祉へと大きく転換し始めた象徴ということができる．さらに，1994年（平成6年）には「子育て支援策の基本方向」，つまりエンゼル・プランが打ち出される．このように老人の養老にしろ，幼児の育児にしろ，家

族機能や地域共同体機能が縮小している代替としてサービス給付を供給する必要が生ずれば，地方政府が地域ニーズに対応して供給せざるをえないのである．

1995年（平成7年）には，国会が地方分権の推進に関する決議をし，日本でも地方分権が本格的に進められていく．しかし，こうした地方分権の動きは，不況を理由にして停滞してしまう．それは既に見たように，日本のサービス給付の国際的にみた低水準が如実に物語っている．これが逆に経済成長を停滞させ，格差と貧困を溢れ出させることになる．

社会的セーフティネットを張り替える第2の軸は，賃金代替としての現金給付に純化させることである．それは社会保険の市場への転換をも拒否する一方で，社会保険を「連帯の基金」としての性格を強化することを意味している．

生産点における「協力の政府」としての社会保障基金政府による現金給付と，生活点における「協力の政府」としての地方政府のサービス給付は，有機的に関連づけられて，社会システムで営まれる人間の生活を保障しなければならない．たとえば高齢者の生活は，社会保障基金政府という政府の支給する現金給付（年金）だけで保障されるわけではない．地方政府の供給するサービス給付とセットで保障される必要がある．

もちろん，高齢者の生活に限らず，幼児の生活も地方政府の提供する育児サービスと，幼児の育児のために休業して喪失した賃金を保障する社会保険とセットで保障される．失業者の生活も失業で失った賃金の代替失業保険だけではなく，新しい産業へ挑戦するための再訓練・再教育というサービス給付とセットで保障されることになる．

もちろん，「三つの政府体系」の下では，ミニマム保障責任は中央政府にある．社会的扶助である「生活保護」は，賃金を稼得していてもいなくても，人間の生活に必要な消費財を購入できない場合に支給される．それは政府としての「社会保障基金」が責任を持つ，正当な理由で賃金を喪失した際に，賃金代替として支給される現金給付ではなく，ミニマム保障の現金給付である．したがって，生活保護はミニマム保障責任を持つ中央政府が支給することになる．

中央政府の責任となる現金給付として生活保護とともに,「子ども手当」ないしは児童手当がある．児童は賃金を稼得していない．もちろん，児童の生存にも，生産物市場から購入する消費財が必要となる．賃金を稼得していない児童が生存するために，必要な「衣と食」に関する消費財を購入するための現金を給付することが,「子ども手当」である．

「子ども手当」は正当な理由で，賃金を喪失した時に給付される賃金代替ではない．したがって，児童手当は政府としての「社会保障基金」の任務ではない．賃金を稼得していない児童の生存を保障するミニマム保障であり，中央政府の責任となる．

こうしたミニマム保障とともに，中央政府には地方政府と「社会保障基金」という2つの政府に，ミニマムを保障する「中央責任（central responsibility）」も生ずることになる．この中央政府の「中央責任」は，地方政府間の自発的協力の限界を克服した強制的協力として生じる．すなわち，利他的行為の相互遂行による助け合い，励まし合うという地方政府間の自発的協力を基礎にした中央政府の責任となる．日本でいえば，交付税という財政調整制度がこれにあたる．

中央政府と政府としての「社会保障基金」の関係も，中央政府と地方政府と同様に考えることができる．地方政府のサービス給付に対して中央政府がミニマム保障をしたように,「社会保障基金」の現金給付に対しても中央政府にはミニマム保障責任がある．

年金でいえば,「政府」としての「社会保障基金」が支給する年金は，前述のような賃金代替としての所得比例でよいことになる．しかし，中央政府は無所得者でも社会の構成員である限り，保障されるミニマム保障をしなければならない．

こうして中央政府は，地方政府と社会保障基金政府に対するミニマム保障責任を負う「政府」となる．そうなると，ボーダレス化によって困難となった所得再分配機能から，中央政府が大幅に解放されることになり，社会の構成員の生活保障という社会的セーフティネットを張ることが可能となる．

6. おわりに——民主主義の再創造

　このような「三つの政府体系」の下では，中央政府が垂直的再分配を担うのに対して，地方政府と社会保障基金政府が水平的再分配を担うと言ってもよい．「福祉国家」は中央政府による「所得再分配政府」である．この「福祉国家」の行き詰まりを，中央政府からの2つの政府への権限委譲によって克服するシナリオが，「三つの政府体系」の構想である．

　新自由主義は2つの政府への権限委譲という「分権」ではなく，中央政府のミニマム保障責任にのみ，社会的セーフティネットを限定しようとする．したがって，サッチャー政権にしろ，レーガン政権にしろ，中曽根政権にしろ，新自由主義は中央集権的である．その結果が「格差社会」なのである．

　もっとも，歴史の転換期に必要なことは，社会的セーフティネットの張り替えだけではない．社会的インフラストラクチュアに対するネットの張り替えも必要である．すなわち，工業社会と知識社会では，重視されるインフラストラクチュアの質が異なってくる．工業社会においては，機械などの物的インフラストラクチュアが重視された．しかし，知識社会においては，人間の能力，すなわち人的インフラストラクチュアが重視されなければならない．したがって，社会的インフラストラクチュアのネットも，この人的インフラストラクチュアを対象としたものに張り替えなければならない．

　知識社会では社会的セーフティネットと社会的インフラストラクチュアのネットは，分かちがたく融合する．つまり，市場経済の競争に敗れても安心して生活が保障されると同時に，失敗から立ち直るための新たな教育や訓練の機会が与えられなければならない．それは社会的セーフティネットの社会的トランポリンへの張り替えだと言ってもいいのである．

　それはサービス給付にシフトさせながら，現金給付とサービス給付とセットで生活保障する社会的セーフティネットと，知識社会への参加を活動保障する社会的インフラストラクチュアを整備することである．もちろん，こうした社会的インフラストラクチュアは教育あるいは再訓練・再教育という対人社会サービスである．

いうまでもなく，対人社会サービスを提供する責任は地方政府にもある．したがって，活動保障のための対人社会サービスを整備しようとすることは，「三つの政府体系」を築くために，地方分権を推進することによって可能となる．重化学工業を基軸とする工業社会では，自然破壊的に全国的な交通網やエネルギー網を整備することが，社会的インフラストラクチュアだったのに対して，地域社会が地域の自然環境と人的環境に適合した対人社会サービスを整備することこそが，必要な社会的インフラストラクチュアとなるからである．

「格差社会」を越えるシナリオは，「三つの政府体系」を築いて社会的セーフティネット，さらには社会的インフラストラクチュアのネットを張り替えることである．それは社会的共通資本を社会の構成員の「自己管理」ともいうべき「自治」に委ねて，「格差社会」を越えるというヴィジョンにほかならない．

「格差社会」とは社会の構成員の「自主管理」に委ねられるべき社会的共通資本が，私的に横領されたことから生じている．社会的共通資本が私的に横領されると，3つのサブシステムからなる社会が分裂してしまう．もちろん，こうした3つのサブシステムが分裂した状態が「危機」である．

繰り返すと，「危機」の結論は2つしかない．肯定的解決か破局かである．

歴史の教訓を軽視してはならない．1929年の「危機」の経験に学べば，「危機」の結果として生じた「格差社会」を克服しようとして，世界大戦という破局に帰結させたことを肝に銘じるべきである．それは景気回復を戦争準備と戦争遂行によって図ろうとしたからにほかならない．もちろん，国民社会内部の「格差」問題を，戦争準備と戦争遂行によって解消しようとしたからだと言いかえてもよい．

こうして生じた世界大戦の履歴効果として，「福祉国家」の政治システムは中央集権的システムとなっている．それは経済システムと社会システムを，世界大戦という戦争遂行へと総動員しようとすれば，政治システムは中央集権的システムとならざるをえないからである．

これに対して1929年の「危機」を，政治システムを中央集権化することなく脱出した先進国が少なくとも2つある．それはスイスとスウェーデンで

ある．いずれも「平和」を守ったからである．

　制度学派の経済学者ガルブレイスは『不確実性の時代（The Age of Uncertainty）』の最終章で，スイスの政治は「人民の政治」なのに対し，アメリカやイギリスの政治は「指導者の政治」だとしている．つまり，「われわれ英米人は自分自身で問題を解決するのではなく，われわれの代わりに解決してくれる人」を，「探し出すのである」と述べている．「スイス市民は，自分たちが解答を出すとの信念があるので，偉い人にゆだねることはしない．市民自身が答えを出そうとするのである」と指摘した上で，こうしたスイスの「民主主義的成果」をスイスが小国であることに帰してしまうのが普通であるけれども，「小国には問題がないと言うのは，まさに本能的誤謬の一例でしかない」と断じている．もちろん，スウェーデンにも同様のことがいえる．

　「指導者の政治」であるアメリカでは「観客用スポーツとしての政治」になる．つまり，フットボールやホッケーを観客として見るように，政治を見てしまう．「報道記者も大いに楽しんで」いるけれども，「自分の仕事が張り合いのある社会的帰結につながっていると信じ込める」点が，観客用スポーツとは相違する．

　しかし，政治も「フットボールと同じように，重要なのは外形であって中身ではない」ことは相違がないと指摘している．もちろん，日本も同様の状態である．

　「三つの政府体系」を築くことは，政治体系を分権的に再組織化した民主主義に中身を充実させる方途である．それと同時に，1929年の「危機」の教訓に学び，来るべき戦争を阻止する試みでもある．この危機の時代に問われているのは，来るべき戦争への「戦前責任」である．

参考文献

Galbraith, John Kenneth (1977), *The Age of Uncertainty*, Houghton Mifflin. （ジョン・K・ガルブレイス，都留重人監訳 (1978)『不確実性の時代』TBSブリタニカ）

Hesselbein, Frances, Richard Beckhard, Marshall Goldsmith, Richard F. Schubert eds. (1998), *The Community of the Future*, Jossey-Bass.（フランシス・ヘッセルバイン他編，加納明弘訳（1999），『未来社会への変革――未来の共同体がもつ可能性』フォレスト出版）

神野直彦（1998），『システム改革の政治経済学』岩波書店．

神野直彦（2001），『「希望の島」への改革――分権型社会をつくる』日本放送出版協会．

神野直彦（2002），『人間回復の経済学』岩波新書．

神野直彦（2009），「制度としての社会保障」『経済セミナー』通巻647号，日本評論社．

神野直彦・井出英策編（2006），『希望の構想――分権・社会保障・財政改革のトータル・プラン』岩波書店．

神野直彦・金子勝編（1999），『「福祉政府」への提言――社会保障の新体系を構想する』岩波書店．

神野直彦・宮本太郎編（2006），『脱「格差社会」への戦略』岩波書店．

神野直彦・宮本太郎・井出英策（2009），「地方分権型の「ほどよい政府」を――21世紀日本の福祉国家と地方政府」平成20年度全国知事会自主調査研究委託事業調査研究報告書．

加藤榮一（2007），『福祉国家システム』ミネルヴァ書房．

加藤榮一・馬場宏二・三和良一編（2004），『資本主義はどこに行くのか――二十世紀資本主義の終焉』東京大学出版会．

金子勝（1997），『市場と制度の政治経済学』東京大学出版会．

金子勝（2006），『戦後の終わり』筑摩書房．

Korten, David C. (1995), *When Corporations Rule the World*, Kumarian Press.（デビッド・コーテン，西川潤監訳・桜井文訳（1997），『グローバル経済という怪物――人間不在の世界から市民社会の復権へ』シュプリンガー・フェアラーク東京）

訓覇法子（2002），『アプローチとしての福祉社会システム論』法律文化社．

Lundberg, Bo, Kerstin Abram-Nilsson (1988), *Synvändor om naturen, människan och helheten*, Lts. Förlag.（ブー・ルンドベリィ，シュシュティン・アブラム・ニルソン著，川上邦夫訳（1998），『視点をかえて――自然・人間・全体』新評論）

大沢真理（2007），『現代日本の生活保障システム――座標とゆくえ』岩波書店．

Ramonet, Ignacio, Ramon Chao, Jacek Wozniak (2003), *Abécédaire partiel et partial de la mondialisation*, Plon.（イグナシオ・ラモネ，ラモン・チャオ，ヤセク・ヴォズニアク著，杉村昌昭・信友建志・村澤真保呂訳（2006），『グローバリゼーション・新自由主義批判事典』作品社）

Schumpeter, Joseph A. (1918), *Die Krise des Steuerstaats*, Graz und Leipzig.（シュムペーター著，木村元一・小谷義次訳（1983），『租税国家の危機』岩波文庫）

Steinmo, Sven (1993), *Taxation and Democracy: Swedish, British and American Approaches to Financing the Modern State*, Yale University Press.（スヴェン・

スティンモ著，塩崎潤・塩崎恭久訳（1996），『税制と民主主義——近代国家の財政を賄うためのスウェーデン，イギリス，アメリカのアプローチ』今日社）

Steinmo, Sven (2010), *The Evolution of Modern State: Sweden, Japan, and the United States*, Cambridge University Press.

橘木俊詔（1998），『日本の経済格差——所得と資産から考える』岩波新書．

宇沢弘文（2000），『社会的共通資本』岩波新書．

Wilkinson, Richard and Kate Pickett (2009), *The Spirit Level: Why More Equal Societies Almost Always Do Better*, Princeton University Press.（リチャード・ウィルキンソン，ケイト・ピケット著，酒井泰介訳（2010），『平等社会』東洋経済新報社）

補 論　市場原理主義とネオリベラリズムと格差社会

斎 藤 貴 男

　1本の短編ルポルタージュからお読みいただきたい．2010年の正月明けに東京都内で開設された，いわゆる「公設派遣村」の内幕と，世間の反応を描いたものである．

　　JR品川駅から都営バスで約40分の停留所で降りて，少し歩く．東京モノレール羽田線の「流通センター」駅からだと，男の足でざっと25分ほどだろうか．
　　東京都大田区東海．工業団地と巨大な倉庫群に囲まれた，大型トラックがひっきりなしに行き交う埋立地に，プレハブの臨時宿泊施設「なぎさ寮」はあった．
　　すぐ近くに大田市場が立地している．都内に11ヶ所ある東京中央卸売市場の1つで，青果物では国内最大規模を誇っているが，築地魚市場のように観光地化しておらず，格別の賑わいはない．人間が暮らすための街ではなく，あくまで巨大都市のバックヤードとして造られた一帯だ．
　　この「なぎさ寮」を拠点に，2010年の1月6日から18日までの13日間，住む場所のない失業者たちが，求職活動や生活保護の申請を重ねていた．正式には「失業者など生活困窮者の年末年始を支援する東京都の生活相談，宿泊提供の事業」という．鳩山由紀夫政権（当時）の実施要請を東京都が引き受けた．
　　前年の，やはり年末年始にNPO「自立生活サポートセンター・もやい」（湯浅誠事務局長）や全国コミュニティ・ユニオン連合会，弁護士グループなどで構成される実行委員会が東京・日比谷公園に開設した「年越し派遣村」の官製版．"村長"だった湯浅氏が鳩山政権の内閣府参与に招かれて実

現した通称"公設派遣村"だ.「なぎさ寮」は山谷地区（台東区，荒川区）の生活困窮者を対象に生活相談・宿泊援護などの越年・越冬事業を行うための施設だが，今回は似て非なる用途に提供されたものである．

　年末の 28 日から正月 3 日までの"公設派遣村"は，渋谷区代々木の「国立オリンピック記念青少年総合センター」に置かれていた．都の福祉保健局生活福祉部によると，当初は 860 人（うち女性は 16 人）もいた利用者は，いくつかのカプセルホテルへの分散を経て，「なぎさ寮」に移動した頃には，573 人（男性のみ）に減っていたとされる．

　過半数の人々が，期間中に生活保護や住宅手当の支給を決めたという．就労を果たした人は十数人．リーマン・ショック以降の深刻な経済・雇用情勢，住所不定では就職が困難な現実に鑑みれば，相当の成果が得られたと見てよいのではないか．

＊

　一方で，この国の社会に深く根を下ろしている偏見や差別の存在が，改めて浮き彫りになった感も否めない．公設派遣村が世間の注目を浴びれば浴びるほど，少なからぬ人々が失業者ないし貧困層一般に対する悪感情を募らせていった．今後の社会保障政策の行方に暗い影を落としていく可能性がある．

　典型が他ならぬ東京都知事・石原慎太郎氏だった．公設派遣村がスタートした直後の定例記者会見録から抜粋しよう（2010 年 1 月 8 日）．

――派遣村が別の施設に移りましたが（引用者注・なぎさ寮のこと），だいぶ混乱していて，これは入所者のモラルの問題もさることながら……．
石原　それはもっと強く言ってもらいたい，メディアは．
――国の要請でやっている事業だと都は主張しています．その東京都に主体性がないことも原因の 1 つだと，現場を見ていて思うのです．
石原　主体性がどう欠けてるの？
――最初から，どこでどうやるのかという広報を遅らせたり，現場でも情報の伝達が悪くて，入所者たちの不満が募ったり．都と国の関係についてどう思われるかというのが 1 つ．関連して，国からは（厚生労働）大臣も鳩山首相も視察に来ましたが，知事は都の職員が年末年始も休みなしで勤務していた間，1 度も来られなかった．理由を伺いたい．

石原　あの程度の行事に総理大臣が出かけていくべきじゃないと思う．逆に，ポピュリズムの表示みたいに．外国じゃあり得ないんじゃないですか．ですから私は行きません．（中略）今度の問題を見ても，あなたも仰ったように，入居している人たちのモラルの問題がありますよ．メディアも政府もきちっと捉えて，国は国でしっかり設計図を作って，もっと大きな取り組みをしてもらいたいと思います．そういうこと．はい，他にどうぞ．
——（派遣村の期限の）2週間が経って，まだ行き先が決まっていない人がたくさんいた場合にも，（予定通り）あそこは閉じるお考えでしょうか．
石原　期限は延長しません．
——現場で取材をしていると，都はちょっと責任感が薄いのではないかという声が聞かれます．たとえば活動費としていくらかお金を支給して，その夜に200人が外に行ってしまった．もちろん税金なんですが，連絡先とか，担保できるものが特にない．
石原　あれは都のお金じゃないでしょう．
——国の財源だということですが．
石原　国はそれ，責任持ったらいいじゃないか．役人派遣してきたらいいじゃないか．人が余ってるんだから．
——現場で運営しているのは都ですけれども．
　（中略）
——モラルの問題を知事は指摘されました．行政はどこまで手を差し伸べればよいのかとお考えですか．
石原　東京はずいぶんいろんなことをしてきました．それでもなお，辛い仕事は嫌だ，これも嫌，あれは嫌で，あげく生活保護をくれというのは，やっぱり甘えた話だと思うし，どんな仕事でもやってみなかったらわからんし，やってみるべきだと思います．はい，どうぞ．

　どこまでも評論家然と主観だけを述べ続けていたのが石原氏らしい．もっとも，ニートと呼ばれる若者らを十把ひとからげに「ごくつぶし」と決めつけたり（2006年2月），根拠のない思い込みを基に「山谷のドヤ（簡易宿泊所）には200円，300円で泊まれる宿がいっぱいあるのに，ファッションみたいな形で1,500円払って（ネットカフェに）泊まって」と難じてきた（2008年10月）彼にしては，まだしも抑えた発言なのかもしれなかった．ちなみに実際のドヤ代金は安くて2,000円前後で，ネットカフェよりも高

い．200〜300円というのは30年前の相場だ．

　問題は，やり取りの中に登場した「だいぶ混乱」「今度の問題」「活動費」等々の表現が指している騒動の事実関係である．質疑応答の前提には，次のような報道があった．

派遣村／就活費で酒・たばこ／都，悪質入所者に返金要求へ
　(なぎさ寮での公設派遣村で) 都は入所期限の18日までの就労活動の交通費と昼食代として，入所者1人当たり計2万2,000円を支給した (562人，総額約1,236万円)．
　ところが，多くの入所者が活動費を受け取った直後に近くの小売店で酒やたばこを購入していたことが判明．(中略)
　派遣村は午後4時半に施設に戻ってくる"門限"となっているが，6日は午後8時を過ぎても約100人が戻っていなかった．(『産経新聞』2010年1月7日付朝刊第2面)

派遣村200人　無断外泊／東京／交通費2万円受け取り
　(なぎさ寮での公設派遣村の) 利用者約560人のうち，約200人が6〜7日，都が禁じた無断外泊をした．6日に都は宿泊施設の外へ仕事探しに行く交通費などとして，ほぼ全員に2万円を支給していた．(中略) 外泊の連絡は一部しかなかったという．担当者は「社会復帰のためにはルールを守る必要がある．残念な状況だ」．(『朝日新聞』2010年1月7日付夕刊社会面)

　新聞報道を鵜呑みにしたのは石原氏だけではなかった．公設派遣村の利用者たちへの罵詈雑言がネット空間に溢れる．彼らをわざわざ尾行して，パチンコ店から出てきたところを難詰する様子を動画で流すサイトまで現れた．

　「1回自衛隊に入れて根本から鍛え，イエメンに送ってアルカイダを掃討させる．国際協調も取れてアメリカの機嫌も取れて一石三丁．どうせ働きたくない連中なんだから，テロリスト1人やっつければ上等だろう．とくに2万円持ち逃げした連中は草の根を分けても探しだし，イエメンへ強制派遣」(ヤフー知恵袋より)
　「全部とは言わんが，大多数の連中は親がいないからひきこもりもできなく

て国の施設で引きこもろうとしているだけ．ヴォケがｗ　働け社会の屑ｗｗ」

「左翼思想の間違いは失業者＝弱者＝被害者と思っていること．１クラスに何人かは人に迷惑ばかりかけるどうしようもない奴はいた．彼らのなれの果てが派遣村．自己責任も求めないで税金をばらまくなどいいかげんにしろ！！！」

「もともとマスゴミとプロ市民と民主がくんだ八百長テロだもんな．そのゴミどもを利用して自民の支持率落としていたのに，そいつらに裏切られてこの無惨な結果とは哀れだな」（以上，ライブドア公式ネットリサーチより）

　小中学校時代の経験をそのまま当てはめているような書き込みの類(たぐい)を，だが苦笑してばかりもいられない．この種の反応に実害を被った人は決して少なくないからだ．

＊

　台東区内の不動産会社に勤める男性に話を聞いた．公設派遣村の利用者たちにも賃貸物件を仲介した業者である．

「大家さんが急に断ってきたケースがありました．ちょうど（無断外泊の）報道があった日に申し込みを入れたのですが，すぐに管理会社から連絡があったんです．報道のせいなのかどうかははっきりしないのですが．
　他にも半月前まで（生活保護の受給者でも）OK だった管理会社が，やっぱり駄目だとか．１月に入って審査が厳しくなった保証会社も，私が知る限りでも２社はありますね．ええ，派遣村では保証人がいらっしゃらない方が９割ぐらいですから，たいがいは保証会社を使う形になるんです」

　この男性によれば，保証会社はすでに 2009 年の春頃から生活保護受給者に対する態度を硬化させていたという．身内以外の緊急連絡先が認められにくくなった，などという具合だ．

「生活保護でも OK という最初のハードルを越えても，その後が大変になりました．従来を 100 とすれば，昨年の４月で 20 になり，今年は 15．

家賃の滞納を防ぐやり方はあるんですよ．代理納付制度といって，福祉事務所が家賃を直接振り込む仕組みです．本来は足が悪いなどで生活保護費を受け取りに行けない人のための制度なのですが，積極的に利用している区もあります．ただし（山谷のある）台東区は絶対に使おうとしませんが．

生活保護って，なぜ未だに手渡しの現金給付なんでしょうね？ 銀行振込みにすれば，そこから自動的に家賃を振り込んでくれるサービスだってあるのに」

かくて公設派遣村が終了した 2010 年 1 月 18 日までに東京都に寄せられた電話やメールは合計 95 件．うち 77 件が利用者らに対して批判的な意見で，中盤以降に急増したという．

＊

不心得者が皆無だった，などと言いたいのではない．事業終了時点での所在不明者が約 110 人と報じられた時期もあったが，改めて東京都に確認すると，昼食代の領収証と交通費の明細を添付した清算が済んでいない利用者は，2 月 17 日現在で約 90 人を残しているそうだ．

いずれにせよ極端な誇張や，誤報の誹りを免れ得ない報道が目立った．都知事や一般の反応を考慮すれば，ミスリードと断じて差し支えないのではあるまいか．

公設派遣村は，実は東京都の力だけで運営されていたのではなかった．前年の「年越し派遣村」の実行委員やボランティアなどによる有志の組織「ワンストップの会」（正式名称・年越し派遣村が必要ないワンストップ・サービスをつくる会）が，当初は村の周辺で，1 月 4 日以降は施設内にも立ち入りながら，利用者の生活相談に応じていたのである．

ワンストップ・サービスとは，失業者らの就労や住まい，生活保護などの相談・手続きを 1 つの場所で受け付けようとする取り組みだ．鳩山政権は 2009 年 11 月に全国 77 のハローワークで試行しており，これを契機にワンストップの会も結成されていた．

井上久・全労連（全国労働組合総連合）事務局次長に会って話を聞いた．ワンストップの会でも中心的な役割を果たしてきた人物である．

「発端は単純な事実誤認だったと思うんです．200人という数字の根拠は，なぎさ寮の朝食を食べた人数と夕食を食べた人数の差ではないかと，東京都は言っていました．夕食は午後5時半でしたから，それまでに戻って来なかった人はみんな含まれていたことになりますね．

多くの方は必死で動いていたんです．生活保護の手続きに訪れた福祉事務所で『2日間のうちに住居を決めなさい』と言われ，夜遅くまでアパートを探し回っていたという人も大勢いました．

それで，ああいう立地でしょう．いちど出かけたら夕方までになど戻れやしませんよ．利用者たちに聞くと，夜にはほとんどの布団が埋まっていたということで，実際に外泊したのは40人程度だったそうです．

遅くなるという連絡のない人が少なくなかったことにも理由がある．施設の性格上，なぎさ寮の電話番号は公開されていません．利用者にも知らされていなかったので，電話しようにもできなかったというのが本当です．この点は私たちが指摘し，東京都も翌日には施設内に携帯電話を導入してくれたのですが，この番号も最後まで周知徹底されないままでした」

実際，なぎさ寮には都の職員も出向いてきたものの，施設内の管理は山谷労働者の越年・越冬事業と同様に，社会福祉法人「やまて福祉会」（谷口智子代表，東京都豊島区）に委託されていた．実働部隊の主力は大学生などのアルバイト．治安対策としての色彩が濃い例年の越年・越冬事業との線引きも，特には図られていなかった模様だ．

やまて福祉会については後述する．なお公設派遣村の意義に照らして，今回はなぎさ寮でも門限が設定されなかった．

伏線もあった．関係者たちの話を総合すると——．

公設派遣村がまだ国立オリンピック記念青少年総合センターに設けられていた2010年1月3日のことである．翌4日にはここでの派遣村が閉鎖され，別の施設に移動する．移動先やその後の支援の内容等を知らせるので外出禁止．利用者たちはそう聞かされて，昼過ぎから待機していた．

ところが，いつまで経っても音沙汰がない．午後3時の発表予定がまず夕食時に，さらには9時，11時へと幾度も変更が繰り返された挙げ句，深夜に至っても何も伝えられないことに彼らは激怒した．かくて暴動寸前，一触即発の状況が導かれたという．

想定外の規模に膨れ上がった公設派遣村の運営も移動も容易でなかった

のは確かである．なぎさ寮に集約するにせよ，山谷労働者の越年・越冬事業との調整にも時間を要した．

　東京都は利用者の半数を直接なぎさ寮へ，残る半数を1泊だけカプセルホテルに分宿させる方針だったとされるが，両者の居住環境の差は大きい．なぎさ寮は大部屋での雑魚寝．体験者も少なくなかった．利用者たちは「全員をカプセルに入れろ」と騒ぎ出し，都はそれに応じた．

　以上のような顛末の，経緯を省いて結果だけを報じたのが，『産経新聞』2010年1月5日付朝刊第2面の「"ごね得"許した「派遣村の品格」」だった．件の石原都知事の記者会見でも，彼は公設派遣村の期限を延長しないとした発言の流れで，この記事の内容に触れている．

「だいたい，どこかの新聞が報道したけど，入居者が，『役人なんていうのは，こっちが脅かし，ごねれば，いくらでも言うこと聞く』なんて嘯く，そういう姿勢といったら，これ，大きな反省の対象になるんじゃないですか」(記者会見録より)

　職務に忠実な公務員も人の子だ．軋轢と衝突の繰り返しで疑心暗鬼に陥った彼らの心情が，いつしか都庁記者クラブを経由する報道に反映されていったものか．

＊

　残る疑問は，どうして1人当たり2万円もの金額が1度に手渡されることになったのか，だ．期限いっぱいの2週間分ではなく，3日分とか5日分というふうに，やや小刻みにまとめて支給していれば，仮に持ち逃げされた場合でも，被害額を低く抑えることができたはずなのである．

　井上・全労連次長の話を続けよう．

「なぎさ寮の初日である1月5日には，当日の交通費として1,000円だけが支給されたんです．でも，なにしろあの人数ですから，長蛇の列ができてしまって．1時間半も並んで，やっと受け取れることができた人もいましたね．

　しかも東京都は山谷の越年事業と同じ感覚で，3食全部ここで食べなさい，と言う．行列の上にそれでは，午前中は何の活動もできないことにな

ってしまうので，外での昼食代も含めて，ある程度の日数分を夜のうちにまとめて渡した方がいいと，私どもが都側に伝えた経緯があります．

　都の運営体制はあまりに杜撰で，利用者との信頼関係が初めから壊れていました．当初は排除されていた我々が施設内で相談を受け付けられるようになったのも，そうしなければやっていけないという，現場サイドの判断だったようです」

　都はワンストップの会の提案に応じたつもりだったのかもしれない．ただし公金を扱うことへの緊張感が乏しすぎた．
　以上のような実態と報道との乖離を，東京都は最後まで放置し続けた．ワンストップの会は1月12日に都庁記者クラブで記者会見を開いて流布された情報の修正に努めたものの，彼らの反論を正面から取り上げたメディアは少数派だった．マスコミ各社はむしろ同時に公表された別の内容の方に強く反応し，誤報の問題は触れられないか，抽象的な記述にとどめられがちだった．
　こんな具合である．

「派遣村」継続を要望／都に支援団体／「自立に時間必要」
　住まいのない求職者を対象に，都が宿泊施設（大田区）を無料提供して続けている生活再建支援をめぐり，昨冬の「年越し派遣村」の元実行委員長らでつくる「年越し派遣村が必要ないワンストップ・サービスをつくる会」は12日，都が施設提供の期限としている18日以降も提供するよう，都に要望した．（中略）
　一方，同会は都が就職活動費2万円を施設利用者約540人に支給した6日以降，無断外泊が出た問題で，「住まいや職探しでやむを得ず外泊した人が大半」と指摘．会見には7日に外泊し施設に戻った男性（47）が同席し，「新宿区で住居を探したが見つからず，翌日も効率良く動くため2,000円で泊まった．行方不明者ばかりではない」と話した」（『朝日新聞』2010年1月13日付朝刊東京地方版）

　なぎさ寮では，この間に50歳代の男性利用者が死亡している．1月7日午前8時40分頃，この男性の様子がおかしいのに気づいた同室の利用者が施設側に知らせ，救急車を呼んだが，すでに事切れていたという．肝硬変

の持病があったとされる．

　なぎさ寮には医療体制や衛生に配慮された設備が整っていない．公設派遣村の設置に伴い，東京都は共産党都議らの指摘を受けて看護師を配置したが，男性の異変が発見された時間帯には不在だった．

　関係者の誰もが知る事実だが，共産党機関紙『しんぶん赤旗』（2010 年 1 月 8 日付）以外のマスコミにはまったく報じられなかった．「ごね得」や「無断外泊」の問題と比較して，それほど軽く扱われるべきニュースだとも考えにくいのだが．

　ワンストップの会のボランティア・スタッフが打ち明けてくれたエピソード．

「亡くなった方は前の晩にひどい鼾をかいていて，周りの人たちは，『なんだよ，あの親父』と思っていたそうです．119 番した利用者は，後で東京都の職員に，『なんで勝手に救急車を呼んだんだ！』と怒鳴られたとか．

　なぎさ寮にはこの日，実は 39 度の高熱で動けない人もいたのですが，騒ぎにかき消されてしまい，病院に運ばれたのは夕方になってからでした．30 人以上が押し込まれた部屋で，もしも彼がインフルエンザを発症していたとすれば，集団感染の恐れが高かったのに，都はいったい，どういうつもりだったのでしょう」

＊

　手元にいくつかの裁判資料がある．いずれも前述の「やまて福祉会」に関わるものだ．一方の当事者の関係者が，2009 年 12 月 21 日付で，東京都の福祉保健局指導監査部指導第二課長宛てに A4 判 3 枚の「申し入れ書」を提出した．

　差出人の名義は全日本建設交通一般労働組合（建交労）東京本部・松田隆浩執行委員長．それによれば――，

「「やまて企業組合で 2 名の懲戒解雇争議」が東京地裁で争われている．S（やまて企業組合理事長）氏は，東京都山谷対策事業で数年に渡り入寮者の名を使い，賃金支払いをしたかのごとく装い，数千万円を着服した．また，名古屋市の名城公園宿泊施設に置いても別の手口で 1,000 万円以上の金を横領した．（中略）元経理部長の懲戒解雇事件は東京地裁，東京高裁で仮処分

裁判は原告経理部長が勝訴している．また，不正を正すために立ち上がった理事長（引用者注・前理事長のこと）はじめ，Ｓの不正を正す意思を示したものを除名や解任を行った．理事会と臨時総会の違法性を争う「理事会不存在事件」では東京地裁および東京高裁でＳは敗訴している．（中略）

年末から立ち上がるワンストップサービス（引用者注・公設派遣村のこと）にＳやまてそのものといえる「やまて福祉会」が業務上関与する噂も出ているが，横領行為は「なぎさ寮」に入寮した人々を利用して行われたことであり，我々は利用された人々の不正の事実を伝えると同時に，反社会的行為を許さぬ運動と取り組みを強めることとしている．こうした，企業組合の理事長が仕切る「やまて福祉会」に法人が異なるから問題なしとは到底承服できない」（イニシャルは原文では実名）．

申し入れ書はこの後，下記の要請事項について適正な指導是正をお願いするとして，具体的な金の流れなどについて列挙していたが，本稿では省略．読みづらい文章を煎じ詰めると，要は「やまて企業組合」は理事長による公私混同が甚だしいので，実態は同じ事業体である「やまて福祉会」に公共の事業を担わせるのはいかがなものか，との主張だった．

なぎさ寮の運営は，公設派遣村においても，はたして「やまて福祉会」が請け負っていた．東京都は松田・建交労委員長の申し入れを無視したことになるのだが，だからといって彼らの提示した事実関係の信憑性が否定されたことにはならない．

松田委員長は過去 1,2 年，同じ趣旨で，「やまて」には山谷対策の事業もふさわしくないとする要請も東京都の関連部局に重ねてきたのだが，まったく顧みられてこなかった．ところが申し入れ書にも登場する名古屋市の名城公園の問題では，2009 年 4 月，「やまて」は名古屋市との契約を打ち切られているのである．

公設派遣村で噴出した出来事の数々と「やまて福祉会」あるいは「やまて企業組合」の体質とは，直接に結びつきはしないのかもしれない．ただし，底流では大いに絡み合ってくるに違いない構造なのではあるまいか．

企業組合とは中小企業等協同組合法に基づき，組合員が資本と労働力を出し合って営む独立事業体のことである．一般の中小企業と同様に営利を追求する一方で，弱者の相互扶助という協同主義を標榜するのが特徴とされる．

やまて企業組合もまた，そうした理念によって1973年2月に設立された．東京都の山谷対策事業を受託するようになったのは翌々75年頃からで，以来，都内各所に生活困窮者全般を対象とする宿泊施設を設置あるいは受託運営して，今日に至っている．

他方，全日本建設交通一般労働組合は，全労連系の全国組織で，正社員，パート，派遣などの雇用形態にかかわらず，1人でも加盟できる労働組合だ．かつての全日自労建設農林一般労働組合と全日本運輸一般労働組合，全国鉄動力車労働組合（全動労）の3労組が1999年に大合同して結成された．

やまて企業組合の経営に全日自労の関係者が参画するようになったのは1997年頃．当時も理事長だった前記S氏の放漫経営が祟って経営危機に追い込まれ，和議の申請を契機として，労働組合管理の形が取られたのだ．S氏も理事長職を解かれた．

やがて新体制は着々と再建を成し遂げていくのだが，それにつれて，実力者のS氏も復権を果たした．不正は特に2001年から2004年頃にかけて集中したとされ，2005年には件の別法人「やまて福祉会」が設立されている．

関係者の証言である．

「事件が表面化したのは後に2007年，経理部長だったIさんが，前理事長にSのそうした行為を告発したことに始まったんです．格差社会の問題が注目されるとともに，路上生活者を食い物にする貧困ビジネスへの批判も強まりつつあった時期．このままではやまて企業組合の存続に関わるという判断で，前理事長らは慎重に調査を進めたのでしたが……．

申し入れ書にある元経理部長の懲戒解雇事件とか，前理事長らの除名や解任というのは，つまり，失脚を恐れたSによる逆襲だったのです．一連の報復人事を決めたという理事会は高裁判決で不存在が確認されたのですが，ただ，前理事長が嫌気をさしてしまわれているので，Sはそのまま理事長として君臨し続けているというわけです」

やまて企業組合にも連絡を取ってみた．取材はお断り，S氏の方から電話することがあるかもしれないと言うので，私と取材スタッフの電話番号を伝えたが，なしのつぶてだった．

2010年2月17日，都の福祉保健局生活福祉部を訪ねた．応対してくれたのは稲見徹・副参事（山谷対策・自立支援担当）である．

——公設派遣村が終了して1ヶ月が経ちます．振り返ってみて，いかがでしょう．どんな感想をお持ちですか．
稲見　公設……というのは，マスコミが作った言葉なんですよ．まあ，国の緊急雇用対策の一環としてお話を受けて，調整し，実施して，どれくらいの人数が集まってくるのか予測もできずに，走りながら考え続けた年末年始でした．今はただ，住居のない，困っている方に宿泊所と食事を提供できてよかったなあ，役割を果たせたのかな，と考えているところです．
——石原知事がモラル云々と発言された際の材料になっていた，例の2万円を持ったまま200人が逃げ出したという報道ですが，あれは間違いですよね．
稲見　必ずしも実態を表していなかったというか……．誰か別の者が，記者さんに個別にお話しした数字が，無断外泊とか，持ち逃げとか，センセーショナルな伝わり方になっていったようですね．ただ，夕食を食べた人の人数との差と言うのですが，私の記憶では（ワンストップの会の言う）5時半とかではなくて，夜の7時半頃に数えたつもりだったのですが．ええ，未だに清算されていない方々という意味では約90人です．
　ワンストップの会については，国の大規模宿泊施設（引用者注・国立オリンピック記念青少年総合センターのこと）が立地する渋谷区で集団的な生活保護申請を進め始めたものですから，なぎさ寮では施設内に入っていただいて，話し合うようにしたんです．都としては特定の区に集中しないよう，都内各地の福祉事務所に振り分けたいと考えていましたので．
——なぎさ寮の運営を委託された「やまて企業組合」ですが，いろいろ問題があるのだとか．
稲見　契約相手はあくまでも「やまて福祉会」です．別の法人ですし，企業組合の方の過去の話が何かと出ているのを聞いてはいますが，私ども，そういう事実は確認しておりませんので．ええ，そういう事実があったとは考えていない，ということですね．

　働こうにも職そのものがない時代である．福祉の最前線に立つ稲見副参事は，さすがにと言うべきか，「自己責任」などという言葉を最後まで口に

しようとはしなかった.

　前年の年越し派遣村に比べて，公設派遣村には若い人の姿が目立ったと言われる．利用状況をまとめた東京都の資料には，以下のような年代別データが記されていた．

国の大規模宿泊施設			臨時宿泊施設（なぎさ寮）		
10歳代	2名	(0.2%)	10歳代	1名	(0.2%)
20歳代	52名	(6.0%)	20歳代	31名	(5.4%)
30歳代	182名	(21.2%)	30歳代	123名	(21.5%)
40歳代	259名	(30.1%)	40歳代	169名	(29.5%)
50歳代	238名	(27.7%)	50歳代	163名	(28.4%)
60歳代	109名	(12.7%)	60歳代	72名	(12.6%)
70歳代	17名	(2.0%)	70歳代	14名	(2.4%)
80歳代	1名	(0.1%)	80歳代	0名	(0.0%)

　以上は岩波書店の月刊誌『世界』の2010年4月号に寄せた拙稿「派遣村バッシング」に若干の訂正と加筆を施した文章である．もとより格差社会のテーマは失業やワーキングプアの問題とイコールではない．あくまでも格差社会の現実をストレートに可視化している事例として取り上げた．

　食うや食わずの生活に陥り，住む家も失ってしまう人々は，もちろん，いつの時代も少なくない．それにしても公設派遣村には，人生に疲れ果てるには早すぎる世代が多すぎた．とりわけ30歳代．公設派遣村に表れた現実は，NHKが2009年7月から翌2010年5月にかけて，30歳代のホームレスをテーマに断続的に放映していたドキュメンタリー・シリーズの内容を，そのままなぞったかのようである．

　シリーズを担当したチーフ・プロデューサーの述懐が興味深い．一連の番組を書籍化した『助けてと言えない――いま30代に何が』（NHKクローズアップ現代取材班編著，文藝春秋，2010年）の「おわりに」によれば，発端は2009年4月，北九州市内の住宅で39歳の男性が孤独死した事件の取材だったという．

　故人の過去を追っていくうちに，取材班は「30歳代」というテーマに辿り着いた．この世代のホームレスが急増していたのである．1人の男性の孤

独死は，そうした社会的な文脈で捉え直して，初めて理解できる性格の事件だった．

「30代というと就職活動の際，ちょうど運悪く就職氷河期にあたってしまい，正社員への道は狭く，数多くがフリーターや派遣社員となってきた世代だ．そうした30代が，景気の悪化により派遣切りなどで次々と職を失っていることは，当時，ニュースや報道番組で数多く放送されてきた．その彼らがホームレスとなっていたのだ．
　インタビューの機会を得た私たちは，彼らに胸中をうかがった．その答えに驚くとともに，「39歳の孤独死」と妙に符合しているように感じた．多くが"自己責任"を口にしたのだ．
「何が悪いって，自分が悪い」
　社会ではなく，自分を責める言葉だった．そうしたなか，また新たに30代ホームレスが亡くなった」

時代は明らかに，それまでとは異なる様相を露にしていた．そして，こうした状況は，いずれ世界経済が景気回復局面に転じることになったとしても，さほど変わらないのではなかろうか．

『助けてと言えない』の「おわりに」にあった「正社員への道は狭く，数多くがフリーターや派遣社員となって」いかざるを得ないのは，何もこの世代だけに留まるものではない．現在の20歳代や10歳代，場合によってはこれから生まれてくる世代も同様か，より過酷な就労環境を強いられていく可能性がきわめて高いと思われる．

なぜなら経済界は，すでに1995年に当時の日経連（日本経営者団体連盟，その後，経済団体連合会と統合されて現在は日本経団連）がまとめた報告書『新時代の「日本的経営」』に貫かれていた思想を，強固に維持し続けている．すなわち世界有数の経済大国となったがゆえに，これも世界のトップクラスになった人件費水準が日本企業の高コスト体質を招き，製品やサービスの国際競争力を低下させた．そこで総人件費を抑制するための「雇用ポートフォリオ」が必要だとする主張である．

日経連報告については幾度も書いてきた．発表から5年を経た2000年当時の拙稿を引いてみよう．

「これまで抜本的な見直しが行われてこなかったホワイトカラーの生産性を向上させるためには，雇用形態から①長期蓄積能力活用型②高度専門能力活用型③雇用柔軟型の3グループに分類し，そのバランスと調整が肝要だと強く訴えていた．

3つのグループのうち，派遣労働者の多くは，③の「雇用柔軟型」に属することになる．専門性が強調されていた旧法（引用者注・1999年に改正される以前の旧労働者派遣法）の下でさえ，実際にはお茶汲みやコピー取りもさせられる，単なる事務員のように扱われる派遣スタッフが，むしろ多数派だった．

そして，福利厚生まで含めた人件費は，③のグループが最も低い．市場での調達が容易な上に長期雇用を保証する必要もないわけで，そこで提言は，こう続けていた．
「採用については，まだ多くの大企業は新規学卒者の一括採用が中心であるが，雇用ポートフォリオの考え方に立てば，過剰な人員を抱えず，人材を有効に活用するためにも一括採用も含めて「必要の都度，必要な人材を必要な人数だけ採用する」との考え方に立って人の採用・活用を考えていくことになろう」

部品や材料が入荷し次第製造ラインに乗せていくことで在庫コストをゼロに抑えるジャスト・イン・タイム方式を連想させる"雇用ポートフォリオ"．トヨタ自動車の"かんばん方式"に代表される管理手法が，部品ならぬ生身の人間にも広がってきたのである」
（斎藤貴男『機会不平等』文藝春秋，2000年）

当初はホワイトカラーを対象に論じられた「雇用ポートフォリオ」という概念は，その後，あらゆる職域階層に広がっていった．2000年代に入ると小泉純一郎政権による，国民の熱狂的な支持を得た構造改革路線の下で再び労働者派遣法が改正され，製造業の生産現場への派遣も解禁された．人間の

"かんばん方式"が，ブルーカラーの世界でも定着してしまった結果が，派遣切りの横行であり，年越し派遣村であり，公設派遣村なのである．

およそ社会の矛盾という矛盾を「自己責任」の一言で片付けてのけたのが小泉政権だった．構造改革の主唱者で，経済財政担当相などを歴任して彼を支えた経済学者の竹中平蔵氏（現，慶応義塾大学教授）は所得再分配を指して「集団的なたかりみたいなもの」だと説明していたし（竹中・佐藤雅彦『経済ってそういうものだったのか会議』日本経済新聞社，2000年），小泉元首相本人も貧困問題への認識を問われて，「成功者をねたんだり，能力のある者の足を引っ張る風潮は慎まないと，社会の発展はない」（2006年2月1日，参院予算委員会）と答弁していたのが記憶に新しい．

NHKのドキュメンタリー・シリーズの，30歳代のホームレスたちが「自己責任」の呪縛に嵌まり込み，誰にも「助けて」と言えなくなっていたという指摘も，あるいは公設派遣村に救いを求めてやって来た人々が無数の第三者から罵声を浴びせられる現実も，事の善悪を措く限り，したがって当然の成り行きだった．そもそも「必要の都度，必要な人材を必要な人数だけ採用する」ことのできる雇用のあり方とは，必要がなくなればいつでも馘首して構わないということでもある．

そのような構造改革を，国民は前述の暴力的な発言の数々とともに，嬉々として受け容れた．ジャーナリズムを含めて事態の本質がよく理解されていなかった点は否めないにせよ，それこそ自己責任が問われるならば，日本国民にはもはや現状を批判する資格もない，自業自得だという見方もあり得るのかもしれない．

ただし，小泉体制の自民党に投票した有権者と，実際に酷い目に遭っている人々は必ずしも一致しているわけではないのである．人件費を抑制したい企業側の要求は今後，ますます強まっていくだろう．この問題がどこまでも追及されなければならない所以だ．

＊　　＊　　＊

さて，東日本大震災以後の状況はどうか．2011年3月11日を境に顕れた現象を，特に相談窓口を用意している東京の個人加盟ユニオン二団体を訪ね

ることにした．非正規雇用の労働者を主たる対象としている「派遣ユニオン」と，「全国一般労働組合全国協議会・東京東部労働組合」である．

派遣ユニオンの関根秀一郎書記長に会って話を聞いたのは6月22日．震災から3ヶ月と10日ほどが経っていた．

「3月26日に全国8ヶ所で『雇用を守るホットライン』を開設したところ，この日だけで293件の相談が寄せられました．内容別（複数分類）には休業・自宅待機に関する相談が221件で最も多く，次いで解雇・契約満了28件，労働時間短縮15件などです．雇用形態別には非正規雇用がほとんどで，中でも派遣が107件と1番多かったですね」

都道府県別には東京都48件，宮城県31件，愛知県25件，福島県19件，埼玉県15件，千葉県12件，神奈川県11件の順．また職種別には製造業の88件を筆頭に，販売28件，コールセンター20件，旅館・式場，飲食店16件……と続いていた．

——注目すべきポイントは．
「相談の大半が被災地からのものではありませんでした．多少の被害はあったとしても，震災に便乗した人減らしがかなりの部分を占めていると見て間違いないでしょう．企業側としては先を見越して，予防的に労働者を切り捨てたということです．このままでは震災を口実にした解雇や派遣切りが広がりかねないので，震災から1ヶ月目の4月11日，新たに『震災ユニオン』を結成しました．震災絡みなら誰でも加入でき，組合費も安く設定してあります」
——具体的な取り組みを．
「1つは群馬県伊勢崎市にある日立系自動車部品メーカーのケースです．4月4日に約150人の派遣労働者が集められ，月末までは休んでほしい，そこで雇い止めだと通告されたということで，40歳代半ばの男性から相談を受けました．寮住まいだし，そこも追い出

されればホームレスになってしまうという．震災ユニオンに加盟してもらい，派遣会社と団体交渉を行って，他の雇用先を確保してくれるという形で決着しています．

　もう1つは，東京に本社を置き，全国展開しているNという派遣会社です．震災の直後から，合計1,000人を超える派遣労働者や内勤の従業員の賃金が支払われなくなりました．震災のせいでと説明されて，最初は皆さん信じていたようですが，5月に入って，バタバタと相談に来られた．13人が震災ユニオンに加入されて団体交渉を行い，分割払いということで，彼らについては一応の解決を見ていますが，今後も相談会は続けることになっています．ええ，実は2月の段階で入るべき売掛金が入金されなかったのが，不払いの原因だったんです．震災とは関係ありませんでしたね」

6月27日には全国一般東部労組の須田光照書記長に会った．同労組と協力関係にあるNPO法人「労働相談センター」に3月11日から4月11日までの1ヶ月間に寄せられた相談は，震災絡みだけで120件に達したという．

「今年は震災以前から相談が多かったんです．リーマン・ショックの直撃を受けて5,027件を数えた2009年，5,943件にもなった2010年を上回るハイペースだったのが，震災を契機に増加の一途を辿っている．

　センターへはもともと正社員からの相談が半数程度を占めているのが特徴なのですが，震災絡みだと6割ぐらいが正社員ですから，その傾向がより強いとは言えるかな．でも，直接の被災などないのに便乗して賃金の不払いや解雇を持ち出したがる経営者が珍しくもない現状に照らして，正規・非正規の分類にどれほどの意味があるのかとも思うんですけれども」

＜相談事例のリストから＞
・登録型派遣で働く30代女性．地震で電車が遅れたので30分遅刻

して派遣先に出社したら，派遣会社から「明日から行かなくていい」と言われた．
・群馬のコンビニでバイトしている男性．震災による売り上げ減を理由に700円だった時給が500円に．最低賃金法に違反する．しかも3月11日に遡って下げられる．
・パート労働者．震災で売れなくなった商品をパートや社員に自費で買わせる．従わないとクビになるらしい．

——何ですか，これ．デタラメですね．
「酷いものです．リストにないところでは，市区町村の関連施設で働く非正規職員が節電のあおりを食うパターンが結構ありますね．公務職場は率先して自粛するんです．世間の目を気にしますから．いわゆる官製ワーキングプアが増えやすい環境になっている．なお震災絡みの相談を地域別に分けると，岩手，宮城，福島の被災3県を合わせて全体のわずか6.7％．地元にもユニオンがあるのと，今はまだ相談どころじゃないってことだと思われます．最も多いのは東京都内の24.2％で，以下，神奈川県7.5％，千葉県5.8％，茨城県4.2％，埼玉，山梨，新潟の3県がそれぞれ1.7％といった順序です．団交まで行ったケースは中野の映像関連会社で解雇された男性を，金銭和解で解決したぐらいですね」
——震災ユニオンでも感じたのですが，相談件数の割に，ユニオンへの加盟とか，団交に発展していくケースが少ないように思えます．
「それはたぶん，悲惨すぎる状況の中で，賃金の不払いや解雇ごときでいろいろ言うのは贅沢だ，ワガママだという考え方をする人が多いからでしょう．実際，相談しながらそう言い出す人が少なくありません．『経営者だって大変なんだし』って，労働者の権利を主張することが躊躇われる雰囲気があるんですよ．世間のそうした空気を，一人ひとりの労働者が内面化してしまっているとでも言うのかな」

ユニオン関係への取材の過程で，重大な事実を思い出した．厚生労働省が2008年度末（2009年3月31日）に全国の企業に向けて出した通達「「労働者派遣事業と請負により行われる事業との区分に関する基準」（37号告示）に関する疑義応答集」（以下，「派遣・請負区分Q&A」）の存在である．

　「偽装請負」と呼ばれる違法行為が横行して社会問題になったのは2000年代半ばのことだ．特に製造業が請負会社に業務を委託する契約の体裁で，実際には供給されてきた労働者を発注者側の指揮命令の下に使役する手口．労働者は派遣労働者と同様に扱われるのだが，契約上はあくまでも請負なので，労働者派遣法上の規制（一定期間を勤めた派遣労働者には発注者側が直接雇用を申し入れなければならない義務など）は当然のように無視された．

　発注者側にしてみれば，これほど安くて使い勝手がよい労働力の調達手段も珍しい．いつでも容易にクビが切れ，労働者の健康や安全をはじめとする雇用責任の一切合切を放棄できてしまう．労働者の権利などゼロに等しい偽装請負がキヤノンや松下電器産業（現，パナソニック）をはじめとする超一流企業でも日常化していた実態がマスコミ報道などで暴露され，多少は改善されたはずだと信じられていたものの，そうではなかったようである．

　偽装請負を取り締まるべき労働行政が，むしろこれを推奨し，法の網を潜り抜けるにはどうすればよいのかを示唆するような文書を公にしていたのだった．「派遣・請負区分Q&A」の一部を抜粋してみよう．

「4. 管理責任者の兼任
　Q　請負事業主の管理責任者が作業者を兼任する場合，管理責任者が不在になる場合も発生しますが，請負業務として問題がありますか．
　A　請負事業主の管理責任者は，請負事業主に代わって，請負作業場での作業の遂行に関する指示，請負労働者の管理，発注者との注文に関する交渉等の権限を有しているものですが，仮に作業者を兼任して，通常は作業をしていたとしても，これらの責任も果たせるのであれば，特に問題はありません．
　　また，管理責任者が休暇等で不在にすることがある場合には，

代理の者を選任しておき，管理責任者の代わりに権限を行使できるようにしておけば，特に問題はありません．（中略）

5．発注者の労働者と請負労働者の混在
Q　発注者の作業スペースの一部に請負事業主の作業スペースがあるときに，発注者と請負事業主の作業スペースを明確にパーテーション等で区分しないと偽装請負となりますか．
　　また，発注者の労働者と請負労働者が混在していると，偽装請負となりますか．
A　適正な請負と判断されるためには，請負事業主が，自己の労働者に対する業務の遂行に関する指示その他の管理を自ら行っていること，請け負った業務を自己の業務として契約の相手方から独立して処理することなどが必要です．
　　これらの要件が満たされているのであれば，仮に両事業主の作業スペースがパーテーション等により物理的に区分されていることがなくても，それだけをもって偽装請負と判断されるものではありません．（中略）

6．中間ラインで作業をする場合の取扱
Q　製造業務において，発注者の工場の製造ラインのうち，中間のラインの1つを請け負っている場合に，毎日の業務量は発注者が作業しているラインから届く半製品の量によって変動します．この場合は，偽装請負となりますか．
A　適正な請負と判断されるためには，業務の遂行に関する指示その他の管理を請負事業主が自ら行っていること，請け負った業務を自己の業務として相手方から独立して処理することなどが必要ですが，これらの要件が満たされているのであれば，発注者の工場の中間ラインの1つを請け負っていることのみをもって，偽装請負と判断されるものではありません」（傍点引用者）

関係者の話を総合すると，Q4 に登場する「管理責任者」という概念が厚生労働省から提示されたのは，これが初めてであるらしい．発注者の請負労働者に対する指揮命令権を事実上容認し，偽装請負が社会問題化して以来，急速に広がった「リーダー付き派遣」に，お墨付きを与える効果さえもたらされている．

Q5 と Q6 については，理屈はその通りかもしれない．ただ従来，パーテーション等による物理的な区分や，中間ラインでの請負契約は，都道府県労働局などが偽装請負の有無を判断する重要な要素になっていた．労働者が混在すれば発注者が全体を支配・管理することになるのが自然の成り行きだからだが，それでも問題ないということになれば，調査の糸口も失われかねないのではないか．

「派遣・請負区分 Q&A」に対する疑問はまだまだあるが割愛．いずれ請負法制の緩和を求めていた財界の要請に沿ってまとめられたものと見られる．前記の派遣ユニオンも加盟する「全国コミュニティ・ユニオン連合会」や，「偽装請負を内部告発する非正規ネット」などが白紙撤回を要求しているが，厚生労働省は応じていない．

全国コミュニティ・ユニオン連合会の声明文の，結びの部分である．

「この内容では，労働局が現場で偽装請負を指導することができなくなります．派遣切りが横行し，派遣労働者が今まさにモノのように使い捨てにされています．働く場所だけでなく住まいも追われ，路頭に迷い，多くのネットカフェ難民，ホームレスを生み出しています．今こそ，派遣法の抜本改正が求められます．このようなときに偽装請負を認める内容の「派遣・請負区分 Q&A」が出されたら，派遣で規制が強化されれば，こうした偽装請負でやればよいとなり，派遣法を抜本改正する意味が実質的になくなります」

所詮この世を貫く原理原則は，弱肉強食，適者生存に他ならない．ただし，それだけでは獣の世界と同じだから，人間は多少なりとも平等で公平な社会に近づけるべく，努力してきたのではなかったか．

小泉構造改革の以降は，しかし，弱い立場の人間を痛めつけ，より多くの負担や犠牲を強いることが当たり前になってしまった．指導者層は人権無視とリーダーシップを混同し，痛めつけられた人々は自分より弱いと見なした人間を見下し嘲笑することで傷ついた内面を癒そうとする．最悪のメカニズムが経済社会を動かす原動力になっている．

＊　　＊　　＊

それにしても，新自由主義イデオロギーが社会を席巻するようになるはるか以前から，この国は無理に無理を重ねてきた．明治期の富国強兵・殖産興業はその後も東アジア諸国への侵略へと展開され，植民地を失った戦後は朝鮮戦争やベトナム戦争を進める米軍に国土と戦闘能力以外の全機能を提供して，その見返りとしての対米輸出，対東南アジア輸出の爆発的伸張さらには高度経済成長を果たした．

国土が狭い上に山がちで，地下資源にも乏しい．だから余計に人権も生命もとことん軽く扱われた．水俣病やイタイイタイ病の無惨は今なお記憶に新しい．「くたばれGNP」の批判が高まった時期もあるにはあったが，やがてバブルの予兆の前にかき消され，それが崩壊した後はなおさら，経済成長を国家社会の手段ならぬ大目標に掲げることを恥じらう感覚さえも吹っ飛んで，今日に至ったのである．

東日本大震災および福島第一原発事故からの復興は，犠牲者たちの死をとことん悲しみ，悼んだ上でという条件付きでだが，やり方次第ではそうした戦後史を軌道修正し，今度こそ新しい時代の，少しは人間らしい世の中を模索していく契機になり得るのかもしれない．だが現実はどうだろう．「がんばろう日本！」の連呼とともに目指されているのは，旧態依然とした，むしろ従来にも増して経済成長だけを絶対視した価値観に貫かれた未来なのではあるまいか．

被災地の水産業「特区」構想が好例だ．政府の復興構想会議（議長＝五百旗頭真・防衛大学校長）が2011年6月に公表した提言で，漁業権を民間企業にも開放したい意向を打ち出している．

筆者は写真週刊誌『フライデー』（2011年8月5日号）の取材で現地に赴き，

漁業関係者たちの反応を確かめた．宮城県漁業協同組合の木村稔・経営管理委員会会長は声を荒げていた．

「漁業というのは，長い紛争の歴史を経て，ようやく今の形に落ち着いたんだ．企業は現状でも漁協の組合員になれば漁業に参入できる．わざわざ特区を持ち出すのは，企業に漁協と同等の権限を与えるということですよ．

　そんなことになったら，漁場は荒れ果て，浜は無法地帯です．企業は魚を獲れるだけ獲って，儲からなくなったら逃げていく．浜の秩序はどうなるのか．漁村も漁業者の生活も壊されてしまうに決まってます．

　第三者が調整すればいい？ 誰ができるの，そんなこと．県？ 無理だっちゃ」

過去の経験則もあった．たとえば県内の女川町にはかつて多くの企業が進出してきて，地元の漁業者と銀ザケ養殖の共同事業を展開したが，1990年代に外国産との競争が激化すると，後ろ足で砂をかけて撤退していくケースが珍しくなかった．損失や負債だけが地元に残されたという．

しかも特区は特区だけで終わらない．近い将来の法制化が予定されているのは明らかだから，国内の漁協の大半が反発している．

水産業の特区構想は，実は復興構想会議のアイディアでも何でもない．宮城県が震災直後の4月に発表した「震災復興基本方針」（案）を下敷きにしていて，さらに遡ると2007年7月に日本経済調査協議会（略称・日経調，理事長＝前田晃伸・みずほフィナンシャルグループ特別顧問）のまとめた報告書「魚食をまもる水産業の戦略的な抜本改革を急げ」に辿り着く．そこに示された4つの提言のその2「水産業の再生・自立のための構造改革をスピード感をもって直ちに実行せよ」の項に，次のような記述があった．

「漁業のみならず，養殖業や定置網漁業への参入障壁を基本的に撤廃し，参入をオープン化すべきである．意欲と能力がある個人または

法人が，透明性のあるルールのもとで，漁業協同組合と同等の条件で養殖業および定置網漁業などを営めるようにすべきである．（中略）漁業関係諸制度を抜本的に改革し，透明性のあるルールのもとで，例えば特区制度の活用も含め，生産段階における新規参入による漁業権および漁場の適切な利用を促進して，沿岸漁業を広く流通，加工，販売関係者および漁業への投資に意欲のある者に開かれたものとすべきである」

ちなみに日経調とは1962年に経団連，日本商工会議所，経済同友会，日本貿易会の財界4団体の協賛で設立された民間調査機関だ．報告書は高木勇樹・農林漁業金融公庫総裁（元農林水産事務次官）を委員長とする「水産業改革高木委員会」での討議に基づく．官僚時代から農地の株式会社への開放を推進したバリバリの改革派で，はたして委員には日本水産やマルハ，ニチレイなど大手水産企業の幹部が名を連ねていた．

高木委員会はこの間も活動を続けていた．2009年11月に東京・大手町の経団連会館で行われたシンポジウムでは，すさまじい発言が飛び出した．議事録によれば，ある資源・環境経済学者が，大要こう述べたという．

「日本にある漁船の99%は必要がない船だ．1%あれば現在の漁獲量は維持できる．オーストラリアではせいぜい10～20%の無駄しかない．効率的な漁業に転換すれば，漁業のために使われている予算約5,700億円のうち80%はカットが可能．改革を進め，ITQ（＝Individual Transferable Quota，譲渡可能個別割当）のような新しい制度を導入すれば，日本の漁業は戦略的に重要な産業になり得る．その結果，漁業から離れざるを得ない人がどれだけ現れようと，何年にもわたって失業給付金を支給することも難しくない」

ITQとは資源量から割り出された総漁獲可能量を漁業者，漁業団体または漁船ごとに配分し，かつ分与された該当量を他にも譲渡できるようにする仕組みを指している．理念通りに運用されるのであれば，前出の木村稔・宮

城県漁協経営管理委員長が抱いているような乱獲への不安は当たらないことになる道理だが，これは予断が許されない．いずれ漁業権の証券化のような方向性にも道を開く狙いが込められているようにも思われる．

　日経調の提言やシンポジウムでの発言などからは，これまで漁協の独壇場で，思い通りに動かすことが難しかった漁業の分野を巨大資本の支配下に組み込みたい意図ばかりが透けて見えてしまう．同じ発想がそのまま復興構想会議に持ち込まれた現実を，私たちはどう捉えるべきなのだろうか．

＊　　＊　　＊

　財界の総本山である日本経団連が2011年5月に公表した「復興・創生マスタープラン——再び世界に誇れる日本を目指して」が参考になる．すこぶる挑戦的な「はじめに」を読まれたい．

> 「復興の青写真を描くのは，基本的にはそれぞれの地域の住民自身である．しかしながら，被災地域の活力なくして，日本経済の再活性化はあり得ない．その逆もまたしかりである．政治の力強いリーダーシップの下で，国，自治体，産業界他の関係者，そして国民全員が一丸となって痛みを分かち合い，被災地域および国全体の復興に取り組む覚悟が求められる．経済界としても，持てる限りの知恵や技術を駆使して，役割を果たしていきたい．
> 　「復興」は，単に元通りの姿に戻すことにとどまるべきではない．被災地域，あるいは日本全体を取り巻く状況に鑑み，将来にわたり国民が安心・安全で豊かな生活を送ることができるよう，新しい地域，新しい日本を「創生」しなければならない」（傍点引用者）

　マスタープランの目的は日本経済の再活性化にあるのであって，被災地域のそれなど手段に過ぎぬとでも言わんばかり．少し前，大震災から3週間目の4月1日の，記者会見における菅直人首相の言葉が思わず連想された．

　「いよいよ復興に向けての準備に入らなければなりません．復興は従

来に戻すという復旧を超えて,すばらしい東北を,すばらしい日本をつくっていく,そういう大きな夢を持った復興計画を進めてまいりたい」(傍点引用者)

菅首相も経団連も被災地の,いや,被災者一人ひとりの実人生をどこか軽く見ている点で共通していた.死者たちの四十九日の法要も済まないうちに,「大きな夢」はないだろう.そんなことを考えながら経団連のマスタープランを読み進めていくと──,

「Ⅱ　日本経済の創生
1. 国全体としての産業競争力の底上げ
　前章では,特区を用いて工業団地を設けることによって東北地方の強みを活かした産業集積と高付加価値化を図ることを指摘した.しかし,それが実現したとしても,東北の製品が日本国内で有効に活用されなければ,高付加価値化を図るどころか過剰設備となってしまう懸念がある.つまり,産業復興のためには,わが国全体のバリューチェーンが活性化し,東北地方の産業との相乗効果を生みだすことが必須であり,わが国全体を底上げするという観点が不可欠である.加えて,製造業の海外生産比率が高まる中,産業空洞化により雇用の喪失や高付加価値産業の流出が起きないよう国内改革を大胆に進めていくことも必要である.
　まずは厳しい国際競争にも耐えられる基盤を整備するため,他の国々,とりわけわが国企業の海外生産比率が高まっているアジア諸国との比較において,事業環境のイコール・フッティングを確保することが求められる.（中略）
　特にアジア各国との立地コストを比べると,日本は事業を運営していく上で極めて高いコストがかかっていることが分かり,これらの改善が急務である.
　例えば,法人実効税率のさらなる引き下げや,港湾の民営化,CIQ（関税,出入国管理,検疫）における職員の融通を進めるなどの

港湾政策の見直しを通じ，政策的に可能な立地コストについて他国と比べ遜色のない水準にまで思い切って引き下げることで産業の立地競争力を高めていくことが求められる」(傍点引用者)

などとして，日本とアジア各国との立地コストを比較した表が載っていた．法人実効税率，労働コスト，物流コスト，土地，の各項目について，いずれも日本（横浜）を 100 とした場合，タイ（バンコク）は順に 74, 7, 82, 5 で，中国（広州）は 61, 7, 63, 5, シンガポールは 42, 32, 38, 7〜22 であるという．この際，労働コストは一般工職の月額賃金，土地は工業団地の土地購入価格（1 平方メートル当たり）を，2011 年 2 月時点の為替で換算したそうだ．労働者の賃金をタイや中国とストレートに比べてみせつつ，イコール・フッティングを強調する姿勢は不敵と言う他にない．復興に臨んで今後も国内の工場を維持してほしければ，人件費も工場団地の土地代も大幅に引き下げろという意味か．

マスタープランはまた，新成長戦略の強化や TPP（環太平洋経済連携協定）への参加など，かねて経団連が主張してきた内容をそのまま繰り返していた．彼らはやがて 7 月 22 日，「アピール 2011　大震災を乗り越え，新生日本の創造に向けて」と題する声明を発表し，さらに恫喝を重ねることになる．

「東日本大震災発生後，わが国企業を取り巻く環境は極めて深刻化している．重い法人税負担，行き過ぎた温暖化政策と労働規制，TPP に代表される経済連携交渉への取り組みの遅れ，過度な円高といった従来からの成長阻害要因に，電力供給問題が加わった．これらを速やかに解消しなければ，わが国の立地競争力はさらに低下し，産業の空洞化が加速するとともに，雇用は失われ，経済成長は鈍化する．

　成長を通じて豊かな国民生活を実現するためには，今こそ，国民一丸となって，震災からの早期復興と，安全・安心で活力ある経済社会の再構築に邁進すべきである．新生日本の創造こそが我々の使

命であり，とりわけ政治には，リーダーシップを発揮し，政策決定プロセスを透明化したうえで，スピーディーかつ果敢な実行を求める」（傍点引用者）

　具体的には原子力発電に対する「信頼回復を図り」，あるいは「TPP 交渉への早期参加」を再び促す．「段階的に消費税率を引き上げる．併せて，法人実効税率を引き下げる」べきだと強調して，高らかに宣言するのである．「経済界は，この国難を乗り越え，民主導の経済成長を実現する」と．
　とすれば漁業に限らない．やはり財界の要求で，すでに農地の民間企業への開放が着々と進んでいる農業分野や，グローバル経済下の大競争時代についていけなくなった零細企業・独立自営業に至るまで，大震災からの復興という物語が梃子になり，このままでは日本の何もかもが巨大資本に呑み込まれてしまう結果だけが予定されているのではないか．
　漁師も農民も派遣労働者．『朝日新聞』（2011 年 7 月 23 日付朝刊）によると，生活再建を目指す個人消費の回復はめざましく，流通大手は軒並み東北地方への新規出店や既存店の大規模化を急いでいるという．「東北の消費，復興導く」の明るい大見出しは正しいが，それで商圏を奪われ，立ち直るべく努力する暇もないまま廃業を余儀なくされていく自営業主やその家族たちの存在がまるで視野の外なのが気になる．彼らもまた，食べるためには自らを滅ぼした大手の店舗に経験豊かな派遣労働者として雇われる選択が，まだしも最善だということになっていくのかもしれない．
　格差社会は，格差それ自体だけが問題なのではなかった．もはや終身雇用と年功序列を中心とした"日本的経営"が成立せず，企業社会内部の階層間格差が拡大しても，それとは異なる世界が存在していれば，抜け道になり得た．抜け道は，しかし，とめどなく狭められつつある．独立自尊の生き方は事実上許されず，誰もが巨大資本に支配されたヒエラルキーに組み込まれていく．日本国内で暮らすほとんど全員が，1995 年に旧日経連の定めた"雇用ポートフォリオ"のいずれか（長期蓄積能力活用型か高度専門能力活用型か雇用柔軟型か）か，でなければ失業者に分類されるしかない時代．
　もちろん，なまじの独立などよりも雇用柔軟型の非正規雇用の方が気が楽

だという発想もあっていい．被災地の漁港でも，後継者のいない高齢の漁師たちの間では，復興構想会議の特区構想を，むしろ積極的に受け入れようと主張する声は決して少なくなかった．

問題は，巨大資本の論理が万能ではないことだ．大局的には効率的でも，個々の地域社会，一人ひとりの個人にとっては暴力以外の何物でもない場合がある．特区構想への敵愾心では宮城県漁協の最右翼と言われる木村千之・表浜支所運営委員長の話が重かった．

「特区構想に同調するような漁師は，なんと無責任なことかと思うね．だってそうだろう．先祖代々の漁師を自分の代で投げ出して，後は都会に出した息子か，養老院に厄介になるのかは知らないが．

そもそもサラリーマン漁師か派遣漁師にしてもらったとして，どれだけ使ってもらえると思っているのかね．せいぜい最初の1，2年だけでしょう．そのうち外国人労働者ばかりになるに決まってるじゃないですか」

経済成長を手段でなく目的にしてしまったが最後，それを阻害する要因は常に排除の対象にされていく．高齢化して生産性を低下させかねない漁師，労働者の人権を重視した労働規制，原発や在日米軍基地など，アメリカとの同盟関係には不可欠の存在にいちいち批判的な論陣を張りたがるジャーナリズム……．

それらが排除され消え失せた社会に何が残るのか．少しは考え直されてもよい時代が来てもおかしくないのではないか．

＊　　＊　　＊

どうしても書いておきたいことがある．消費税の増税だけはやってはならない．政府の掲げる目的が復興だろうと社会保障だろうと，同じことだ．

なぜなら，消費税とは他のいかなる税制よりも不公平かつ複雑で，ただでさえ深刻な階層間の格差をより拡大し定着させる機能を帯びている．「広く薄くシンプル」だと強調されてきた財務省やマスコミの宣伝とは正反対だと

断言できる．

　仮に消費税率が 10% 台へと引き上げられた暁には，国内の中小・零細企業や独立自営業は壊滅的な打撃を被ることになる．失業率は軽く 2 桁の大台に乗り，3 万人超えが 14 年も連続して社会問題になっている年間自殺者数も，今後は 5 万人超が常態となるに違いない．

　消費税の納税義務は年商 1,000 万円以上の事業者に課せられている．一方では実際に税金を負担する担税者については実質的な定めがない．すると，どうなるか．

　顧客や得意先との関係で劣位にある事業者は，商品やサービスの価格に消費税を転嫁することが，ほぼ不可能なのが現実だ．過当競争や下請けと元請けの上下関係の下，しかもデフレ経済の真っ只中．真っ当な商売では最低限の利益を得ることも難しい時勢に，消費税分を上乗せした価格設定など，できるはずがないのである．

　顧客から消費税を預かることができなかったからといって，事業者は納税義務を免れることはできない．期限が来れば何が何でも納税しなければならないのが消費税なのだ．

　市場における価格支配力を備えた有力な事業者には，さほどの問題にはならないだろう．小さくても世界最高水準の技術力を有するメーカーなら，値引きを求める顧客にお引取りいただくことも可能かもしれない．

　競争が激しく価格に消費税を転嫁しにくい業態でも，たとえば大手のスーパーなら，その分だけ従業員を安く使うか，仕入先を従来以上に泣かせれば済む．「消費税が上がっても，お客様には決してご迷惑をおかけしません．私どもの企業努力でカバーいたします！」と宣言して，消費者の支持を集めるチャンスにしてしまう剛の者さえ現れてくるはずだ．要は消費税の負担を押しつける先を多く有している者は生き残ることができる．だが，あまり持ち合わせていない者は滅びるしかない．

　消費税のこうした本質は，一部の例外を除いて，きちんと報じられる機会が皆無に等しい．たまに増税反対の意見が紹介される場合でも，消費者心理の萎縮と逆進性（所得の低い層ほど負担が大きい消費税の特性）だけが問題であるかのように見せかけられているが，違う．

逆進性も萎縮効果も重要だが，それらだけに囚われていると本質を見失う．取引ごとの力関係で弱い方が多くを負担させられる理不尽が消費税という税制の本質なのである．

　だからこそ，消費税はあらゆる国税の中でも最も滞納が多い．国税庁のHPによれば，2009年度における国税の新規発生滞納額は総額で約7,478億円だったが，消費税はそのうち約3,742億円，全体のなんと50%を占めていた．国税の新規発生滞納額は1992年度をピークに大幅な減少を見ており，しかも国税庁は消費税の取り立てを他のいずれの税目よりも優先する"消費税シフト"を敷き続けているのだが，にもかかわらず消費税の滞納はなかなか減っていかないので，こうなった．

　消費税の滞納が突出するのは当然だ．所得税や法人税が利益に対して課せられるのに対して，消費税は前述の通りの税制で，赤字でも課せられる．それでも自腹を切って納税する"善良な"納税義務者が圧倒的多数だが，払おうにも払う金がなければそれまで．

　無理があり過ぎる税制なのだ．払えない事業者には有無を言わさぬ差し押さえが待っている．

　耐えられる人ばかりではない．もともと経営不振に悩んでいたところを税務署に追い詰められて自殺した人々がいくらでもいる．マスコミが報じないから，誰も知らないだけだ．

　前記の"14年連続の年間自殺者3万人超え"の初年度が1998年であった事実が，よほど丹念に検証されなければならない．前年の97年は山一證券や北海道拓殖銀行が破綻し，貸し渋りや貸し剝がしも横行した金融危機の年であり，それゆえに自殺者が急増したと語られることが多いが，この年は同時に，消費税率が3%から5%に引き上げられた年でもあったのである．

　ところで廃業を余儀なくされた自営業者やその家族従事者の大部分は，労働市場になだれ込むことになる．彼らの従業員らも同様．彼らとはとりあえず関係のないサラリーマンや派遣労働者も，そうして失業率が高まって競争が激化すれば，やはり職を追われる可能性が高められていく．

　消費税とは労働力を外注すればするほど節税できる仕組みでもある．「仕入れ税額控除」という制度があり，外部のたとえば派遣会社に人手を頼む

と，そこへの外注費にかかる（形になっている）消費税分の金額を，顧客や得意先から預かった（形になっている）消費税から差し引いて納税することができるのだ．一方，内部の正社員に支払う給与は仕入れ税額控除の対象ではないので，正社員が多ければ多いほど，より高い消費税が課せられることになる．

　もちろん，正社員が派遣労働者に切り替えられてきた最大の理由は，人件費そのものの削減だった．今後もそれは変わらない．ただ，消費税が増税されれば，切り替えに対する企業経営者のモチベーションは確実に上がる．サラリーマンがサラリーマンのままでいることが，とてつもなく難しい社会になる．

　残念ながら紙数が尽きてきた．関心のある読者には，ぜひ拙著『消費税のカラクリ』（講談社現代新書，2010年）を参照されたい．

　消費税率10％の時代には，盛り場でも全国チェーンの居酒屋しか生き残ることができないだろう．社用族だけを相手にする高級料亭などは別として，職人肌の親父さんが戦後の焼け跡から始めた焼き鳥屋も，ワケアリの女将さんの切り盛りする小料理屋も消滅する．日本中どこに行っても同じ店ばかり．高級料亭に出入りできない普通の人間の選択肢は限りなく狭くなる．

　盛り場だけの問題ではない．喫茶店でも労働でも，教育でも，格差が拡大していく領域のすべてで同じ指摘が成立する．

エピローグ

橘 木 俊 詔

　『格差社会を越えて』では様々な論点を，執筆者独自の目線と関心からそれぞれが分析を施したものである．テーマはそれこそ色とりどりであるが，すべての論者に共通した思想と主張がある．それは，日本は格差社会の中にいるということであり，しかも格差を放置しておくと日本人の不幸が高まること必至であるから，格差の縮小を図ることが必要である，ということになる．

　ある論者は所得格差の拡大や貧困層の増大に注目してその実態を示す．それを是正するための政策を，複数の論者は税制と社会保障，そして金融の側面から具体的に提言する．財政や社会保障の問題では，世代間の格差，世代内の格差，そして地域間の格差などが重要な論点として示される．教育も重要な分野であることが示され，教育の機会平等が達成されないと人々の就業機会に不平等を発生させるし，当然のことながら所得の不平等をもたらすということが，具体的な数値として提示されたので説得力がある．

　これまでの話題は格差論議における伝統的な分野に属していると考えてよいが，本書では新しい分野に踏み込んでいる．それらは環境問題といわゆるマイクロファイナンスからの接近である．地球環境の破壊をより直接的に被害を受けるのは弱者とされる人なので，環境問題の解決は弱者の救済につながるのであり，格差社会を論じる際に重要である．もともとは発展途上国での貧困問題に効果を発揮するとされるマイクロファイナンスの思想も，日本のような既に発展した国でも応用可能である．

　本書のもう1つの特色は，格差を是正するための具体的な政策提言のみならず，哲学や政治学といった近接の学問から格差の本質論を展開したことにある．すなわち格差社会を発生させた「市場原理主義」や「ネオリベラリズ

ム」の経済思想がもつ悪い効果を論じるし，新古典派経済学があまりにも個人主義に固執したり，インセンティヴを重宝する点を批判する．さらに正しい政府のあり方として，3つの政府体系（すなわち地方政府，社会保障基金政府，中央政府）に再編することが，格差社会を克服できると主張する．

深刻な格差社会に直面している日本において，ここで述べたような具体的な租税，社会保障，金融，教育などの諸政策を実行することが重要であるということを本書は主張する．同時にそれらの諸政策がなぜ必要であるのかということを，経済学に近接する諸学問における思想を紹介，議論することによって，具体的な政策のもつ思想的な背景と根拠を述べて説得力を高めたのではないかと自負している．

格差問題は1990年代の末から2000年代にかけて，政治家，経済人，メディア，学者，一般人などを巻き込んでかなり大々的に論じられたが，最近に至ってその論調はやや沈静化した感がある．1つには長い期間にわたって1つの課題に関心を寄せ続けない性癖を人間がもっていることによる．他方で，長期間にわたる日本経済の不振をどうするか，絆の低下したことによる無縁社会に陥った日本社会をどうすればよいのか，そして2011年3月11日に発生した東日本大震災の後遺症と復興をどうするか，といったことに社会の関心が移ったこともある．

しかし格差問題は決して消滅したのではない．むしろそれは以前よりも深刻化しているといっても過言ではない．2つの例を挙げれば充分である．1つは貧困者の数が増加中であり，2つは社会保険制度の劣化である．しかも本書で取扱ったように，従来議論されてこなかった新しい課題も発生している．本書の著者全員の問題意識として，格差問題はこれまで以上に関心を寄せねばならないことであるし，特に政策の発動が必要な時代となっていると感じている．

ところが残念なことが日本で発生している．それは政策を企画して実行する政治の世界における体たらくである．毎年内閣が替わるようであれば，中期の視点に基づいて政府は政策を提案できないし，実施に至っては何もできないという不幸な状況にある．例えば格差と直接関係のある税と社会保障の改革は，ここ数年の間何もなされずにあり，社会保障制度は悪い方向に向か

っている．貧困者の数は増加しているし，国民の多くの生活不安は極致に達する気配にある．

　本書の著者の大半は格差社会を生む1つの原因となった小泉首相・竹中大臣による構造改革路線に賛成しないが，当時は現在と異なり長期の政権が存続した政治のあり方だけは評価できる．政治の世界はいち早く安定した政治を行える時代になってほしいし，本書で主張された諸政策を実行するようになってほしいものである．

執筆者紹介（五十音順，*は編者）

宇沢弘文*（うざわ　ひろふみ）　　東京大学名誉教授．2014年9月18日歿．
内山勝久*（うちやま　かつひさ）　　日本政策投資銀行設備投資研究所
　　　　　　　　　　　　　　　　　学習院大学経済学部
小塩隆士（おしお　たかし）　　　　一橋大学経済研究所
金子　勝（かねこ　まさる）　　　　慶應義塾大学経済学部
菊池英博（きくち　ひでひろ）　　　日本金融財政研究所
斎藤貴男（さいとう　たかお）　　　ジャーナリスト
神野直彦（じんの　なおひこ）　　　東京大学名誉教授・地方財政審議会
橘木俊詔*（たちばなき　としあき）　京都大学名誉教授・京都女子大学客員教授
花崎正晴（はなざき　まさはる）　　一橋大学大学院商学研究科
林　宜嗣（はやし　よしつぐ）　　　関西学院大学経済学部
細田裕子（ほそだ　ゆうこ）　　　　日本政策投資銀行設備投資研究所
八木　匡（やぎ　ただし）　　　　　同志社大学経済学部

格差社会を越えて

2012年6月21日　初　版
2015年6月22日　第2刷

［検印廃止］

編　者　宇沢弘文・橘木俊詔・内山勝久
発行所　一般財団法人　東京大学出版会
代表者　古田元夫

153-0041 東京都目黒区駒場 4-5-29
http://www.utp.or.jp/
電話 03-6407-1069　Fax 03-6407-1991
振替 00160-6-59964

印刷所　大日本法令印刷株式会社
製本所　牧製本印刷株式会社

©2012 Development Bank of Japan Inc.
Research Institure of Capital Formation
ISBN 978-4-13-040255-2 Printed in Japan

JCOPY 〈(社)出版者著作権管理機構 委託出版物〉
本書の無断複写は著作権法上での例外を除き禁じられています。複写される場合は，そのつど事前に，(社)出版者著作権管理機構（電話 03-3513-6969, FAX 03-3513-6979, e-mail: info@jcopy.or.jp）の許諾を得てください。

Economic Affairs 発刊にさいして

　20世紀は，その最終のディケイドに入って，いっそう不透明の度を増しつつあるようにみえる．それは，経済的な諸要因を縦糸とし，文化的，社会的，政治的要素を横糸として織りなされるものであって，既成の経済学の枠組みを大きく超えて，新しい社会科学的発想の必要をつよく迫っている．この世紀末ともいうべき現象を的確に分析，解明し，21世紀へ向けて新しい地平を切り開くことが可能であろうか．

　設備投資研究所は，初代所長に下村治博士を迎え，日本開発銀行の調査研究機関として，1964年，高度経済成長がまさにその頂点に達しようとした時に設立された．以来四半世紀にわたって，わが国経済の発展とともに，その動向，課題を踏まえつつ，設備投資およびそれと関連のある経済諸問題につき，幅広く理論，実証両面にわたって研究，調査を積み重ねてきた．この蓄積をもとに，設備投資研究所は，設立25周年を記念して『日本経済：蓄積と成長の軌跡』（東京大学出版会，1989年）を刊行するなど大学における研究者等との共同研究を行ってきた．

　ここに刊行する *Economic Affairs* は，日本の経済，社会が直面する諸問題を，新しい視点と新しい分析手法をもって解明し，日本経済の今後の方向を示唆するとともに経済学における新機軸に展開に資することも願って発刊するものである．

　なお，当 *Economic Affairs* の論文における意見，見解は，いずれも個々の執筆者のものであって，その属する機関の考えを反映したものではないことはお断わりするまでもない．

　最後に，このシリーズの刊行をお引き受けいただくとともに，有益な示唆をいただいた東京大学出版会に感謝の意を表したい．
　　1991年3月

日本開発銀行設備投資研究所

　Economic Affairs シリーズは，日本開発銀行設備投資研究所が企画，刊行してきたが，上記の発刊の趣旨を継承し，かつ21世紀において経済社会が直面する諸問題を解明するための新たな展望を求めて，日本政策投資銀行設備投資研究所がその任を引き継ぐものである．
　　2000年11月

日本政策投資銀行設備投資研究所